休闲体育经营管理教程

翁飚　编

北京体育大学出版社

策划编辑：钱春华
责任编辑：李志诚　仝杨杨
责任校对：原子茜
版式设计：小　小

图书在版编目(CIP)数据

休闲体育经营管理教程/翁飚编．—北京:北京体育大学出版社,2020.12（2023.1 重印）
ISBN 978－7－5644－3117－4

Ⅰ.①休… Ⅱ.①翁… Ⅲ.①体育经济学－高等学校－教材 Ⅳ.①G80－05

中国版本图书馆 CIP 数据核字(2020)第 270219 号

休闲体育经营管理教程

XIUXIAN TIYU JINGYING GUANLI JIAOCHENG

翁飚　编

出版发行：北京体育大学出版社
地　　址：北京市海淀区农大南路 1 号院 2 号楼 2 层办公 B－212
邮　　编：100084
网　　址：http://cbs.bsu.edu.cn
发 行 部：010－62989320
邮 购 部：北京体育大学出版社读者服务部 010－62989432
印　　刷：北京昌联印刷有限公司
开　　本：787mm×1092mm　1/16
成品尺寸：185mm×260mm
印　　张：14
字　　数：332 千字
版　　次：2020 年 12 月第 1 版
印　　次：2023 年 1 月第 2 次印刷
定　　价：66.00 元

编者的话

休闲活动伴随着人类历史的发展演变而来。自从人类跨进文明的门槛之后，劳作与休闲就成为人生不可或缺的两个方面。几千年前中国的圣贤们，对“休闲”二字就有极精辟的阐释：“休”倚木而休，强调人与自然的和谐；“闲”通“娴”，强调思想的纯洁与安宁。从词义的组合上，表明了休闲所特有的文化内涵和价值意义。休闲体育是休闲活动重要的组成部分。休闲体育是人们利用余暇，为了达到健身、娱乐、消遣、刺激、宣泄、冒险等多种目的所进行的各种身体活动，是人们善度余暇、合理支配时间、提高生活质量的社会文化活动。休闲体育具有可选择性、娱乐性、创造性、探索性、挑战性、非功利性等特征。随着居民的休闲意识和健身意识的增强，对休闲体育的需求剧增，各式各样的休闲体育活动已经成为人们生活中的重要内容，成为有益于健康、增强幸福感、提高生活质量的大众化的活动。

当前，我国正在加快城市化进程，产业结构调整也正在不断深化过程中，第三产业在国内生产总值中所占的比重越来越高，体育产业作为一个朝阳产业正以前所未有的速度和规模迅猛发展。体育健身娱乐业是体育产业中重要的分支行业之一，它涉及的大部分项目属于休闲体育的范畴。也就是说，搞好休闲体育的经营管理，将有力地促进体育产业的发展。最近几年，休闲体育项目已成为一个投资热点，休闲体育企业如雨后春笋般破土而出。然而，能真正掌握休闲体育特点并且能摸透休闲体育经营管理规律的企业却不多，许多休闲体育企业刚开业时轰轰烈烈，可没过多久就因经营管理不善而显示出疲态。如何明智地进行休闲体育项目的投资，如何有效地开展休闲体育项目的经营，如何合理地实施休闲体育企业的优化管理，这一切都需要经营管理理论的支撑和实际操作流程的指导，这也是本教程的写作意义之一。

目前，为满足社会发展的需要，大部分体育院系都开办了社会体育专业或休闲体育专业，而休闲体育经营管理往往是上述专业的必修课程，很多体育院系还将休闲体育经营管理作为体育教育专业、其他体育专业、公体学生的选修课程。众所周知，学科和课程建设离不开教材建设，到目前为止，正式出版的有关休闲体育经营管理的教材寥寥无几，即使看到的一两本同类教材，也仅局限于引用星级酒店康乐部的运营管理方式，很不全面。本教程是在参考旅游、物业、酒店、娱乐等其他服务行业的经营管理书籍内容的基础上，根据休闲体育项目管理特点和经营规律进行编写的。在编写过程中力求全面、准确、标准、实用，强调理论性、实用性、操作性相结合的原则，体现一般原理与典型案例相结合的特点。本教程的创新点在于将经营战略管理引入休闲体育经营管理中，提高对服务行业的管理水平；在管理原理与实践结合的阐述上也有一定的独到之处。

本教程共分为十五章，以休闲体育企业成长走向和业务关联为脉络主线，沿着投资、经营、服务、文化、管理、设备这一思路延伸，阐述了休闲体育经营管理的理论与实践，编写体例合理并有一定的创新。本教程精选了有代表性的案例供学生课堂讨论，以开拓学生的视野，提高学生分析问题和解决问题的能力。

自2003年起，本人在福建师范大学体育科学学院社会体育专业必修课程休闲体育经营管理及其他体育专业同门选修课程中使用过自编教材，使用了多年，其间每年都对自编教材进行补充和修改，尽量使教材趋于完善。本教程正是在自编教材不断改进的基础上，经过征求教师、学生、休闲体育经营者等各方意见后编写而成。由于本人水平有限，如有错误和疏漏之处，希望专家、同行和广大读者给予指正。

本教程为福建省教育科学“十二五”规划2015年度海峡两岸职业教育专项研究课题“海峡两岸高校体育休闲类本科专业建设比较研究”（项目编号：FJJKHX15－013）成果之一。

在本教程编写过程中，本人参阅并引用了一些相关书籍和资料，在此向原作者致以诚挚的敬意和谢意！值本教程出版之际，向帮助本教程编写、出版的朋友们表示衷心的感谢！

目　　录

CONTENTS

第一章　休闲体育经营管理概述

本章导航：

☆　理解休闲的含义

☆　了解有关休闲的 4 个主要因素

☆　知晓休闲活动的分类

☆　掌握休闲体育的概念和特征

☆　熟悉中西方休闲体育的不同

☆　厘清经营与管理的区别与联系

从社会发展的历史角度看，人类的休闲活动起源于日常生活，休闲活动构成了人们社会生活的一个支点。换句话说，劳动和休闲自古以来就是人们生活的两个重要组成部分。只是到了现代社会，随着人们生活质量与生活水平的不断改善和提高，以及余暇的增多，休闲成为人们自觉追求的一种生活方式。单从内容上看，休闲方式多种多样，体育是其中的一种手段。休闲体育所具有的强身健体、愉悦身心、调节情绪等功能满足了现代人的生活需求，成为现代文明生活方式的一种时尚和标志。

第一节　休闲的含义

一、什么叫休闲

休闲是指摆脱生产劳动后的自由时间或自由活动。1970 年联合国有关劳动组织明确指出："无论在城市和乡村，闲暇都是重要的。它为人们提供了基本才能的变化条件：意向、知识、责任感和创造力的自由发挥。"人在自由时间里按照自己的意愿和兴趣从事的各种活动都属于休闲活动，它具有自主性、自由性、消遣性、文化性、参与性和非功利性等特征。

休闲活动伴随着人类历史的发展演变而来，自从人类跨进文明的门槛以后，劳作与休闲就成为人类不可或缺的两个方面。几千年前中国的圣贤们，对"休闲"二字就有极精辟的阐释："休"倚木而休，强调人与自然的和谐；"闲"通"娴"，强调思想的纯洁与安宁。从词义的组合上，表明了休闲所特有的文化内涵和价值意义。

二、有关休闲的4个主要因素

给休闲下一个准确的定义是极其困难的，因为休闲涉及许多领域。休闲至少与时间、生存状态、活动方式和当时心态4个因素有关。

（一）时　间

从时间的角度定义休闲，通常指闲暇或余暇，是相对于劳动时间而言的。赫伯特·L.梅伊和多罗西·佩特根将闲暇定义为："在生存问题解决以后剩下来的时间。"具体来说，闲暇是指人们的全部生活时间减去必需的生存时间（吃饭、休息等）和必要的工作时间（上班、家务等）之后的可自己支配的时间。美国经济学家凡勃伦于1899年在《有闲阶级论》中指出，闲暇指人们在除劳动外用于消费产品和自由活动的时间。关于闲暇，恩格斯认为是"参加有益的社会活动，为确保充分的自由时间而缩短劳动时间"，马克思则称为"供自己发展的时间""使个人得到充分发展的时间""为个人发展充分的生产力，因而也为社会发展充分的生产力创造广阔余地的时间"。

1935年，国际劳工组织确认每天工作8小时，每周40小时。1949年，该组织又确认劳工每年至少享有6天带薪假。到1995年5月1日我国实行5天工作制时，当时世界175个国家中有145个国家已实行这个制度。除了5天工作制外，各国政府都有安排法定假期。目前，我国法定假期有元旦、春节、清明节、国际劳动节、端午节、中秋节、国庆节。

（二）生存状态

从生存状态的角度定义休闲，那就如亚里士多德所言，是一种"不需要考虑生存问题的心无羁绊"的状态。于是，休闲常被用作形容词，表达人们从容、宁静、忘却时光流逝的状态。这种状态，很多心理学家用"心灵上的自由"或是"驾驭自我的内在力量"来表达他们所理解的休闲。他们认为休闲的真正含义是：不论外部环境如何，一个人都会相信，他是自由的，是他在控制局面，而不是他被环境所控制。休闲是一种欣喜感受，这样的人能够欣然接受这个世界和自己在这个世界上的位置。因此，可以把休闲理解为人的一种理想、一种状态。

从经济发展看，作为衡量一个国家国民生活质量指标的恩格尔系数持续下降。2002年我国城镇居民恩格尔系数为37.7%，农村为46.2%，表明我国已进入小康生活水平。2003年，我国人均国内生产总值已经突破1000美元。以服务业为主的第三产业迅速崛起，交通运输、通信、体育、文化、旅游、社会服务等行业正兴旺发展。这一切都为休闲活动的兴起创造了良好的条件。2019年，全国居民恩格尔系数为28.2%，其中城镇为27.6%、农村为30.0%。我国城乡居民基本上达到富裕生活水平，旅游、健身、养生、短视频拍摄与观赏、艺术鉴赏等休闲活动深受广大居民的喜爱。

（三）活动方式

从活动方式的角度定义休闲，休闲被定义为一系列不同类型的活动。古希腊的亚里士多德觉得："闲暇当然是一种幸福。因为，我们为了获得闲暇而工作，为了和平的生活而战争。"于光远的《论普遍有闲的社会》，以战略思想家的眼光，论述了休闲与社会进步的关系，他指出："'闲'是生产力发展的根本目的之一，闲暇的长短与人类的文明进步是并行发展的——从现在看将来，如果不属于闲的劳动时间随着社会生产力的发展能够进一步减少，闲的地位还可以进一步提高，这是走向未来经济高速发展的必由之路。"正是从这一思想出发，于光远先生特别指出：休闲是人们对可以不劳动的时间的一种利用，它是人的行为，是可以自我做主的。人们可以选择这种或那种休闲方式。不同的休闲方式需要不同的休闲产品和服务。因此，发展休闲产业就不仅仅是一个企业行为或者经济行为，而且更能对人的自由全面的发展提供保障，为增强人的创造能力提供社会支持条件。

（四）当时心态

从当时心态的角度定义休闲，休闲必须满足以下 4 个条件。

（1）感受自由：反映出一个人内在的控制状况。

（2）一定的技能：参与休闲活动常常需要某些技能。

（3）内在的动机：反映参与休闲的愿望。

（4）积极的情感体验：指在休闲时的体验。

三、休闲活动的分类

休闲活动的方式包罗万象，按活动的性质大致可分为以下 20 类活动，每一类活动又可划分为许多具体的活动内容。这 20 类活动是：①观赏舞台表演节目、看电影、看电视等；②上网；③收藏、搜集、鉴赏、书法、绘画等；④喝茶、聚会、聚餐、交流聊天；⑤旅游；⑥教育活动、自学；⑦体育运动（包括棋牌、麻将）、健身活动、广场舞；⑧演艺活动；⑨音乐活动；⑩郊游、野营、旅行、户外运动、狩猎；⑪滨海活动；⑫水上活动、冰雪活动；⑬服务他人的活动；⑭DIY、手工工艺、花艺等；⑮舞蹈；⑯戏剧；⑰宗教活动；⑱语言活动；⑲社会活动；⑳其他。

人类的消遣活动确有高级与低级之分。高级消遣是有益于人们的身心健康，给个人和社会带来益处的活动；低级消遣是那些有损本人和他人身心健康的活动，这些活动可能给社会带来严重恶果，如无聊的恶作剧、赌博、诲淫诲盗、吸毒、迷信等。我们必须看到，高级消遣必定是一定教育和引导的结果，能推动社会文明的发展；而低级消遣是社会的一种潜流，具有很大的危害性。在高级消遣真空或稀薄的地带，低级消遣必然泛滥。

一个国家、一个民族的消遣方式，既有较稳固的传统性，又有较敏锐的模仿性。从我国国情出发，发展消遣、娱乐的原则应是健康、愉快、充实，不消耗过多自然资源。要大力挖掘、整理我国民族形成的和民间的消遣娱乐方式，而所选的这些消遣娱乐方式大多是花钱较少、占用场地较小、消耗能源较少的。对国外娱乐项目的介绍，要谨慎，不要猎奇，不要让年轻人产生自惭形秽的心理。一些适于在中国开展的娱乐休闲项目，可组织专人研究、指导，不要一哄而上、一哄而散。

第二节　休闲体育的概念与特征

随着社会的进步和经济的发展，社会对休闲体育的需求剧增，各式各样的休闲体育活动成为人们生活中的重要内容，成为有益于健康、增强幸福感、提高生活质量的大众化的活动。

一、休闲体育的概念

休闲活动有两类：一类为动态的休闲活动，一类为静态的休闲活动。动态的休闲活动主要是指休闲体育。

休闲体育，是人们利用余暇为了达到健身、娱乐、消遣、刺激、宣泄、冒险等多种目的所进行的各种身体活动，是人们善度余暇、合理支配时间、提高生活质量的社会文化活动。

休闲体育属于体育范畴，是社会体育的组成部分。休闲体育对增进健康、强健体魄、预防疾病与康复、提高文化素养与精神文明建设、丰富生活内容与加强人际关系以及促进人的社会化与个性形成等都具有重要意义和作用。

二、休闲体育的特征

（一）可选择性

休闲体育可供选择的项目是多种多样的，可选择性强。在这里，可选择性还指接受参与休闲体育时特定群体的限制和规则的选择。例如，老年人可以在门球、广场舞、气排球、秧歌等活动的群体中找到自我，得到满足；中、青年人可在球场、操场、健身房或青山绿水中体验人生，享受生活。

（二）娱乐性

休闲体育作为休闲生活的重要组成部分，其意义就在于它使身体运动取得了独立的价值和乐趣，它具备了自身意义的独立完整性。休闲体育的本质是追求运动中的快乐，如运动的快感、节奏的体验、感情的激荡、互相亲近的安慰……它既不像高水平竞技那样追求高强度训练后的运动成绩，也不像一般的身体锻炼那么枯燥无味，甚至并不把增强体质作为唯一目的，而是把它作为一种富有乐趣的生活内容来度过自己的余暇，使个人在精神上和肉体上都得到放松和享受。因此，从自然体育到快乐体育，休闲体育相对于其他传统的、单调的身体锻炼方式来说，的确是其乐无穷。

（三）创造性

休闲体育相对开放性的社会空间，就是创造与表达认同感的环境，就是既有延续性又有创新性的过程，它给主体的人以审美的体验，引起情感的变化，达到人的自身超越，这种超越便是创造力的表现。

（四）探索性

好奇是人的天性，人类也正是通过不断探索未知领域使好奇心得到满足，从而取得进步。休闲体育中的一些项目如野营、登山、定向徒步越野、长途旅行、探险等，正好满足了部分运动爱好者的好奇心和探索欲望，使他们在精神上获得满足感。

（五）挑战性

战胜困难、挑战自我是年轻人的一种生活理念和追求。具有挑战性的休闲体育，当其难易程度与运动者的技能相匹配的时候，运动者会高度投入与享受，从而忘记时间与周围环境的存在，进入畅爽的最佳状态。例如各种惊险休闲体育项目，如蹦极、攀岩、潜水、跳伞、漂流等，都可以极大地满足运动者的冒险精神。

（六）非功利性

休闲体育是自由活动，不是外界需要或危险压迫之下进行的，而是调剂劳动和工作所造成的紧张情绪和心理状态而亲身体验的活动。所以，不论是激烈、紧张、规范的竞赛过程，还是愉悦、轻松、自由的游戏过程，人们都能亲身体验休闲体育带来的乐趣。休闲体育追求的是运动本身带来的乐趣，这种乐趣可以是个人独享的，也可以是某个体育群体所共享的。若刻意追求竞赛成绩及成绩背后带来的丰厚奖金，变成渔利和谋生的手段，就会背离休闲体育的性质，变成竞技体育或职业体育。所以，休闲体育具有典型的非功利性特征。

第三节 休闲体育的分类

休闲体育内容丰富多彩，分类方法较多，无严格的规定，比较常见的分类方法有以下几种。

一、按参加人数可分为

（1）个人的，如慢跑、健身等。

（2）数人的，如游戏、球类等。

二、按活动环境不同可分为

（1）室内的，如室内健身健美、羽毛球、台球、壁球、保龄球等。

（2）户外的，分为陆地项目、水面项目、空域项目：

陆地项目——野营、登山、郊游、山地自行车、定向徒步越野、沙滩排球、长途旅行、探险、滑雪、滑冰、雪上摩托等。

水面项目——划船、赛艇、帆板、水上摩托、潜水、冲浪、游泳、戏水、泅渡、钓鱼、漂流、风筝冲浪、水上飞人、海上拖拽伞、水上观光飞机等。

空域项目——跳伞、滑翔机、滑翔伞、热气球、翼装飞行等。

三、按竞赛成分的多少可分为

（1）竞赛的，如篮球、排球、足球、棒垒球、羽毛球、乒乓球等。

（2）非竞赛的，如攀岩、漂流、水中浮潜、蹦极、潜水、水中健美操等。

四、按活动性质的不同可分为

养生性的、医疗性的、健身性的、娱乐性的、消遣性的、冒险性的。

五、按活动的基本特征可分为

（1）眩晕类：如走浪木、荡秋千、蹦极以及游乐场里的各种旋转、起伏、上升、下降、滑动、碰撞、俯冲、腾空等。这类活动通过获得日常生活中难以得到的身体状态和空间感觉，强烈刺激着人的神经系统和感觉器官，获得身体活动的乐趣。

（2）命中类：如射靶、击木、保龄球、门球、地掷球、康乐球、高尔夫球、冰壶等。这类活动需要计算和控制力量，是思维和体力相结合的体现，当命中目标时，会引起人瞬时的兴奋和欢悦。

（3）节奏类：如健美操、街舞、健身操等。这类活动的节奏感强，音乐伴奏，富有韵律，其娱乐性和健身性极强。

（4）格斗类：如散打、拳击、跆拳道、防身术等。

（5）滑行类：如滑水、滑沙、滑草、冲浪、帆板、轮滑、滑雪、雪橇等。这类活动以足蹬或足踩各种器具做各种滑行动作为主要特征，集娱乐性、趣味性、健身性于一体。

（6）攀爬类：如登山、攀岩、溯溪、攀登瀑布等。这类活动有一定的冒险性，是人类为实现自身价值、表现自我的一种超凡行为。

第四节　中西方休闲体育之差异

尽管休闲体育是人类普遍的生理需要的娱乐活动，但由于中西方国民性不同和社会背景的差异，导致中西方休闲体育也大不相同，主要表现在以下 4 个方面。

一、休闲体育的历史走向不同

由于中国与西方国家的历史差异，使休闲体育也形成了不同的发展历程。西方休闲体育的发展呈现两头高中间低的马鞍形曲线。古希腊的圣哲亚里士多德、伊壁鸠鲁等对享乐和休闲都十分关注并大肆宣传。亚里士多德在其《论理学》第 12 卷中明确指出：“幸福存在于闲暇之中。”当年的雅典人更是午前办理公务，午后便跻身浴室、角力场、剧场中尽情欢快地饱尝休闲之乐。然而基督教统治下，漫长的中世纪打断了这一传统，直到文艺复兴时才有一些启蒙思想家在倡导人权中重提享乐和休闲。

与西方休闲体育两头高中间低的历史曲线不同，中国动态的休闲活动虽然受到农本经济等的影响，但在民间，静态的休闲活动却是数千年一脉相承，从未间断过。作为中华民族休闲方式之一的休闲体育也是数千年一脉相承，从未间断过，且以静态特征为主，比如传统的导引养生等。

二、休闲体育的性质不同

西方人的休闲体育以动态为主，中国人的休闲体育以静态为主。西方人信奉伏尔泰的“生命在于运动”的名言，而中国的许多理学大师和道学大师都主张“生命在于静止”。西方人的动是动中求静，于健身中兼求娱心；中国人的静是静中求动，于怡情养性中兼求养生。明代洪应明在其《菜根谭》中概括了中国人静态的休闲观和人生观：“从静中观物动，向闲处看人忙，才得超尘脱俗趣味；遇忙处会偷闲，处闹中能取静，便是安身立命工夫。”由于中西方休闲体育动、静性质之差异，便导致休闲体育速度之不同。西方休闲体育多表现出快速、激烈的特征，而中国休闲体育则多表现出缓慢、柔和的特点。

三、休闲体育的项目不同

中国人从事的休闲体育项目多是一些平和、悠闲、修身养性的内容，花样繁多，简便易行，一般不需要太多的经济投入，如打拳、练气功、下围棋、打麻将等，多呈现一种静态特征。这是由于东方大河流域的民族世世代代生息在可以自给自足的小农经济为基础的社会环境中，已习惯了和谐、宁静及相对稳定的生活方式，因此素以个人的修身养性为主。而西方人从事的休闲体育多是一些运动竞技项目，如拳击、击剑、摔跤、橄榄球、曲棍球、冰球、水球、赛车等，以及具有冒险性质的刺激性户外运动，如跳伞、登山、蹦极、攀岩、跑酷、斗牛等。

四、休闲体育的功用不同

休闲体育的功用，中西方也有一定的细微区别。中国休闲体育重在向内发掘内心世界；西方休闲体育重在向外张扬人的个性。中国休闲体育重在调适性情，追求心灵慰藉；而西方休闲体育则重于舒展筋骨，追求感官刺激。

我国实行改革开放政策以来，对西方文化和西方生活潮流，包括西方的休闲方式和休闲体育项目，采取了扬弃及兼容并蓄的态度，吸收了西方生活潮流中优秀的成分。随着中西方体育和文化交流的不断加强，随着中国在国际社会中地位的不断提升，中国元素的影响力越来越大，中国传统的休闲体育项目如武术、气功等也受到西方国家的追捧。中西方休闲体育的差异将会逐渐缩小并趋向融合。

第五节　经营与管理的区别与联系

企业经营是指企业的经济系统在利用外部环境提供的机会和条件下，发挥自身的特长和优势，为实现企业目标而进行的综合性活动。

企业管理是指企业为实现经营目标，根据自身的特性及生产经营的规律，对企业生产经营活动进行计划、组织、指挥、协调和控制等一系列活动。

从定义上看，企业经营的内涵要大于企业管理，企业管理的着眼点主要在于企业内部的各种管理关系，而企业经营是包含企业管理在内的综合性活动；企业管理是为企业经营服务的，企业管理的目标必须服从于企业经营。管理作为企业经营的职能之一，其本身的职能与企业经营的职能不在一个层次。经营是企业最基本的活动，直接关系到企业的生存和发展，而管理只是实现经营目标的手段之一。

经营与管理合在一起表述，说明两者之间关系密切。其一，管理是经营的基础和保证。企业的经营能否取得成功主要取决于其获利能力，而能否获利则取决于其产品和服务能在多大程度上满足顾客的需求。因此，企业要想取得较好的经营效益，就必须在经营上的各个环节提高管理水平。可以认为，经营成功是最终目标，而管理成功则为前者的实现铺平了道路。其二，经营是管理的延伸和发展。在商品经济高度发达的市场经济条件下，企业管理也要由以生产为中心转变为以流通过程为中心。休闲体育作为服务行业，面向市场，以人为本，其经营与管理尤显重要。

参考习题：

1. 什么叫休闲？有关休闲的 4 个主要因素是什么？
2. 什么叫休闲体育？简述休闲体育的分类。
3. 中西方休闲体育有何差异？
4. 企业经营、企业管理的定义是什么？阐述企业经营与管理之间的联系与区别。
5. 当前我国开展休闲体育的意义何在？

第二章　休闲体育的投资

本章导航：

☆　掌握投资和休闲体育投资的概念

☆　了解休闲体育投资主体和形式

☆　掌握休闲体育项目投资的可行性分析

☆　熟悉休闲体育项目投资资金估算和投资收益预测

☆　了解休闲体育项目投资或经营过程中的商务谈判

☆　知晓休闲体育项目招标、投标的程序和方法

第一节　投资与休闲体育投资

一、投　资

投资是指为了获取经济效益而投放货币或其他资源于某种经济活动的行为。投资活动可以是购买企业发行的股票和公司债券等形成金融资产，也可以是购置或建造固定资产，还可以是投入资金从事某个项目的经营活动。本章节谈到的投资是指最后一种。

投资活动的行为主体称为投资主体，它可以是企业、政府，也可以是个人。投资活动的目的是获取经济效益。这里的经济效益是指广义的经济效益，它是经济、社会、环境的统一。

根据投资主体对其投资所形成的资产有没有控制与经营管理权，可以将投资分为直接投资和间接投资。直接投资是指以拥有对投资所形成的资产的经营管理权为特征的投资，包括对新设企业或已有企业进行的固定资产投资，以及为取得企业的控制与经营管理权而进行的企业兼并与收购。间接投资是指以不拥有对投资所形成的资产的经营管理权为特征的投资，包括信用投资、证券投资和期货与期权投资等。

固定资产投资是指投入资金购置与建造固定资产。固定资产按其经济用途可分为生产性固定资产和非生产性固定资产两大类。生产性固定资产是在物质资料生产过程中，能在较长时期发挥作用而不改变其物质形态的生产资料，如厂房、机器设备等。非生产性固定资产是为非物质生产领域和人民物质文化生活服务的，能在较长时期使用而不改变其实物形态的物质资料，如学校、医院、体育场馆、科研设施和其他生活福利设施等。固定资产投资按固定

资产再生产的方式可以分为基本建设投资和更新改造投资。基本建设投资是指通过新建、扩建、改建、重建等形式，将资金运用于建筑、购置和安装固定资产的活动以及与此相联系的其他工作，从而实现固定资产的再生产。更新改造投资是指将资金运用于原有固定资产的更新和技术改造而实现固定资产的再生产。

为满足生产和经营的需要，进行固定资产投资必须相应垫付与其配套的流动资金。流动资金的数量同生产和经营的规模成正比，同流动资金周转的速度成反比。在投资活动中，固定资产投资与流动资金投资之间客观上应有一个相对稳定的比例关系。一般来说，经济越发达、管理水平越高，流动资金投资占全部投资的比例越小。

企业并购是指投资者通过一定的程序和渠道依法取得某企业部分或全部所有权的行为。它是一种企业购买活动，购买的标的是现有企业。这种购买的结果是企业接管或兼并。收购兼并企业现在已成为投资中的一种重要投资方式。

一般经营投资是指中小投资者投入适量资金，开展小规模的商业、经营、生产活动等。一般经营投资既可以是商业投资、文化投资，也可以是体育领域的投资，而体育投资又可划分为竞技体育投资和休闲体育投资等。

二、休闲体育投资

休闲体育投资是指国家、企业、个人为了获取经济效益而投放货币或其他资源于休闲体育领域的行为。休闲体育投资活动的形式有很多种，可以是购置或建造与休闲体育有关的固定资产，如建造体育场馆、休闲体育设施等，也可以是购买休闲体育企业或休闲体育俱乐部发行的股票和公司债券等形成金融资产，还可以是为休闲体育项目的经营活动而投入的资金，以及与经营休闲体育的企业有关的各种并购活动。

如果从投资休闲体育的项目来划分，内容相当多（见第一章第三节，休闲体育的分类）。当前热门的休闲体育投资项目主要有健身房、羽毛球、游泳、台球、网球、篮球、跆拳道、乒乓球、户外运动、滑冰、滑雪、漂流、潜水等。

三、休闲体育投资的特点

（一）休闲体育投资的商品性

在市场经济条件下，休闲体育投资不仅具有公益性和福利性，同时也具有商品性。休闲体育投资过程所产生的体育劳务产品，必然采取商品形式进行交换，并收取服务对象的服务费用。经营性和商业性的休闲体育投资允许创造一定的利润。

（二）休闲体育投资回报的迟效性

休闲体育投资的经济效益不像其他行业投资那么明显，它具有迟效性、长期性等特点。在投资一个休闲体育项目前，投资者必须对该项目的投资额以及回收期做全面估算，充分认识休闲体育项目回收较慢的特点，最大限度地提高经营效益，尽可能地缩短回收期。

（三）休闲体育投资主体的多样性

由于休闲体育项目种类繁多，档次跨度又非常大，有些项目如台球、小型健身房等投资门槛很低，吸引各方人士的投资兴趣，从而形成休闲体育投资主体的多样性。除政府外，作为休闲体育投资主体，还有企业法人投资者和私营个体投资者。

第二节　休闲体育投资的主体和形式

一、休闲体育投资的主体

在现实的投资市场上，构成投资企业的投资者就是投资主体，它们既是资金的所有者，又是投资的决策者和风险的承担者。休闲体育投资的主体主要有以下几个。

（一）私营个体投资者

这里所指的私营个体投资者包括单个个体投资者、合股投资者、联营投资者等。私营个体投资的特点是规模较小、投资形式灵活多样。由于休闲体育的项目内容相当多，可供投资选择的范围非常广。

（二）企业法人投资者

企业进行投资，事实上是以“法人”的形式进行的。从利益动机角度来看，企业法人投资与公众自然人投资并无本质区别。企业从事投资的决策也是市场导向的，即它从事投资时自主决策、自主选择、自主经营、自负盈亏。在这里，企业作为投资主体也是为了追求利益的最大化。企业所有的投资策略都是围绕着资产增值和经济效益而展开的，其投资方向的确定、投资规模的决定、投资项目的选择，都是以投资收益为决策依据的。企业投资休闲体育的特点是：投资规模比较大，把投资休闲体育作为主业，或与主业相配套，或与主业关系密切。

（三）政府投资主体

政府投资休闲体育主要是通过投资“全民健身路径”和大型体育场馆以及体育主题公园实现的。以往政府对休闲体育的投资都属于社会公益性质，现在这种观念已发生了很大的改变。政府投资休闲体育同样要考虑投资回报和经济效益。下面列举的是一份政府作为休闲体育投资主体的材料。

案例：重庆市体育局投资休闲体育

重庆市体育局在国家体育总局的大力支持下，正全力打造以全民健身为主题的系列休闲体育公园，以满足人民群众日益增长的精神生活和健康生活的需要。他们首先选择重庆市著名的科教文化名区——沙坪坝区为突破口，努力整合国家、地方及其相关的体育、旅游等资源，将自然条件较好的歌乐山森林公园打造成以体育健身为主题的全民健身公园。该公园占地2000多亩，已由国家体育彩票公益金资助投入15个全民健身项目，其中，既有篮球、乒乓球、羽毛球等竞技性较强的项目，又有围棋、象棋等健身益智类棋牌项目，还有飞降、攀岩、欢乐林、森林攀爬、空中探险迷宫、森林越野卡丁车、越野山地自行车、红岩险道、拓展培训等健身娱乐惊险项目。公园主要面向“十一”“春节”旅游黄金周、周末双休日及学生寒暑假开展活动，多次与市级各体育专业组织合作，组织丰富多彩的集旅游、健身、娱乐等为一体的群众性体育健身活动，如包括众多赛事活动的重庆市歌乐山旅游文化节、“歌乐大腕”掰手腕大赛、重庆市大学生攀岩赛、飞镖大赛、歌乐山万人登山节、歌乐山体育大竞技、歌乐山铁人五项赛、电视吉尼斯颠球大赛、歌乐山山地自行车越野赛、攀爬车车技赛、红岩险道登山赛、空中迷宫探险赛等。自1999年至2008年年底，公园年顾客接待量以每年20%的速度递增。越来越多的市民和顾客被公园内丰富多彩的体育健身设施吸引，更广泛地加入全民健身的热潮中来。下一步，重庆市还将在有条件的区、县开辟多个类似的以体育健身为内容的体育主题公园。

讨论题：重庆市体育局怎样在歌乐山上打造全民健身公园的？体育主题公园能否可持续发展？

二、休闲体育投资的形式

（一）长期专门投资经营一个休闲体育项目

长期专门投资经营一个休闲体育项目，可以积累对该项目经营管理的丰富经验，降低经营成本，增加经营效益。比如，投资如下某个项目：健身房、高尔夫球、羽毛球、乒乓球、游泳、钓鱼、滑雪、滑冰、跆拳道、台球、壁球、保龄球、登山、划船、赛艇、帆板、水上摩托、潜水、冲浪、漂流、滑水、滑沙、滑草、轮滑、跳伞、滑翔机、滑翔伞、热气球、攀岩、蹦极、射靶、棋牌、散打、拳击等。

（二）兼营休闲体育项目

某些企业并不是以体育产业为主业，为了拓展生存空间、扩大企业规模，走多元化产业经营之路，间接涉足休闲体育领域，投资休闲体育的某个项目或某几个项目。

最典型的例子是高级酒店。绝大多数四星级以上酒店都设有会所或康乐部，会所或康乐部是星级酒店设立的一个部门，这个部门负责经营和管理游泳池、健身房、网球、保龄球、台球、游戏机、桑拿、美容美发、棋牌室、舞厅、KTV、酒吧、高尔夫球、游艇、咖啡厅、茶餐厅等项目，主要任务是为酒店的顾客提供一个理想的休闲、娱乐、健身的场所，树立良好的酒店形象，吸引顾客，增加酒店的附加值，提升酒店的竞争力，同时也为了创造更好的经济效益。

（三）同类休闲体育项目多点承包或多点开班培训式

在长期专门投资经营一个休闲体育项目并积累了丰富的经验后，总结出一种成功经营管理模式，开始多点承包推广或多点开班培训。当前最典型的例子为游泳项目，有体育企业在一座城市里承包了20多个游泳池进行运营，也有人在多处设点开办跆拳道培训班等。

（四）连锁经营模式

一个商业或服务集团以同样的方式、同样的价格，在多处同样命名（店铺的装修甚至商品的陈列也都差不多）的店铺里，出售某一种（或某一类、某一品牌）商品，或提供某种服务，这些同时经营的店铺就被称为连锁店，这种经营模式则被称为连锁经营。连锁经营有4个鲜明的特征：一是经营理念的统一；二是经营管理的统一；三是企业识别系统及经营商标的统一；四是商品和服务的统一。连锁经营是现代服务业发展的一个趋势，休闲体育项目同样适合走连锁经营的道路。当然，一个休闲体育经营机构或企业必须具备比较雄厚的经济实力和成熟的企业管理经验，才能谈得上扩张，开连锁店。连锁经营分为两大形式：直营连锁与加盟连锁。

1. 直营连锁

直营连锁就是指总公司直接经营的连锁店，即由公司总部直接经营、投资、管理各个零售点的经营形态，连锁店产权完全归属于总公司，此连锁形态并无加盟店的存在。总部采取纵深式的管理方式，直接下令掌管所有的零售点，零售点也毫无疑问地必须完全接受总部的指挥。直营连锁的主要任务在“渠道经营”，意思指通过经营渠道的拓展从顾客手中获取利润。

2. 加盟连锁

加盟连锁是下面谈到的特许经营中的一种类型。由拥有技术和管理经验的总公司，指导传授加盟店经营的技术经验、运营模式以及企业形象识别系统，并收取一定比例的权利金及指导费，此种契约关系即为特许经营。特许经营总公司必须拥有一套完整有效的商业模式和运作技术优势，让加盟店能很快地运作起来，同时从中获取利益，总公司通过不断地吸收加盟店，编织市场网络，迅速扩大经营规模。特别强调的是，加盟店一切资产的产权归加盟方。

（五）特许经营

国际特许经营协会对特许经营的定义：特许经营是特许人和受许人之间的契约关系，受许人的经营是在由特许人所有和控制下的一个共同标记、经营模式和（或）过程之下进行的，并且受许人从自己的资源中对其业务进行投资。

（1）特许经营作为一种商业模式，在其经营过程和方法上有以下4个共同点。

①个人对商标、服务标志、独特概念、专利、商业秘密、经营诀窍等拥有所有权。

②权利所有者授权其他人使用上述权利。

③在授权合同中包含一些调整和控制条款，以指导受许人的经营活动。

④受许人需要支付权利使用费和其他费用。

（2）特许经营对特许人的优势。

①特许人可以不受资金的限制，可以迅速扩大规模。

②受许人更加积极肯干，有利于特许人事业发展。

③特许人可以降低经营费用，集中精力提高企业管理水平。

④特许人可以获得政府支持，加快国际化发展战略。

（3）特许经营对受许人的挑战。

①经营受到严格约束，缺乏自主权。

②特许人出现决策错误时，受许人会受到牵连。

③发展速度过快时，总部的后续服务跟不上。

④受许人要退出或转让将受到合同限制，困难重重。

案例：特许经营模式——加盟英派斯健身俱乐部

英派斯集团成立于1991年，从青岛英派斯健身器材有限公司的建立到2002年成立的青岛英派斯大健康股份有限公司，从健身器材生产商到商业健身俱乐部特许经营，多元化的英派斯集团始终致力于成为塑造人类健康的最佳企业。青岛英派斯大健康股份有限公司是发展英派斯健身俱乐部加盟连锁的专业公司。青岛英派斯大健康股份有限公司主要从事全国范围内英派斯健身俱乐部的连锁经营，业务范围包括健身俱乐部经营管理、健身俱乐部咨询服务、健身业务培训、健身运动设备租赁、俱乐部物品代理及销售、与健身俱乐部经营相关的其他业务等。英派斯健身俱乐部无论是经营理念，还是专业技术、服务，都堪称全国领先。英派斯健身俱乐部已由青岛发展至北京、上海、山东、辽宁、吉林、江苏、浙江、湖北、湖南、山西、陕西、河南、安徽、天津、河北、内蒙古、四川等省、区、市，成为国内发展速度最快、规模最大的健身俱乐部连锁体系之一，并于2006年荣获中国连锁体系品牌评价“最具成长力奖”、2007年获得“中国服务业十大优秀特许加盟品牌”称号。英派斯健身俱乐部秉承“健康力、生命力”的经营理念，致力于国际流行时尚和健康运动的推广与普及，为会员提供全面、科学的专业服务。

一、品牌支持

英派斯是国内健身品牌，是中国商标，“英派斯健身”连锁体系的多家俱乐部具有强大的品牌影响力。加盟之后为您提供：

统一的品牌形象和统一的广告宣传方案。

部分媒体、展会、赛事赞助的小本宣传。

二、管理支持

成功的健身俱乐部经营模式：国内外多家俱乐部的成功运营证明英派斯健身的经营管理模式能够被成功复制，最大限度地降低加盟商的投资风险。

成熟的筹建与督导管理机制：总部为每一家加盟俱乐部组建由多位人士组成的筹建团队，提供完善的筹建支持服务。经验丰富的督导管理团队真正为每个加盟俱乐部的销售、运营及训练管理保驾护航。

完善的管理软件体系：为加盟俱乐部提供最新版本的健身俱乐部管理软件，并在俱乐部运营过程中提供周到的系统维护与更新升级服务。

管理软件专为“英派斯健身”连锁体系量身定做。管理软件可以有效地控制会员流失，实时掌握经营情况；支持分布式连锁经营，资源整合，信息共享，集中掌控；支持高品质服务，全方位提升员工绩效。

三、人力资源支持

人力资源库：英派斯拥有庞大的人才储备，并与国内外各地的体育机构、院校长期保持着良好的合作关系，为加盟俱乐部提供充足的人才储备。英派斯与北京体育大学、上海体育学院、南京体育学院、武汉体育学院、河北师范大学都有着广泛的联系。

与国内外人才招聘网站建立战略合作关系，网罗国内外人才资源，为加盟俱乐部提供及时、全面的人力资源建议。

四、培训支持

为健全英派斯健身连锁体系的培训职能，满足体系长远发展对健身管理人才的需求，公司投资成立了“青岛英派斯健身管理培训学校”，举办中等非学历教育，为体系培训服务。学校是体育行业特有职业培训试点单位，如山东省体育行业职业技能鉴定站合作培训机构、青岛市社会体育指导员培训基地、青岛市健美运动协会指定培训机构。培训学校协助俱乐部培养自己的人才梯队，支持俱乐部星级服务水平的同时，支持加盟俱乐部的创收能力。

20多人的培训师资队伍，聚集了营销、训练、运营三大系统的顾问，不仅满足了日常培训的需要，更有实力随时更新课程，保证了专业领先。

英派斯对加盟俱乐部员工的培训包括：俱乐部各岗位作业理论与实践的岗前培训；开业时进行全面、系统的作业和服务培训以及运营管理指导；开业后对管理人员和员工有针对性地进行经营水平提升培训。通过完善的培训体系支持英派斯健身俱乐部员工的星级服务水平，不断提高俱乐部的品牌形象，扩大口碑宣传。

五、国际化训练支持和认证体系

英派斯教练队伍所有的训练培训团队为您打造出一批健身精英，无论是私人教练、减肥营、器械指导、体适能教育，还是各项团体课程包括 Hi/Lo 有氧操、拉丁、搏击、杠铃操、街舞、动感单车等，英派斯都能在短时间内帮您培训出一批能够迅速融入教练岗位的教练。国际化的训练支持是英派斯加盟体系的重点之一。

IFT（国际职业认证师管理协会）、减肥营认证、会籍顾问金翅膀组织等各种认证，支持了各岗位人才的发展。

体适能电子教材、私教手册、团体课程录像教材、减肥营手册等都是英派斯训练体系所独有的。

六、营销支持

完善的营销推广流程包括筹建期营销、预售卡策划、开业宣传策划、开业后日常经营营销策划等。

营销案例库：营销策划贯穿在每个俱乐部宣传、推广及日后的运营管理中，通过对这些成功和失败案例的总结，让每个俱乐部在第一时间享有营销经验总结这笔财富。

一卡通：在英派斯健身足迹所至的国内外40多个城市的多家俱乐部，实行一卡通行。

七、装修设计支持及筹建期工程管理支持

装修设计支持：总部为加盟俱乐部提供包括俱乐部平面布局的设计、装修标准手册、装修方案审核等装修设计支持。

筹建期工程管理支持：总部在加盟俱乐部筹建期间为加盟俱乐部提供包括装修进度控制、配套设施采购方案、施工现场答疑、装修验收协助等筹建期工程管理支持。

八、信息交流平台支持

英派斯将国内外多家英派斯健身俱乐部组成英派斯连锁体系信息交流平台，在获得总部服务、支持的同时，更能取众家之长，为我所用，达到资源整合。

外部学习：通过参与国内外健身大会、国内外体育博览会、国内外行业展会，在对外进行形象宣传展示的同时，交流学习国内外先进的管理模式，抢先引进国内外新潮、前卫的健身项目，丰富体系课程，支持英派斯健身俱乐部连锁体系始终走在国内健身行业的前列。

内部交流：区域性经营交流研讨会（山东、华东、东北、西南），俱乐部的区域化管理、区域咨询督导的全程跟踪服务，各种区域交流会的随时举办。

英派斯健身俱乐部国内外连锁经营体系高层管理人员每年召开管理年会，为广大加盟俱乐部提供一个交流提高的平台。

九、低成本支持

器械优惠：总部为加盟俱乐部量身定做全套英派斯健身器材，将以优惠的价格支持加盟俱乐部开拓健身市场的低成本优势。

规模采购：英派斯连锁体系内加盟俱乐部配套设施及会员用品统一采购，支持品牌与质量的同时，加盟俱乐部充分享受规模采购带来的低成本优势。

十、产品支持

设计：英派斯健身俱乐部配备的“英派斯 Impulse”全套有氧和无氧健身设备注重人体功能学的研究，引进国内外的设计理念，让器械使用者享受健康生活。

质量支持及售后服务保护：公司健身器械先后通过 ISO 9000 系列质量体系、ISO 14000 环境体系、OHSAS 18000 职业健康安全体系、ISO 15 质量管理培训体系等一系列国内外权威认证。2004 年英派斯荣膺“中国驰名商标”称号。

安全保险：英派斯为体系内俱乐部统一购买了器材险、公众责任险，保护英派斯俱乐部及英派斯会员的安全利益，解决了加盟俱乐部对安全的后顾之忧。

英派斯健身俱乐部加盟费用见表 2－1。

表 2-1 英派斯健身俱乐部加盟费用

加盟城市	一线城市（以北京为例）	二线城市（以徐州为例）	三线城市（以日照为例）	四线城市（以枣庄为例）
店铺面积	2500 m^2	2000 m^2	1500 m^2	1000 m^2
房租费用（押一付三）	37.5 万元/月	24 万元/月	15 万元/月	8 万元/月
装修费用	800 元/m^2	700 元/m^2	600 元/m^2	500 元/m^2
设备费用（桌椅空调、办公设备）	10 万元	8 万元	6 万元	5 万元
器材进货费用	60 万元	50 万元	40 万元	30 万元
广告宣传费用	6 万元	5 万元	4 万元	3 万元
开业费用	2 万元	1.5 万元	1 万元	0.8 万元
人员工资（季度）	3500 元/月/人（20 人）	3000 元/月/人（18 人）	2500 元/月/人（15 人）	2000 元/月/人（12 人）
流动资金	50 万元	40 万元	30 万元	20 万元
总投资费用	475 万元	346.1 万元	232.5 万元	149.8 万元
以上投资费用为预估，可能会与实际情况有所差别，仅供参考。				

讨论题：英派斯的加盟支持包括哪些方面？你觉得从长远看英派斯的特许加盟形式会成功吗？

第三节 休闲体育项目投资的可行性分析

投资者在做出投资决定前，必须对休闲体育项目进行可行性分析。可行性分析是对休闲体育项目投资成功的前景做定量分析，是关于市场、资金和业务方面的全面分析，同时也是对制约休闲体育项目投资与经营的各种因素进行系统、科学、合理的分析。通过分析研究，扬长避短，以期提高投资决策的水平和投资成功的可能性。

一、休闲体育项目投资可行性分析的目的

（一）确定目标市场

在市场细分的基础上确定休闲体育项目的目标市场。比如，投资一个健身房项目，投资者必须决定所拟建的设施是男女健身都涵盖并以时尚人士为主，还是仅以白领阶层和事业单位的女性为目标对象，抑或是以健美为主结合其他健身内容的大众化综合性健身中心。

（二）确定投资经营的休闲体育项目

休闲体育项目内容繁多，按活动环境不同可分为室内的（如健美中心、台球、壁球、保龄球、羽毛球、棋牌、乒乓球等）、户外的（陆地——野营、登山、山地自行车、定向徒步越野、长途旅行、探险、滑雪、滑冰、雪上摩托等；水面——划船、赛艇、帆板、水上摩托、水上飞人、潜水、冲浪、游泳、钓鱼、漂流等；空域——跳伞、滑翔机、滑翔伞、热气球等）。

评价一个休闲体育项目，首先要了解拟建或开发项目的背景并考虑市场需求，这是衡量开发休闲体育项目的必要性、现实性的一个前提。分析的目的就是根据市场和现有投资能力的状况来判断开发项目的目标市场潜量、有无开发的必要、开发该项目有何意义（经济的、政治的、社会的）、开发的项目能否满足顾客的需要和有无市场竞争力。

（三）确定投资规模

休闲体育项目投资的规模按照总投资金额可分为：小规模投资，1000 万元以下；中规模投资，1000 万～5000 万元；大规模投资，5000 万元以上。

（四）选择地点

休闲体育项目多样，在选址上既要考虑专业化特点，又要考虑市场需求，还要融合区域规划，并且兼顾地理、人文、治安、经济、法制等因素。俗话说：“一步差三市。”其意指开店地址差一步就有可能差三成的买卖。可见，我国古代商人已对开店的选址有比较深的认识。

（五）估算休闲体育项目经营收入

对休闲体育项目经营收入的估算，一是可以推测投资回收期，二是对整个经营过程和收益做到心中有数。

（六）选择开业的日期和时间

开业庆典为图吉利，往往要选择一个合适的日期。一般情况下，开业日期应选在法定休息日，以便于嘉宾和顾客出席。另外，还要考虑天气等客观因素。

二、休闲体育项目投资可行性分析的内容

（1）该地区的经济发展状况。

（2）该地区的社会人文生活特征。

（3）该地区休闲体育项目开展情况与市场竞争。

（4）政府支持度和当地法治程度。

（5）该地区社会治安状况。

（6）位置。

（7）交通情况。

（8）拟建相关设施。

（9）营业收入预测。

（10）投资收益预测。

由于投资者涉及的投资对象是多元化的，投资的选择具有机会成本的差异，而且还存在投资对象的预期收益率与风险的大小。这些因素都会影响投资的目标选择。比如，某个公司或机构准备对休闲体育项目进行投资，初步考虑在蹦极和潜水两个项目中做出选择。这里就需要对预期收益率进行估算，预测投资风险，判别两个项目机会成本的差异，在经过反复权衡和比较判断后，最后再做出投资决定。

假如投资方打算投资建设一个大型项目，按照国际惯例，最好寻求专业的企业咨询公司进行投资的可行性分析，然后由企业咨询公司提供一份翔实的分析报告。虽然这要花费一笔费用，但比起错误的投资项目所牵涉的资金而言，这一步骤的必要性不言而喻。

第四节 休闲体育项目投资资金估算和投资收益预测

一、休闲体育项目投资资金估算

休闲体育项目投资资金包括如下细项：房地产、装饰装修费、设备设施费、人力资源成本、办公和服务基本开支、水电费和闭路电视费及网络费、营销活动费、银行利息和其他费用等。

（一）房地产

不同的休闲体育项目对房地产的要求差异非常大，顶级大型高尔夫球场需要几千亩的土地，而一个小型台球馆仅需 200 m^2 的空间就够了。一般情况下，房地产的来源主要有如下几种。

（1）租赁房子或场地：由休闲体育项目投资者与房地产企业或房地产业主订立租赁合同，合同内容包括租赁时间、租金、其他相关条件、权利和要求。

（2）购买房子：投资者购买现房或期房，依自行需要设计结构，但这样的话，一次性投资比较大。

（3）购买土地自建房子或设施：比购买现房或期房省钱，而且拥有房地产，建筑结构可根据项目需要自己设计，但投资时间较长。

投资者应根据自身的经济实力以及房地产市场行情，本着“多快好省”的原则，做出最后决定。

（二）装饰装修费

装饰装修费包括一般装修费和按照休闲体育项目专业需要所进行的装饰装修的费用，包括墙壁装饰装修费、地面装饰装修费、草坪装饰装修费、隔间装饰装修费、材料费、工钱等。

（三）设备设施费

这是投资者根据所经营休闲体育项目的特点选用的设备设施的费用，包括专业设备设施、通风设备、供暖设备、公共区域设备、客用设备、员工用设备等。

（四）人力资源成本

人力资源成本指从筹建至合同到期日所有的工作人员的开支，包括工资、奖金、福利、培训费用等。

（五）办公和服务基本开支

办公和服务基本开支指在休闲体育项目经营管理过程中办公消耗用品和服务消耗用品的开支，以及办公室常备家具和器材等开支。

（六）水电费和闭路电视费及网络费

水电费和闭路电视费及网络费指在休闲体育项目经营合同期内所有的水电费和闭路电视费及网络费开支。

（七）营销活动费

营销活动费指在运营过程中与营销活动有关的所有开支，包括开业庆典开支、广告费、公关费、各种行政登记手续费等。

（八）银行利息和其他费用

银行利息和其他费用指为开办休闲体育项目向银行贷款需在规定期限内偿还的利息以及运营过程中所需的其他费用。

二、休闲体育项目投资收益预测

（一）从运营成本估算收益

对休闲体育项目投资收益预测主要通过对运营成本、营业额和利润的分析，结合相关指标，着重做出保本经营状况的估算和预测。在此基础上，投资者可以再做出最差经营状况（下限）、正常经营状况（一般）、最佳经营状况（上限）的推断。虽然休闲体育项目繁多，不同项目之间差异很大，但在投资收益预测方法上大致相同。

（二）几个预测投资收益的参考指标

1. 年投资利润率

年投资利润率即每年收回的利润总额与投资总额的比率，主要研究投资项目能否以较少的投入取得较多的收益。其计算公式为：

$$年投资利润率 = 年利润总额/投资总额 \times 100\%$$

其中，年利润总额不应扣除企业支付的利息费用，它是企业扣除利息及所得税之前的利润，也称为息税前利润。年投资利润率反映企业的投资获利能力，同时也综合反映了企业经营活动的各个方面，是评价和考核企业经营成果的一个综合性较强的指标。其优点是：①可以反映企业的综合盈利能力；②具有横向可比性；③有利于调整资本流量和存量。

2. 投资回收期

投资回收期即投资总额与每年收回资金额（通常包括项目使用后每年新增的利润额和每年提取的折旧额）的比率，主要研究投资于项目上的资金能否在最短时间内收回。其计算公式为：

投资回收期 = 投资总额/（年新增利润额 + 年折旧额）

3. 净现值

净现值指投资报酬总现值与投资额现值的差额，即：

净现值 = 投资报酬总现值 − 投资额现值

净现值如果大于0，说明投资收益大于投资总额，投资方案有利；净现值如果等于0或小于0，则投资方案无利或不利。对两个或两个以上投资方案进行比较时，则应选择净现值最大的投资方案。

4. 现值指数

现值指数指投资报酬总现值与投资额现值的比率，即：

现值指数 = 投资报酬总现值/投资额现值

现值指数如果大于1，说明投资风险收益大于投资总额，投资方案有利；现值指数如果等于1或小于1，则投资方案无利或不利。

5. 实际借款偿还期

实际借款偿还期指为投资休闲体育项目向银行或其他金融机构借贷款后实际偿还的时间期限。

案例：刘永好投资北京南山滑雪滑水度假村

新希望集团董事长刘永好，在2001年前联合上海瑞罗纺织有限公司、北京阿尔卑斯体育发展公司等股东共同出资，组建了北京南山滑雪滑水度假村有限公司，总投资超过2亿元，新希望集团拥有相对控股地位。北京南山滑雪场于2001年年底开业，目前经营状态良好，北京公交巴士有限公司还特意为其开通了从北京城里直达滑雪场的公交专线。据悉，刘永好看中的不只是北京南山滑雪场这样一个项目，而是一种商业模式。刘永好在投资界一向以稳健著称，新希望集团以前主业一直集中在饲料及其相关产业等农业项目的开发上，稍为“旁逸斜出”的是涉足山东的铝业，当时虽引起了人们的疑虑，但后来证明效果不错。现在刘永好又将投资触角不声不响地伸向了休闲体育，一定是有备而来，也足以证明休闲体育产业的投资价值。

讨论题：作为一个以饲料生产起家的农民企业家，投资瞄准休闲体育项目——滑雪场是否明智？

案例：朱树豪投资观澜湖高尔夫球场

以休闲度假村形式涉足休闲体育产业，这里值得一提的人物和案例是朱树豪及其观澜湖高尔夫球会和观澜湖高尔夫度假村。自 1992 年开始，朱树豪博士先后投资逾 30 亿港元，建设和开发观澜湖高尔夫球会。当时的土地以山丘和低谷为主，由于土壤酸性比较高，不适合种植，大量土地长期丢荒，无人问津。早些年，包括朱树豪在内一共 3 个投资者，另外两个在头 3 年之内相继退出了。他们送给朱树豪的话是：你这是在拿钱往海里扔。甚至连当地政府的官员也有些不忍：做些别的投资吧，这里太穷了。但是，朱树豪毅然买下了观澜湖这片地的 70%。朱树豪认为：在我们一小时车程的范围内有几十万个企业，几十万个企业就有几十万个企业主，还怕没人到这里打球。

2000 年，声名如日中天的泰格·伍兹造访观澜湖。当时朱树豪为泰格·伍兹出场费交的个人所得税就有 429 万元。这一年观澜湖一战成名。现在朱树豪投资房地产，在高尔夫球场周围建造 81 幢平均建筑面积 868m^2 的别墅，售价为 1000 万～3000 万元。

观澜湖高尔夫球会的发展对启动内需和解决就业问题作用很大。以观澜湖为例，经过 10 年的发展，不仅将深圳与东莞的荒山野岭改造成为国家最高质量等级的 5A 级旅游度假区，同时为国家创造了 10 个亿的直接收入。另外，一个标准 18 洞高尔夫球场的运营需要 200 个球童，10 个球场就需要 2000 个，这无疑是一个解决就业的良策。同时，观澜湖高尔夫球会也已经成为一个高尚的国际化社区，由球场延伸出去的大卫利百特高尔夫学院分院、五星级骏豪酒店、51 个网球场、亚洲最大的高尔夫用品专卖店、11 间中西餐厅以及健身房、桑拿、壁球和桌球等设施都已经成为一个完整的产业链，其中的复合经济收入是非常惊人的。观澜湖建成 16 年来已为国家增加了 4 亿多元的税收。

朱树豪被一些人称为“中国最大的体育休闲产业的创立者”。朱树豪的观澜湖高尔夫球会和观澜湖高尔夫度假村以昂贵和高档次著称。据说，通过在深圳建设观澜湖高尔夫球会和观澜湖高尔夫度假村项目，朱树豪 6 年赚了 38 个亿。

讨论题：结合案例，谈谈朱树豪大胆投资并看好观澜湖高尔夫球场盈利前景的依据是什么？

第五节　休闲体育项目投资或经营过程中的商务谈判

一、什么是商务谈判

商务是指交易之事务。

谈判是出于某件事情的需要而寻求一项可接受的解决方案的促进方法，不论是出于解决困难的需要还是谈妥等条件的需要，它使个人能够通过努力得到他们所要的，同时也使别人得到同样均等的机会。

商务谈判是指具有法人资格或个体私营者的交易双方，为了协调其经济关系，满足贸易需求，围绕涉及双方利益的标的物的交易条件，彼此通过信息交流、磋商协议达到交易目的的行为与过程。

休闲体育项目投资或经营过程中涉及的商务谈判类别主要有项目承包的谈判、项目转让的谈判、企业并购的谈判、项目合作的谈判等。

二、商务谈判的特征

(一) 普遍性

有交易就可能存在商务谈判，它涉及各种类型的组织。

(二) 交易性

谈判双方都怀有交易愿望，而且有明确、具体的交易内容，它们可以是场所、项目、货物的交易，也可以是技术、劳务、资金、资源、信息等的交易。

(三) 利益性

谈判有明确的经济利益目的，有一套双方认同（或者谈判最终共同认可）的评价指标，强调实现自身经济利益的最大化。

(四) 价格性

以价格作为谈判的核心。

三、商务谈判的 4 个阶段

第一阶段：准备工作

（1）详细调查对方的状况，调查内容包括对方公司的财务状况、行业的声誉、合作的诚意和出发点。

（2）回顾以前双方的谈判情况，包括回想过去谈判的结果是否满意、有什么经验教训、有什么地方可以改进。

第二阶段：初步谈判

（1）不要以最终决策人的身份进行谈判。

（2）了解对方的需要。

（3）初次谈判后整理审查所讨论的内容。

（4）分析对方在哪些条款可能会做让步。

（5）在什么条件下可以达成。

（6）如何处理存在的分歧问题。

第三阶段：正式谈判

（1）提出初次谈判分歧的解决办法。

（2）避免在某一个问题上陷入僵局，事先应准备可选择方案或有条件的让步。

第四阶段：回顾整个谈判

（1）对模棱两可的地方进行确认。

（2）寻求更好的改善方法。

任何一个项目的商务谈判都是谈判双方为了实现交易目标或经营合作目标寻求一项可接受方案而共同努力的过程，这个过程或许比较顺利，或许比较复杂，或许十分艰难。一般而言，一个项目达成协议往往需要经过多次的谈判，其间对双方谈判人员的智慧和能力都是严峻的考验。

四、商务谈判前的准备

（一）列出谈判内容

（1）把与对方谈判的条款一一列出。

（2）区分重要与不重要，以便判断是否让步及让步尺度。

（3）设定谈判目标：

——什么条件下达成协议。

——最初开价条件。

——最低成交条件。

（二）制定谈判策略

（1）谈判时用什么态度。

（2）谈判的角色。

（3）如何扬长避短。

（4）如何体现企业优势及合作前景。

（5）如何让步：什么条款可以让步、在什么情况下让步及让步尺度。

五、面对面实质性商务谈判的6个环节

（一）导入环节

这个环节主要是通过谈判介绍让双方相互了解、彼此认识、彼此熟悉，以创造一个有利于谈判的良好氛围。同时，通过前期的接触，找到双方关注的焦点问题，各自提前做好相应的准备。

（二）概述环节

这个环节是谈判双方首次正式进行会谈，以求双方对对方进行进一步的了解。一般来说，谈判双方此时都较为谨慎小心，都不会出示关键的资料，只是利用这段时间来摸摸对方

的底细。

（三）明示环节

此时谈判双方都会根据前一环节谈判时所表述的意见，特别是在双方意见存在分歧的地方进一步明确各自一方的利益、立场和观点。

（四）交锋环节

这时的谈判各方都会尽力争取自己所需要的利益，很显然，这就会有一定的矛盾产生，而矛盾的激化就会导致双方对立状态的出现。这时，谈判双方相互交锋，彼此争论，紧张交涉，讨价还价，列举事实和数据，希望对方了解并接受自己所提出的条件。

（五）妥协环节

在交锋结束以后，各方便会相互让步，寻求一致，达成妥协。妥协可以说是谈判不可缺少的组成部分，交锋阶段不可能无休止。只要谈判双方有共同的利益，想达成协议，那么他们就一定会妥协。当然，妥协是有一定范围和限度的，妥协的基本原则就是既不放弃自己的立场和利益，同时又考虑和兼顾对方的利益。

（六）协议环节

协议环节是最后一个环节，在这一环节里，谈判双方经过互相交锋和妥协后，求同存异，基本上或在一定程度上达到了各自的目的，于是便拍板认可，随即各自都会在协议书上签字，握手言欢，此时，谈判也宣告结束。

六、商务谈判要注意的事项

（1）对己方要充满信心，明确谈判目标。

（2）清楚己方是谈判者位置，有权向对方提出要求或拒绝。

（3）不要被对方所提供的信息所干扰。

（4）不要过快地做出让步。

（5）不要未得到什么东西作为补偿就牺牲了某些东西。

（6）提防对方常用的威吓技巧来干扰己方的决定。

（7）提防对方常用的分而食之的谈判技巧让己方陷入困境。

（8）提防对方常用的诱之以利的谈判技巧让己方做出太大的让步。

（9）不要被对方要求不可能的事来烦扰己方的思维。

（10）切勿听信口头许诺。

（11）适当时故意透露其竞争对手对己方的优惠支持。

七、商务谈判的语言技巧

成功的商务谈判都是谈判双方出色运用语言艺术的结果。

（一）针对性强

在商务谈判中，双方各自的语言都是表达双方的愿望和要求的，因此谈判语言的针对性要强，做到有的放矢。模糊、啰唆的语言，会使对方疑惑、反感，降低己方威信，成为谈判的障碍。针对不同的商品、谈判内容、谈判场合、谈判对手，要有针对性地使用语言，才能保证谈判的成功。例如，对脾气急躁、性格直爽的谈判对手，运用简短明快的语言可能受欢迎；对慢条斯理的对手，则采用春风化雨般的倾心长谈可能效果更好。在谈判中，要充分考虑谈判对手的性格、情绪、习惯、文化以及需求状况的差异，恰当地使用针对性的语言。

（二）表达方式婉转

谈判中应当尽量使用委婉的语言，这样易于被对方接受。例如，在否决对方要求时，可以这样说：您说的有一定道理，但实际情况稍微有些出入。然后再不露痕迹地提出己方的观点。这样做既不会有损对方的面子，又可以让对方心平气和地认真倾听己方的意见。其间，谈判高手往往努力把己方的意见用委婉的方式伪装成对方的见解，提高说服力。在己方的意见提出之前，先问对方如何解决问题。当对方提出解决方法以后，若和己方的意见一致，要让对方相信这是他自己的观点。在这种情况下，谈判对手有被尊重的感觉，他就会认为反对这个方案就是反对他自己，因而容易达成一致，获得谈判成功。

（三）灵活应变

谈判形势的变化是难以预料的，往往会遇到一些意想不到的尴尬事情，要求谈判者具有灵活的语言应变能力，与应急手段相结合，巧妙地摆脱困境。当遇到对手逼迫你立即做出选择时，你若是说“让我想一想”“暂时很难决定”之类的语言，便会被对方认为缺乏主见，从而在心理上处于劣势。此时你可以看看表，然后有礼貌地告诉对方：“真对不起，9 点钟了，我得出去一下，与一个约定的朋友通电话，请稍等 5 分钟。”于是，你便很得体地赢得了 5 分钟的思考时间。

（四）恰当地使用无声语言

商务谈判中，谈判者通过姿势、手势、眼神、表情等非发音器官来表达的无声语言，往往在谈判过程中能发挥出重要的作用。在有些特殊环境里，有时需要沉默，恰到好处的沉默可以取得意想不到的良好的谈判效果。

第六节　休闲体育项目的招标、投标

许多中小型休闲体育项目的承包，以及某些休闲体育场馆和设施的建设，均采用了招标、投标的方式。无论是招标人还是投标人抑或是评标委员会，在招标、投标的开标、评标和中标的整个过程中，都必须严格按照《中华人民共和国招标投标法》执行和操作。某些休闲体育项目场馆和设施的建设通常执行正式的招标、投标程序，而许多中、小型休闲体育项目的承包往往采用半正式的招标、投标形式。招标、投标的好处在于平等竞争，所有符合条件的承包商或供应商都可以平等地参加投标竞争。

一、招标、投标的含义

招标是指招标人发出招标通知，说明某个项目的运营承包的条件，或者说明采购的商品名称、规格、数量及其他条件，或者说明某项工程建设所需的条件等，邀请投标人在规定的时间、地点按照一定的程序进行投标的行为。

投标为某个项目的运营承包或某项工程建设或某大宗商品买卖等，邀请愿意承包或交易的公司、厂商等出价，以从中选择承包者或交易者的行为。程序一般为：首先，招标人刊登广告或有选择地邀请有关公司、厂商或相关人士，并发给招标文件，或附上资料、图纸和样品；投标者按要求递交投标文件。然后，招标人在公证人的主持下当众开标、评标，以全面符合条件者为中标人；在一些项目的承包运营投标过程中，也可以采用公开竞标的方式，以出价最高者为中标者。最后，双方签订承包或交易合同。休闲体育项目的规模大小跨度很大，投标者可能是国有企事业单位，也可能是私营企业，还可能是个体户或个人。

招标项目按照国家有关规定需要履行项目审批手续的，应当先履行审批手续，取得批准。招标人应当有进行招标项目的相应资金或者资金来源已经落实，并应当在招标文件中如实载明。

招标分为公开招标和邀请招标。

公开招标，是指招标人以招标公告的方式邀请不特定的法人或者其他组织投标。

邀请招标，是指招标人以投标邀请书的方式邀请特定的法人或者其他组织投标。

邀请招标基本要求：《中华人民共和国招标投标法》第十七条规定，招标人采用邀请招标方式的，应当向三个以上具备承担招标项目的能力、资信良好的特定的法人或者其他组织发出投标邀请书。这种招标方式与公开招标方式的不同之处，在于它允许招标人向有限数目的特定的法人或其他组织（供应商或承包商）发出投标邀请书，而不必发布招标公告。因此，邀请招标可以节约招标、投标费用，提高效率。按照国内外的通常做法，采用邀请招标方式的前提条件，是对市场供给情况比较了解，对供应商或承包商情况比较了解。在此基础上，还要考虑招标项目的具体情况：一是招标项目的技术新而且复杂或专业性很强，只能从有限范围的供应商或承包商中选择；二是招标项目本身的价值低，招标人只能通过限制投标人数来达到节约和提高效率的目的。因此，邀请招标是允许采用的，而且在实际中有其较大的适用性。但是，在邀请招标中，招标人有可能故意邀请一些不符合条件的法人或其他组织作为其内定中标人的陪衬，搞假招标。为了防止这种现象的发生，应当对邀请招标的对象所具备的条件做出限定，即向其发出投标邀请书的法人或其他组织应不少于 n 家；而且这些法人或其他组织资信良好，具备承担招标项目的能力。前者是对邀请投标范围的最低限度的要求，以保证适当程度的竞争性；后者是对投标人资格和能力的要求，招标人对此还可以进行资格审查，以确定投标人是否达到这方面的要求。为了保证邀请招标适当程度的竞争性，除潜在招标人有限外，招标人应邀请尽量多的法人或其他组织，向其发出投标邀请书，以确保有效的竞争。

招标代理：招标人有权自行选择招标代理机构，委托其办理招标事宜。招标代理机构是依法设立从事招标代理业务并提供服务的社会中介组织。

二、休闲体育项目的运营承包的招标、投标程序

（1）招标人编制拟外包的休闲体育项目包含的所有内容和招标方式，报上级有关部门审核批准并向社会公告，公告期限一般为半个月。

（2）投标人或受邀投标人报名参与投标。

（3）对潜在投标人资格预审。

（4）在公告或邀请函中规定的时间、地点公开投标。

（5）为防止投标人在投标后撤标或在中标后拒不签订合同，招标人通常都要求投标人提供一定比例或金额的投标保证金。

（6）在投标现场，招标人向投标人发放投标具体流程和方式。

（7）按照具体投标流程和方式进行投标。

（8）依据评标原则及程序确定中标人。

（9）向中标人发送中标通知书。

（10）招标人与中标人签订合同。

（11）招标人决定中标人后，未中标的投标人已缴纳的保证金即予退还。

（12）进行合同履行的监督管理。

三、休闲体育项目的运营承包的招标、投标方法

（一）条件优选法

由招标人在媒体上发布招标公告，吸引企业法人、机构、个人参加投标报名，根据外包的项目要求，初步选择潜在投标人。潜在投标人取得招标文件经认真分析研究后，编制投标书，招标人从中择优选择中标人的招标方法。条件优选法并不是以投标价格作为中标的唯一标准，而是综合分析投标人各方面条件后做出最后决定。由此可见，对于条件优选法而言，编制投标书是一个十分关键的环节。

（二）竞价明标法

由招标人在媒体上发布招标公告，吸引企业法人、机构、个人参加投标报名，在公告或邀请函中规定的时间、地点公开投标。招标人设定标底、标段、具体投标报价流程，由出价最高者为中标人。

（三）竞价暗标法

由招标人在媒体上发布招标公告，吸引企业法人、机构、个人参加投标报名，在公告或

邀请函中规定的时间、地点公开投标。招标人设定标底，不设定报价上限。投标人按照要求在特定的纸张上写下投标报价，待收齐后在有关鉴证人员监督下公开开标，由出价最高者为中标人。若出价最高者为两人或两人以上，则对他们再进行一次暗标竞价，直至出现一个竞价最高者。

四、休闲体育项目的运营承包投标书的写法和递交

投标书分为生产经营性投标书和技术投标书。生产经营性投标书有运营承包投标书、工程投标书、产品销售投标书、劳务投标书；技术投标书包括科研课题投标书、技术引进或技术转让投标书。在此着重介绍运营承包投标书的写法。

（一）休闲体育项目的运营承包投标书的写法

标题：投标书标题正中写明“投标申请书”“投标答辩书”或“投标书”即可。

正文：投标书正文由开头和主体组成。

开头：写明投标的依据和主导思想。

主体：应把投标的经营思想和经营方针、经营目标、经营措施、要求、外部条件等内容具体、完整、全面地表述出来，力求论证严密、层次清晰、文字简练。

落款：写明投标单位（或个人）的名称和投标日期。

投标书的写作，要求实事求是、具体清晰、准确准时。

（二）休闲体育项目的运营承包投标书的范本

投标书

致：________________________________

根据贵方为________________________项目招标运营承包的投标邀请________________________________（招标编号），签字代表________________________（全名、职务）经正式授权并代表投标人________________（投标方名称、地址）提交下述文件正本一份和副本一式______份。

（1）开标一览表。

（2）投标价格表。

（3）承包项目简要说明一览表。

（4）按投标须知第 14、第 15 条要求提供的全部文件。

（5）资格证明文件。

（6）投标保证金，金额为人民币________________元。

据此函，签字代表宣布同意如下：

（1）所附投标报价表中规定的承包项目投标总价为人民币__________________元。

（2）投标人将按招标文件的规定履行合同责任和义务。

（3）投标人已详细审查全部招标文件，包括修改文件（如需要修改）以及全部参考资

料和有关附件。我们完全理解并同意放弃对这方面有不明及误解的权利。

（4）其投标自开标日期有效期为____________________个日历日。

（5）如果在规定的开标日期后，投标人在投标有效期内撤回投标，其投标保证金将被招标方没收。

（6）投标人同意提供招标方可能要求的与投标有关的一切数据或资料，完全理解招标方不一定接受最低价格的投标或收到的任何投标。

（7）与本投标有关的一切正式往来通信请寄：

地址：____________________________________ 邮编：___________________

电话：____________________________________ 传真：___________________

投标人代表姓名、职务：____________________________________

投标人名称（公章）：____________________________________

日期：__________年______月______日

全权代表签字：____________________________________

（三）休闲体育项目的运营承包投标书的递交

投标人必须按照招标文件规定的地点，在规定的时间内送达投标文件。投递投标书的方式最好是直接送达或委托代理人送达，以便获得招标机构已收到投标书的回执。在招标文件中通常就包含有递交投标书的时间和地点，投标人不能将投标文件送交招标文件规定地点以外的地方，如果投标人因为递交投标书的地点发生错误，而延误投标时间的，将被视为无效标而被拒收。如果以邮寄方式送达的，投标人必须留出邮寄时间，保证投标文件能够在截止日期之前送达招标人指定的地点，而不是以“邮戳为准”。在截止时间后送达的投标文件，即已经过了招标有效期的，招标人应当原封退回，不得进入开标阶段。招标人收到投标文件以后应当签收，不得开启。为了保护投标人的合法权益，招标人必须履行完备的签收、登记和备案手续。签收人要记录投标文件递交的日期和地点以及密封状况，签收人签名后应将所有递交的投标文件放置在保密安全的地方，任何人不得开启投标文件。

依照《中华人民共和国招标投标法》，投标人少于三个的，招标人应当重新招标，但考虑到休闲体育项目的运营承包大多数属于小项目，情况特殊，可放宽投标人的数量限制。

五、休闲体育项目的运营承包投标应注意的问题

（1）看到招标公告后，可立即派人前往查阅招标文件，因为招标文件是承包人投标与报价的依据，搞清楚招标人提出的条件和要求，了解最低资格标准。

（2）要对成为标的物的休闲体育项目进行运营承包的可行性研究，一方面是研究标的物的运营承包的意义和投资价值回报；另一方面是考虑本企业进行项目实施的可能性以及一次性投标要支出的费用，可以采用SWOT分析的方法，从优势、劣势、机会、挑战4个方面展开研究，也可以从投标承包条件、投标主观条件、投标竞争形势、投标风险等进行论证，最后慎重做出投标决定。

（3）了解已经报名的其他投标人的情报信息，包括竞争对手的实力、团队、经验、意图等，做到知己知彼。在可能的条件下应主动跟其他投标人正面接触，或许可以从中获得有用的信息。

（4）经过认真研究后，制订几套投标方案，以便在投标过程中备选。在方案中要考虑各种细节，精心谋略，做好投标的充分准备。

（5）若招标人是采用条件优选法开标，投标报价要合理。过高或过低的报价都是不可取的。

参考习题：

1. 投资与休闲体育投资的概念是什么？
2. 如何开展休闲体育项目投资的可行性分析？
3. 休闲体育项目投资过程中的商务谈判是怎样进行的？
4. 休闲体育项目的招标、投标方式有几种？
5. 休闲体育项目的运营承包投标应注意哪些问题？

第三章 休闲体育企业的经营方式和经营策略

本章导航：

☆ 了解休闲体育企业市场定位的含义和类型

☆ 知晓休闲体育经营项目定价的影响因素

☆ 掌握休闲体育经营项目的定价方法

☆ 熟悉休闲体育经营项目的收费管理与定价调价策略

☆ 掌握休闲体育企业常用的经营方式

☆ 熟悉休闲体育企业的经营策略

☆ 熟悉休闲体育项目产品的市场促销

第一节 休闲体育企业的市场定位

一、休闲体育企业市场定位的含义

所谓休闲体育企业市场定位，是指休闲体育企业根据市场竞争状况和自身资源条件，建立和发展差异化竞争优势，使本企业与其他企业严格区分开来，使顾客明显感觉和认识到这种差别，从而使本企业和本企业产品在市场上确定适当的位置。

休闲体育企业市场定位主要包括两个步骤：休闲体育项目产品定位、休闲体育企业定位。这两个步骤相互制约、相互影响、相互促进。没有好的休闲体育项目产品定位，休闲体育企业地位就难以树立起来，而休闲体育企业定位的内容和范围比休闲体育项目产品定位要广得多。几乎所有的环节——产品、财政、广告、价格和公共关系等，都会对企业定位产生影响。休闲体育企业要树立美好形象，必须具有良好的财政状况。休闲体育项目市场地位与休闲体育企业的财政力量是相互依赖、相辅相成的。

休闲体育企业市场定位可根据自身的资源优势和在市场上的竞争地位做出如下选择：市场领先者、市场追随者、市场挑战者、市场补缺者。

休闲体育企业市场定位一般采取以下方法：以服务特色进行企业定位；以企业形象设计、整合、宣传进行企业定位；以企业的基础人物进行企业定位；以公共关系手段进行企业定位。

休闲体育企业市场定位像一根无形的线，从上到下贯穿休闲体育企业所有的部门。休闲体育企业各部门人员都必须服从市场定位策略，围绕它开展各项工作，为实现休闲体育企业总目标而协同努力。

二、休闲体育企业市场定位的类型

（一）避强定位

这是一种避开强有力的竞争对手进行市场定位的模式。休闲体育企业不与竞争对手直接对抗，而是将自身置于某个市场“空隙”，发展目前市场上没有的特色产品，开拓新的市场领域。这种定位的优点是：能够迅速地在市场上站稳脚跟，并在顾客心中尽快树立起一定形象。

（二）迎头定位

这是一种与在市场上居支配地位的竞争对手对着干的定位方式，即休闲体育企业选择与竞争对手重叠的市场位置，争取同样的目标顾客，彼此在服务、价格、分销、促销、有形展示等方面少有差别。

（三）重新定位

重新定位通常是指对那些销路少、市场反应差的产品进行二次定位。初次定位后，随着时间的推移，新的竞争者进入市场，选择与本休闲体育企业相近的市场位置，致使本休闲体育企业原来的市场占有率下降，健身行业中应特别注意；或者，由于顾客需求偏好发生转移，原来喜欢本休闲体育企业产品的人转而喜欢其他休闲体育企业的产品，因而市场对本休闲体育企业产品的需求减少。在这些情况下，本休闲体育企业就需要对其产品进行重新定位。

（四）插　位

插位是通过打破市场原有的竞争地位排序，“后进”品牌迅速成为行业领导品牌的营销新法。插位旨在通过颠覆性的营销手段，打破休闲体育市场上原有竞争地位排序，突破“后进”品牌面临的竞争困境，为品牌创造大市场，并迅速成为休闲体育市场的领导者。

（五）领先定位

领先定位对休闲体育企业要求较高，如果成功的话，就会给休闲体育企业的发展带来巨大的发展前景，它还可以抢占市场先机。

第二节　休闲体育经营项目的定价

在休闲体育经营过程中，定价不仅是营销推广的重要内容，而且也是赚取利润获得经营成功的关键所在。在正常情况下，价值决定价格，价格同时还受供求关系的影响。准确定价和调价将使休闲体育经营达到事半功倍的效果。

一、影响休闲体育经营项目价格的因素

（一）成　本

成本是指在从事休闲体育经营过程中所支出的物质费用和人工报酬的总和。成本具体包括：休闲体育经营过程所需的物料费用，如材料费、水电费等；休闲体育经营过程中耗费的服务费用，如广告费、策划费、技术费、出场费、交通费、运输费、临时雇工费、保管费、修理费、购销费等；休闲体育服务手段物耗的费用，如体育设施折旧费等；工资费用，包括休闲体育劳动者工资、津贴、奖金、社保等费用。

（二）利　润

休闲体育经营项目价格中的利润是价格与成本和税金之间的差额。休闲体育经营项目价格中利润的确定，从休闲体育服务业自身角度看应考虑如下因素：第一，本项目所面临的市场状况；第二，竞争对手于同种休闲体育项目的利润水平；第三，同行业内利润平均水平，以及政府对利润水平的限制。

（三）市　场

市场是价格产生和变动的场所。市场决定价格与价值的关系，休闲体育劳务价值在实现过程中同样受到多种因素影响，其中休闲体育市场供求对价值实现的影响最直接。当供求平衡时，价格同价值趋于一致，从而实现休闲体育经营项目的商品价值；当供不应求时，价格上升，可能高于价值，这时企业或经营者不仅能实现价值，还可以得到超额利润；当供过于求或需求不足时，休闲体育经营项目的系统的闲置损失增大，只好降低价格以招徕顾客，此时价格可能低于其价值，企业不仅不能实现价值，还可能亏损。休闲体育经营项目的投资回报率降低也会使原有投资被抽走。当价格降低到一定程度，这些休闲体育经营项目将发生亏损以致无法经营。市场价格机制的作用通过减产或淘汰供给过滥以及不适应社会需求的旧的休闲体育经营项目产品，寻求既新颖刺激又时髦热门的新的休闲体育经营项目产品，从而达到一种对休闲体育经营项目产品新的供求均衡。

（四）服务质量

服务质量是指服务满足规定或潜在需要的特征和特性的总和。广义的服务质量由劳务质量、环境质量和服务设备设施质量等方面组成。狭义的服务质量是指劳务质量，包括服务人员的服务态度、服务技术、服务方式和时间等。可以说，服务质量反映了服务的效用或使用价值，是对顾客提供服务的程度和水平的总称。服务质量与休闲体育经营项目价格之间的关系，可以从休闲体育设备设施的资金投入、休闲体育经营项目环境优劣、管理和服务人员的能力 3 个方面来理解。一般而言，两者之间呈正相关关系。

（五）其他因素

（1）政府政策的限制。

（2）顾客理解价值。

（3）时间、时段的不同。

二、休闲体育经营项目的定价方法

（一）完全市场需求定价

完全市场需求定价是根据市场需求强度和顾客消费心理而确定价格。这种定价方法往往受供求关系的影响。20 世纪 90 年代后期，保龄球运动价格的变化就是这种定价方法的典型反映。

（二）随行就市定价

随行就市定价，即经营者所制定的价格必须是有一定的利润、顾客和同行业之间都能接受的且达成默契的价格，而且符合本行业的潜规则。若定价太高，会吓跑顾客或者迫使顾客寻找其他休闲体育经营项目的替代产品；若定价太低，则无利润或者利润太薄，而且会被同行业认为是采用不正当竞争手段而遭谴责。普通室外游泳池、中低端羽毛球场、小型台球室基本上采用这种定价方法。

（三）理解价值定价

理解价值定价是根据顾客对休闲体育经营项目产品价值的理解和对价格的接受程度来确定产品价格。这种定价方法需要认真研究顾客心理。比如，顾客在一个小型健身房健身，单次只要付 10 元，在一家知名品牌的健身房单次消费的价格需 80 元，而在五星级饭店健身中心的一次性消费则高达 180 元。价格的级差除了由健身中心或健身房的成本所决定外，品牌、声誉、环境气氛或其他的附加服务也为健身中心或健身房增添了价值。

（四）区分需求定价

区分需求定价是指一种商品或劳务的价格差异不是来源于其边际成本的差异，而是来源于不同的市场细分。在休闲体育经营项目产品中，这种定价方法主要表现在以时间、顾客、活动难易度为基础的差别定价。各种 VIP 卡、优惠卡、时段特惠价、同类项目不同类顾客定价、同类活动不同玩法定价都属于此类定价方法。

（五）预计利润成本导向定价

预计利润成本导向定价是在扣除成本且确保盈亏平衡的基础上，再保证企业或经营者获得一定比例的利润额，而对休闲体育经营项目产品所做出的定价。此类定价方法大多数用于休闲体育经营项目的培训定价。

（六）新开业者立时惠泽定价

某一个休闲体育经营项目刚开业时，可以采用各种各样优惠价格或者优惠衍生手段吸引顾客参与，扩大影响，并且给顾客留下好印象，站稳脚跟。

（七）贵族新兴项目高价定价

某地区引进或开发一个贵族新兴项目时，可以采用高价投放的方式，如赛马、高尔夫球等。这类项目投入大、开发难，而且在坊间已流传并认同其“高贵”，高价定价策略可以满足部分富豪炫耀和等级心理。

三、休闲体育经营项目的收费管理与定价调价策略

（一）收费管理

收费种类包括门票、场地租赁费、会员费等。对使用者收费取决于休闲体育场所和设施的性质。私营休闲体育场所和设施一般根据市场调节，对顾客收取适当的费用，而且能让经营者获得合理的利润。

如果是公共休闲体育场所或者设施，收费问题一般由政府有关部门做出决定。如果当地财政来源充裕，这些公共休闲体育场所或者设施可以免费为当地居民提供服务。但是，如果使用这些公共休闲体育场所或者设施的人数太多，为了能够对设施进行维护，并且限制使用人数，可以适当收取费用。

（二）定价调价策略

（1）在保证优质服务的基础上，实行市场公认的大众化价格。

（2）为维护顾客利益、提升顾客的满意度、巩固顾客的忠诚度，一般情况下不要轻易调价。

（3）出售 10 次卡、月卡、季卡、半年卡、年卡等，价格适当优惠。

（4）限量推出通用金卡，即在本体育场馆或场所内可以享受任何项目服务，实行高价策略，持卡人享受贵宾级待遇。

（5）进行市场细分，针对不同消费群体推出不同价格。

（6）采取分时段定价策略。

（7）各种促销手段结合使用，如折扣、附赠礼品等。

（8）根据市场情况，适时采用主动提价或主动降价策略。

第三节　休闲体育企业常用的经营方式

休闲体育企业属于服务行业，所采用的经营方式必须服从于服务经营理念，同时结合休闲体育项目的特点。经营方式种类繁多，但主要分为以下几类。

一、利用价格杠杆做文章

（一）设制各种优惠卡

设制各种优惠卡，让顾客感觉既得到实惠，又是一种身份认同，获得相对高层次、高待遇的心理享受。常用的优惠卡有贵宾卡（VIP卡）、金卡、银卡、铜卡、年卡、半年卡、季卡、月卡、10次卡等。

（二）利用价格歧视

价格歧视是指一家厂商或一家经营者在同一时间对同一产品或服务索取两种或两种以上的价格。大部分休闲体育企业在一般营业时间内推出了更优惠的价格，吸引社会上闲散人员参与消费，以提高场地器材的利用率。有一些休闲体育企业注意到儿童、学生和老年人3个特殊群体的潜在市场，采取了折扣不等的优惠。

（三）采取特惠时段、抢购时段等优惠措施

这种方式常出现在保龄球项目中，既可以利用一些顾客希望获取实惠的心理，促销冷时段，又可以体现休闲体育企业经营者回馈顾客的美意。

二、推行俱乐部会员制

休闲体育企业下设俱乐部。凡是向俱乐部提出申请并交纳一定的费用、遵守俱乐部规章制度的个人及群体都可以成为俱乐部的会员，他们能够享受俱乐部的多种资源或优惠，这种组织形式和经营方式叫俱乐部会员制。

休闲体育经营场所普遍推行会员制，会员制的好处在于让顾客有归属感，有宾至如归的亲切感和主动参与感，从而留住顾客。

三、利用体育专业技术人员的优势，开办各种类型的培训班，

许多顾客为了尽快掌握体育一技之长，愿意花钱请教练员指导或加入培训班学习；也有的家长为了培养、锻炼孩子，希望孩子参加体育培训。因此，休闲体育培训市场是一块大蛋糕。休闲体育企业可以利用体育专业人才资源开办培训班，获取收益。

四、兼营餐饮和与本场所相关的体育用品

可以设置一些柜台，兼售一些快餐类食品和体育用品，这样不仅能增加休闲体育企业的收入，而且能方便顾客。

五、建立运动队

一些休闲体育企业建立运动队，参加各种比赛并获得不俗的成绩，这是对休闲体育企业一种很好的有形展示和宣传形式。

六、举办商业性休闲体育项目比赛

充分发挥休闲体育企业的体育场馆、专业人才和人脉资源优势，采用申办、投标、自创赛事 IP 等方法举办商业性休闲体育项目比赛，以期达到扩大休闲体育企业品牌知名度、做大产业链、创造良好经济效益一举三得的目的。

七、设置多种多样的奖励办法，通过奖品、奖金刺激消费人数的增加

有些休闲体育项目的经营场所，如保龄球馆、高尔夫球场、钓鱼场等，设置了多种多样的奖励办法，吸引顾客，刺激顾客参与的欲望。

八、增加面向儿童的休闲体育游乐园

随着国家二孩、三孩政策的出台，加上家长对儿童成长的大手笔投入，适合儿童既游玩又健身还能锻炼心理素质的游乐园项目深受欢迎，生意相当火爆。

第四节　休闲体育企业的经营策略

经营策略是指企业面对激烈变化的环境和严峻挑战的竞争，为谋求生存和不断发展而做出的总体性、长远性的谋划和方略，是企业家指挥竞争的经营艺术。军事家靠正确的军事战略决胜于战场，企业家靠正确的经营策略决胜于市场。

一、服务创新策略

休闲体育企业应在服务上进行创新。顾客参与休闲体育活动，就是要求享受热情、周到的服务。休闲体育企业应提高管理人员或服务人员的素质，制定服务流程和服务标准以及在服务过程中出现问题时的补救措施。同时，休闲体育企业在服务内容、形式上要不断推陈出新，让顾客有新鲜感，吸引顾客经常参与活动。

二、品牌策略

休闲体育企业同样应树立品牌意识。品牌策略的前提就是要进行商标专有权的保护。而对品牌的认识，国外企业要比国内企业的意识强。如美国倍力公司，在进入中国的几年前，就进行了品牌的注册，与中体产业股份有限公司合作成立了中体倍力公司。而像国内的红青婷健身俱乐部，它最初的品牌是“红蜻蜓”，使用了近 4 年时间，随着公司的良性发展，想要进行商标注册时却发现“红蜻蜓”品牌已被别的公司进行了注册，所以，才更名为“红青婷”。其实，像这种损失是完全可以避免的，在公司创立初期就应该把自己的品牌进行商

标注册。因此，有效地进行商标注册是品牌经营的前提与基础。

近几年来，随着境外投资者在休闲体育领域的介入，该领域的竞争变得更加激烈。因此，国内的休闲体育企业必须苦练内功。休闲体育企业采用的品牌策略主要有企业形象、品牌服务、人力资源管理、诚信等。

三、专业化经营策略

休闲体育项目繁多，有些项目专业技能要求很高，需要休闲体育企业实行专业化经营和专业化指导。比如，潜水、登山、高山滑雪、蹦极、跳伞等。专业化经营主要表现在专业服务内容和专业器材销售、维护上。

四、竞争策略

休闲体育企业经营者应树立竞争观念，主动参与竞争，应研究竞争者的经营策略、价格、服务技巧，寻找差距，不断完善制度和服务质量，更好地服务于顾客。经营上要勇于同竞争者打价格战，灵活运用价格策略，提高市场占有率。

五、联合经营策略

休闲体育企业要摒弃独自经营的错误观念，树立联手合作、联合发展的市场观念，主动和大公司、娱乐公司、经纪公司、媒体公司、公园、大学、商贸中心、社区、星级酒店等联合经营。联合是资金的联合，短期内聚集大量资金，可以快速打开市场，同时也降低了风险；联合也是政策的联合，相互进入对方领域，政策上实行倾斜，减少壁垒，可节省大量的公关费用；联合还是能力的联合，达到优势互补、共同发展的目的。通过联合，共拓市场，共同壮大，实现双赢。

六、连锁规模经营策略

在传统观念上，休闲体育项目投资都属于小打小闹式的投资，很少形成规模经营格局。现在应改变这种观念，如美国大型休闲体育机构通过合资的方式已将其分支机构设在了中国大陆，比较知名的机构品牌有中体倍力健身俱乐部。国内知名连锁健身健美品牌有青岛英派斯大健康股份有限公司等。到目前为止，英派斯在全国已拥有各种性质的健身俱乐部几百家，其规模位居行业榜首。青岛英派斯大健康股份有限公司本着“专业为您准备、专心为您服务”的承诺，向体系内各俱乐部提供高品质的运营服务与管理支持，使体系内各俱乐部的实力得以不断提高和加强。

七、服务差异化策略

服务差异化策略的实质是创造出一种能被感觉到的独特服务。实现差异化有许多形式，包括品牌形象、技术、特性、顾客服务、经销商网络等。休闲体育企业把服务当作产品是建立在顾客观念的基础上的。但由于在同一时间、地点，不同的顾客有不同的需求，而在不同时间、地点，同一顾客的需求侧重点也不同，服务产品与顾客需求之间的关系也并不是一成不变的。因此，在某些时候，休闲体育企业仅靠严格管理和规范操作并不能获得顾客的普遍满意，唯有针对性的个性化服务才能打动顾客的心。当然个性化服务意味着成本的增加，这就需要在顾客满意和效益之间寻求一个最佳结合的服务模式，以满足多数顾客的共同需求的规范服务为主，辅之以满足顾客的个性化需求的非规范服务，从而显示休闲体育企业的服务特色。

八、服务企业化策略

休闲体育服务具有无形性的特征，顾客只有通过服务环境中有形事物的感知来建立对休闲体育企业形象和服务质量的认识。利用服务过程中可传达服务特色及内涵的有形展示手段来辅助服务产品推广的方法，在服务营销管理中称服务企业化策略。休闲体育企业中的服务企业化策略有：在确保满足顾客基本需求的基础上，创造良好的服务环境和气氛，使顾客感到特殊的兴奋和惊喜，从而提高顾客对服务的满意度；改善服务包装，如设计休闲体育场所内外的独特造型，企业统一服务形象标识，增加服务的附加值；改进服务的社交要素，提高员工的社交技能等。

九、服务延伸化策略

顾客同服务者的互动是服务营销的本质特征之一，这种互动不是一时的，而应该是长期的。有研究报告表明：老顾客比初次顾客可为企业多带来20%～80%的利润，老顾客每增加5%，企业的利润则相应增加25%～85%。对于强烈依赖顾客消费的休闲体育的健身娱乐活动，稳定而忠诚的顾客对服务价格变动的承受力强，对服务失误持宽容态度，他们无疑是休闲体育企业宝贵的财富。因此，为了培育休闲体育企业固定的消费群体，建设良好经营的社会环境，应该对传统的服务内涵加以延伸，为顾客提供周到的售后服务和追踪联系，使良好的顾客关系能得到强化。例如，建立休闲体育顾客档案，以开展有针对性的个性化服务；建立顾客联系和跟踪制度；建立顾客组织，如推行VIP卡和俱乐部；等等。这些措施使分散的顾客与企业始终保持紧密的联系，形成一个广泛的社会网络，并且不断强化其品牌的忠诚度。

十、降低经营成本策略

休闲体育企业不仅要注重收入的提高，还要重视成本的控制和管理，把成本费用降到最低。运转成本的控制体现在以下3个方面：第一，注重劳动力成本的控制；第二，精简管理机构，建立灵敏度很高的扁平型管理体系，最大限度地减少管理性消耗支出；第三，重视营业成本的控制。

第五节 休闲体育项目产品的市场促销

促销是指在企业营销活动中为了引导和影响顾客的购买行为和消费方式，营销人员与顾客之间带有刺激性的信息沟通方式或信息沟通方式的组合。休闲体育项目产品的市场促销是指休闲体育企业营销人员通过各种渠道有针对性地向顾客传递休闲体育项目产品信息，激发他们参与的欲望和兴趣，唤起需求，以实现消费行为，或以提高声誉为目的的经营活动。

一、休闲体育项目产品的市场促销目标的含义及其主要种类

休闲体育项目产品的市场促销目标，是指在一定时期和市场范围内，休闲体育企业进行促销活动所要达到的预期结果或指标。

休闲体育企业的促销目标是多种多样的，但归纳起来，主要有 3 种：告知并劝说；激励需求和参与；企业形象塑造。

第一种：告知并劝说，就是指提高企业及休闲体育项目产品的知名度，让更多的顾客熟悉本企业和休闲体育项目产品，并在此基础上，说服更多的顾客参与到休闲体育项目中，从而提高休闲体育项目产品的市场占有率，如某休闲体育企业确定的促销目标是在 6 个月内力图使知道本企业休闲体育项目产品的顾客从 20% 增加到 40% 。

第二种：激励需求和参与，即激发初始需求，争取选择需求，开发潜在需求。激励需求和参与是站在顾客角度来考虑问题的。休闲体育企业应该对产品进行包装，通过促销活动，得到顾客的认同，并且满足顾客现实的需求（如健身需求、寻求刺激需求），继而使顾客积极参与。这是一个从心理活动到实际行动的演变过程。

第三种：企业形象塑造，即通过促销活动以塑造良好的休闲体育企业形象，树立企业独特风格和服务的独特个性。企业形象塑造是企业经营理念、企业形象概念在各视觉塑造要素上的具体化。

二、确定休闲体育项目产品的市场促销目标的步骤

促销目标的确定是一种有计划的科学活动，它应该按照一定的方法和步骤，遵循一定的程序来进行。确定休闲体育项目产品的市场促销目标的步骤主要包括以下几个步骤。

（一）确定促销产品范围

休闲体育项目促销的产品指向性必须十分明确。每一个休闲体育企业所开发或经营的休闲体育项目产品都有若干种类、系列、层次等，但并不是所有的休闲体育项目产品都有必要同时进行促销，在一次促销活动中只能有重点地向顾客推介其中的一种或几种产品。确定促销产品范围的一般标准是：第一，能够吸引顾客；第二，要保证可获利；第三，能够树立形象。

（二）界定实施促销的市场范围

休闲体育项目产品具有辐射区域范围限制的特性。比如，一家中型健身房，顾客或潜在顾客一般都位于以健身房为中心半径5km范围内，那么，促销的市场范围就应以此为标界。若是一个位于郊区的蹦极项目，促销的对象是全市的时尚年轻人，那么，促销的市场范围就是整个市区。明确界定实施促销的市场范围在一项区域性促销方案中十分重要。

（三）实施促销的时间设定

任何一项促销目标的确定都与实施促销的时间有关。在促销目标的确定中，时间的设定包括何时促销、持续时间及频率等方面。关于何时促销是由新推出的休闲体育产品推广决定的。当然，顾客需求的季节性也是影响何时促销的重要因素之一。一项促销活动持续时间的长短，取决于目标顾客中较多数的人要用多长时间才可以接收到促销活动所要传递的信息。一项促销活动持续时间的长短也必须考虑到其他促销活动的开始时间及持续时间，以免互相重叠，降低效果。促销活动的频率则取决于顾客的消费倾向、顾客对意外的竞争性促销活动做出的反应、活动本身持续时间及效果等。

（四）鉴定促销的目标对象

鉴定促销的目标对象，从根本上来说就是寻找能购买某种休闲体育产品服务的顾客，如果寻找不到合适的顾客，休闲体育企业的促销目标就不能实现。为此，休闲体育企业要对庞大而复杂的市场进行细分，深入比较和分析各个细分市场的特点，对各个细分市场需求趋势进行预测，从多个细分的市场中选择自己的目标市场。

（五）了解竞争对手

了解竞争对手，有助于避免意外损失，分清什么对自己的市场有威胁以及抓住什么样的市场机会。休闲体育企业通过正确判断本企业的经营实力和资源状况，了解顾客需要及其变化态势，分析市场竞争状况和本企业在同行业中的竞争地位，认识竞争对手的市场竞争策略、优势和劣势，判断竞争对手对本企业采取的策略可能做出的反应和对策，以己之长击彼所短，确定具有针对性的促销目标，才能保持在竞争中的优势地位。

（六）确定促销预算

促销预算从根本上决定着促销活动的深度和广度，它对促销目标的确定具有很强的制约作用。促销也是一种实在价值的创造过程，因此，问题不在于休闲体育企业是否应进行促销活动，而在于应花多少钱来进行促销活动。有了明确的促销预算，便可将促销目标确定下来，并可对各种促销工具进行投资分配。

（七）描述促销目标

在分析和明确了上述问题后，并得到参与促销相关部门的一致意见和协调配合的前提下，便可将促销目标一一确定下来并进行具体描述，但不应夸大促销可以达到的效果，也不应该奢望通过一项促销计划达到过多的目标。一次特定的促销活动一般只能集中实现一个或两个目标，这样可能有利于取得最大的成效。

三、休闲体育企业促销方式

休闲体育市场的促销方式多种多样，休闲体育企业在选择促销方式时要考虑市场类型、促销目标、休闲体育项目产品所处的市场生命周期、休闲体育产品的市场地位、竞争条件和环境、促销预算等主要因素。休闲体育企业采用的促销方式有：广告、人员推销、口碑传播、关系营销等。

（一）广　告

广告媒体是广告信息的传递工具。由于不同的广告媒体具有不同的特点，起着不同的作用，休闲体育企业应根据实际情况进行选择。

1. 抖音、快手等短视频平台广告

通过短视频平台打广告，满足了受众身临其境、及时互动的真切体验感受，效果特别好。休闲体育俱乐部教练员以卓越的运动技能表演，伴随着言传身教的方式圈粉，吸引粉丝们加入休闲体育俱乐部行列。目前，最火的短视频平台有抖音、快手、西瓜视频、微视频等。

2. 微信广告

休闲体育项目的顾客以年轻人为主，而手机作为通信工具又是年轻人的最爱，几乎人手一部，采用微信的方式发布休闲体育项目广告可以达到奇妙的广告效果。微信广告的优点是信息送达率高、速度快、图文并茂、直观生动。通过特定的微信群传播，受众信任度高，有口碑效应，易圈粉，效果更好。

3. 报纸广告

报纸是休闲体育企业最常用的一种广告媒体。选择报纸做广告的主要优点是发行量大、传播范围广、覆盖面高、读者稳定、针对性强、信息传播快且制作简单、费用较低，缺点是时效短、不易保存、注目率低、庞大的内容易分散读者的注意力、广告表现力有限。

4. 电视广告

电视是休闲体育广告信息传播最佳的媒体之一。其优点是集声音、图像和增感于一身，表现形式丰富，感染力强。在卫星的协助下，电视广告的覆盖面几乎可以达到地球上的任何一个地方。同时，由于某些节目有特定的观众，休闲体育企业可针对不同的目标顾客推出不同休闲体育项目的广告。其缺点是广告的成本很高。由于收费昂贵，休闲体育企业不可能在每一条广告上占用很多时间，因而也就限制了向顾客传播的信息量。但通过电视专题报道或休闲体育项目教学片的形式同样可以达到很好的广告效果。

5. 广播广告

广播在电视出现之前一直是最理想的广告媒体，但在电视出现之后，其地位下降。广播广告的优点是：传播速度快、覆盖面广、成本低廉。其局限性是：传递的信息量有限；听众过于分散，难以把握收听率；形式较单一，印象不深，遗忘率高；等等。但休闲体育项目信息传播借用广播广告仍不失为一种较理想的媒体方式。

6. 互联网广告

互联网广告又被称为网络广告或者在线广告，是以计算机为核心组成的计算机网络为媒介的广告行为。在国内常会采用以时间和效果等方式来计费购买互联网广告的模式。互联网广告的长处在于互联网比其他媒介赋予顾客更多的直接与广告主进行互动活动，进而建立未来关系的能力。同时，互联网拥有大量的受众，能做到及时反应，具有高度针对性，能够提供详细的信息。

7. 杂志广告

杂志分类明确，它能较好地选择目标顾客，还可利用它在专业上的权威性来影响读者；图文精美、印制精良的杂志，能极大地提高和增强广告的艺术效果和感染力。另外，杂志的保存期长，读者相互传阅的次数和机会也多，无形中扩大了传播的范围。然而，杂志广告也有其缺点，如广告预约的时间较长、传播的范围较小、注目率较低等。

8. 第五媒体广告

传统的报刊、广播、电视、互联网被称为四大媒体，而第五媒体是指大量分布在高档楼宇、酒店、商场、连锁店、银行、影剧院、车站、机场、地铁、公交车、出租车等公共场所，形成一种将独立的媒体播放设备分散安装，并播放统一的专业广告及多媒体信息的新型媒体。第五媒体的使用器材包括网络广告机、液晶广告机、楼宇液晶广告机、车载液晶广告机、框架液晶广告机、落地液晶广告机、触摸式液晶广告机、按钮式液晶广告机等。广告机是利用标准液晶显示器、液晶电视机，通过联网和多媒体系统控制等方式实现信息显示和视频广告播放的新一代智能设备。

9. 户外广告

户外广告可分为平面广告和立体广告两大类。平面广告有路牌广告、招贴广告、壁墙广告、海报、条幅等。立体广告分为霓虹灯、广告柱以及广告塔、灯箱广告等。在户外广告中，路牌广告、招贴广告是最为重要的两种形式，影响甚大。户外广告的好处是：户外广告对地区和顾客的选择性强，可为经常在此区域内活动的固定顾客提供反复的宣传，使其印象强烈；户外广告可以较好地利用顾客在途中或在公共场合中产生的空白心理并给予他们刺激，能引起较高的注意率；户外广告具有一定的强迫诉求性质；户外广告表现形式丰富多彩，并与市容浑然一体，往往使顾客非常自然地接受了广告；户外广告内容单纯，能避免其他内容及竞争广告的干扰，而且户外广告费用较低。户外广告的不足是覆盖面小，广告效果难以测评。

（二）人员推销

人员推销是指推销人员通过与顾客的人际接触，以劝说的方式直接向顾客推销休闲体育服务产品的活动。人员推销的关键在推销人员。推销人员通过与顾客的直接接触，运用推销的艺术，向顾客推荐休闲体育服务产品，引导体育消费，分析解答顾客的疑虑，最终达成交易。推销人员对休闲体育市场的各种要素的变化动向和顾客的反映都了解得比较清楚，因此他们对休闲体育市场需求信息的传递与反馈最为及时与准确。

休闲体育服务产品的目标市场相对集中。高尔夫球、保龄球运动因为对顾客的经济实力有一定的要求，所以这类项目的市场定位相对较高。健身俱乐部的顾客群体主要是男女中青年，推销人员应根据这些项目的市场定位，寻找潜在顾客。休闲体育企业经营者应尽量雇佣可能胜任休闲体育服务的专业技术人员来推销休闲体育服务产品，在大多数休闲体育服务交易中，顾客总相信休闲体育服务人员有提供预期服务结果的能力。休闲体育服务人员在顾客心中应是一个地道的专业人士，其外表形象、行为举止、内在素质和态度都必须符合顾客心目中专业人士的标准，有利于达成休闲体育服务交易。

注重良好形象的建立和维护，形象建立和维护在休闲体育产品推销上是一个重要因素。推销人员所展示出的形象，应与顾客心目中的形象相一致，因为休闲体育服务的高度非实体性，意味着服务的名声和主观印象是人员推销所依赖的重点。因此，人员推销对休闲体育服务行业的整体形象影响很大，顾客往往从推销人员的素质高低来判断此企业的优劣。休闲体育产品推销人员的礼仪、效率和推销技巧，都会影响既有的形象，因而也在很大程度上决定着顾客是否惠顾。由于缺乏休闲体育服务相应的行业标准，顾客购买休闲体育产品往往有一定的风险性。顾客从休闲体育产品购买中所获得的满意度，常常低于对体育产品购买的满意度。这就大大增加了推销人员对休闲体育产品推销的难度，因而休闲体育企业更应采取相应的策略，如保证要有对应的组织和资源，实行标准化服务，降低休闲体育服务表现不稳定的风险，并对推销人员的执业资格进行认证，从而有利于增加促销机会。

人员推销的基本工作流程：①寻找潜在顾客。推销工作的第一步就是寻找潜在的休闲体育顾客。推销人员可以通过多种渠道，如通过老顾客、电话、邮件等寻找潜在顾客，然后通过研究他们的休闲体育消费需求、经济实力等来衡量他们的资格，以确定是否进行联系或接触，如高尔夫俱乐部就应在高收入阶层中去寻找潜在顾客等。②准备工作。推销人员在推销之前，应对所推销的休闲体育产品、顾客和竞争对手的有关情况有充分的了解和准备，并确定好访问的具体目标、访问方法和访问时机。③接近。推销人员应熟知初次与顾客交往时怎样向顾客问候和交谈，使双方的关系有一个良好的开端。对待顾客要殷勤而有礼貌，开场白要明确而富有吸引力，所展示的休闲体育产品要引起顾客的注意和好奇心。④介绍。介绍是推销进程的核心。推销人员可通过“争取注意”“引起兴趣”“激发欲望”和“见诸行动”4 个环节来介绍休闲体育产品。⑤说服。在推销人员对顾客介绍休闲体育产品过程中或顾客被要求购买产品时，往往大多数顾客都会有各种各样的问题、疑虑甚至抵触，推销人员应采取积极的方法，认真听取他们的意见，耐心地向他们解释，消除疑虑，积极说服顾客购买本产品。⑥达成交易。在洽谈过程中，推销人员必须懂得如何从顾客那里发现达成交易的信号，包括顾客的动作、语言评论和提出的问题。介绍中如发现顾客有意购买，应抓住时机成交，并可适时推出一些既定优惠条件，如特价、赠送礼物等，促成交易。⑦后续工作。要使顾客对所购买的休闲体育产品满意并成为忠诚顾客，推销人员必须做好后续工作，保证各服务环节达到优质水平。

（三）口碑传播

口碑传播在休闲体育企业促销过程中具有独特的效果。口碑传播是指具有感知信息的非商业传播者和接收者关于一个产品、品牌、组织和服务的非正式的人际传播。大多数研究文献认为，口碑传播是市场中最强大的控制力之一。心理学家指出，家庭与朋友的影响、顾客直接的体验、大众媒介和企业的市场营销活动共同构成影响顾客态度的四大因素。由于在影响顾客态度和行为中所起的重要作用，口碑被誉为“零号媒介”。口碑被现代营销人员视为当今世界最廉价的信息传播工具和高可信度的宣传媒介。就营销研究领域而言，有人主张把口碑传播作为营销方法来研究，以丰富既有的营销理论。口碑传播自始至终存在，我们总是在购买被口碑传播的商品，但与过去不同的是，现代营销人员意识到口口相传的威力后，开始主动策划口碑营销活动，并有一套科学的方法来测量口碑营销带来的宣传推广效果。

口碑是自发形成的，但好的口碑更需要企业自己主动创造并培育。在主动创造良好口碑效应上，休闲体育企业可以借鉴以下方法：①以服务去创造口碑。首先，休闲体育项目产品就是服务型产品，在整个交易过程中，服务贯穿始终，顾客对服务态度和服务质量的好坏心知肚明，从而形成了顾客的口碑。其次，服务是一个长期性、细致性、高度接触的工作，同时服务细节最能体现企业对顾客的关怀，不仅是物质上的服务，还有情感上的付出。而口碑的形成往往也需要一个过程，要征服顾客就得让顾客心服口服。最后，服务是创造良好口碑的关键环节，也是顾客尤为关注的问题。营销的目的就是要通过优良的服务来赢取顾客的口碑，不仅要让体验过休闲体育产品的顾客在消费人群中产生原子能裂变般的口碑效应，还要尽可能长期缔造顾客的忠诚度，不仅要为顾客提供最周到的全程式服务，来赢得顾客的认可，还要用增值服务、差异化服务、创新式服务等特别服务去征服顾客。②以情感去创造口碑。现在顾客对休闲体育产品本原功能的需求已经不是他们选择休闲体育产品的唯一标准，他们更关注休闲体育产品的附加价值，很重要的一点就是情感以及精神上的满足。因此，在口碑营销中，情感非常重要。③以品质去创造口碑。有句话叫“酒香不怕巷子深”，关键是酒要香。许多休闲体育项目的设立地点远离市区，如攀岩、蹦极、滑草、登山、高尔夫球、滑冰、滑雪、漂流等，企业更需要以优质服务和产品特色吸引顾客，再通过顾客的口口相传，吸引更多的人慕名来到偏远的休闲体育场所参与消费。可以说，休闲体育服务优良的品质是企业进行口碑营销的基础，也就是说，在口碑营销中“重质量者成，轻质量者败”是一条永远不变的真理。④以体验去创造口碑。这是口碑营销中极为成功的一种。顾客通过跟企业产品、人员的互动，不但对休闲体育产品更加熟悉，而且会从心理上与休闲体育企业和工作人员更加亲近。这种心理上的亲近感将促使顾客去主动传播这种休闲体育项目，最终成为企业的编外营销人员。

（四）关系营销

关系营销是以系统论为指导思想，将企业置身于社会经济大环境中来考察企业的市场营销活动，把营销活动看成是一个企业与顾客、商界利益相关者、竞争者、政府机构及其他公众发生互动作用的过程，企业营销活动的核心是建立并发展与这些公众的良好关系。古典和传统营销理论及实践都强调建立交易而不是建立关系，然而，无法否认的事实是，进攻性营销的成本远远高于防守性营销，吸引新顾客参与成本至少是保持老顾客的成本的5倍。关系营销的一个重要转变是将视野跳出一次性交易的范围，而关注重复购买以及对顾客的高度承诺，因此从某种意义上可以将关系营销形象地解释为“把顾客作为最珍贵的财产”。因为顾客代表着企业最佳的利润增长机会。从本质上讲，关系营销的目的，就在于同顾客建立长期的、相互依存的关系，发展顾客与企业及其产品之间的连续性的交往，以提高品牌忠诚度和巩固市场。据美国商业研究报告指出，多次光顾的顾客比初次登门者，可为企业多带来20%～85%的利润，固定顾客数目每增加5%，企业的利润则增加25%。由此看来，市场竞争的实质是一场争取顾客资源的竞争。维系原有顾客，要比争取新顾客有效得多，这一点在休闲体育产品营销过程中尤显重要。顾客是关系营销的立足之本。

参考习题：

1. 何谓休闲体育企业市场定位？休闲体育企业市场定位有哪些类型？

2. 影响休闲体育经营项目价格的因素有哪些？休闲体育经营项目常用的定价方法有几种？

3. 休闲体育企业常用的经营方式有哪些？

4. 休闲体育企业有哪些经营策略？

5. 确定休闲体育项目产品的市场促销目标需要几个步骤？

6. 休闲体育项目产品的市场促销有几种方式？

第四章　休闲体育服务内容和服务质量管理

本章导航：

☆　熟悉休闲体育服务的内容和特点

☆　了解休闲体育服务质量的含义

☆　知晓影响休闲体育服务质量的主要因素

☆　掌握休闲体育服务的接待技巧

☆　了解休闲体育服务的质量评估的内容

☆　熟悉当前最流行的休闲体育项目常规服务标准

☆　了解休闲体育行业国家标准

第一节　休闲体育服务的内容和特点

一、休闲体育服务的内容

休闲体育服务作为一种包含各种有形和无形服务的集合，它由 3 个内容组成：核心服务、便利性服务、支持性服务。

（一）核心服务

核心服务是企业存在于市场的原因，就有关休闲体育的健身娱乐服务中，提供健身娱乐是核心服务。例如，健身房或健美中心的核心服务是相关的健身健美项目；潜水俱乐部的核心服务是潜水；高尔夫俱乐部的核心服务是高尔夫球运动；户外运动或登山俱乐部的核心服务是登山、野营、溯溪等。

（二）便利性服务

为了让顾客可以使用核心服务，通常还需要附加的服务，如体育场馆的接待服务、保洁服务、休闲体育专业器材使用指导等。这种附加的服务具有方便核心服务的作用，所以也叫便利性服务。

（三）支持性服务

支持性服务不是方便核心服务的消费和使用的，而是用来提高服务价值，或者是为了与竞争对手区别开来的特色服务，即体现差异化策略的手段。例如，体育场馆的茶饮、淋浴服务、专业体育用品的出租和销售、便利食品的销售等就属于支持性服务。支持性服务和便利性服务之间的界限不是那么分明，但是可以这样来理解：便利性服务是必不可少的，缺少它，核心服务就处于瘫痪；而支持性服务仅仅是作为一种竞争手段，即使没有它们，核心服务仍然可以发挥作用。

二、休闲体育服务的特点

从经营性质上看，毋庸置疑，休闲体育属于服务经营的范畴。休闲体育服务有一般服务的 4 个特点，即无形性、不可分离性（服务的生产和消费同时发生）、可变性和易消失性。这些特点使服务在经营管理理论和实践方面都与有形产品不同。把服务当作一种产品来理解，是服务经营管理理论的基础。休闲体育服务还具有自身特点，即恰到好处的服务、身心和谐满足的服务、专业性指导等。

（一）恰到好处的服务

由于休闲体育具有随意性和自主性的典型特征，服务人员或管理人员的过分热情反而会引起顾客的不自在，为此，应该提倡恰到好处的服务。

（二）身心和谐满足的服务

休闲体育以动为主，顾客通过身体运动达到增进健康、消闲娱乐、调节心情的目的，服务人员在为顾客服务过程中应懂得使用语言和形体动作取悦于顾客，让顾客在整个消费过程中感到身心惬意。

（三）专业性指导

休闲体育涉及的项目很多，许多项目都要求较高的专业技能，为顾客提供专业指导就显得十分必要，如潜水的指导和引导。服务经营策略的实质是重视情感的作用，也就是说，利用无微不至的服务为顾客提供更多美好的体验。

由于服务的特点，顾客在一定程度上参与服务的生产，服务的过程即是买卖双方相互作用的过程，包含 3 个基本要素：服务的可接近性、买卖双方的相互作用、顾客参与。这些要素扩大了服务的概念，形成了扩大的服务供给。当然，这 3 种服务供给的要素必须服从顾客利益，为顾客所追求的目标。例如，顾客的要求半天得不到服务员的反应，或者顾客觉得健身后，浴室用起来过于麻烦，那么，即使其他服务做得再好，顾客对服务质量的总体感知也会很糟糕。同时由于服务的无形性，沟通活动不但对顾客预期产生影响，而且对顾客的经历也有直接的影响。因此，形象和沟通管理变成发展服务产品整体不可分割的一部分。此外，口碑也是很重要的，它对形象是一种长期的影响，在顾客购买和消费服务产品时，口碑的作用可能会立竿见影。所以，休闲体育企业的优质服务是非常重要的。

日本的武田哲男提出，服务经营应以“人或人心”为出发点，为顾客提供“人性化的服务”，其实也就是当前我国正在提倡的“以人为本”的信条。这种服务包括以下 7 个要素。

（1）诚意、迅速、微笑。

（2）精神振奋、活泼有力。

（3）创新与突破，也就是经常加入新鲜且革新的要素。

（4）服务必须是“有价值之物”。

（5）服务必须是“令人感动之物”。如果对方没有喜悦、感动或感激，服务就会显得无力。

（6）服务必须以彼此沟通为原则。

（7）服务必须以亲切的态度对待。

第二节　休闲体育服务质量的含义

人们通常对体育有形产品的质量都比较容易理解与把握，而对于像体育服务这种无形产品的质量，似乎难以界定和把握。“质量”一词具有极其丰富的内涵。国际标准 ISO 8404－86 对“质量”的定义是：产品或服务满足规定或潜在需要的特征和特性的总和。

在服务业对服务质量有狭义和广义之说。狭义的服务质量是指劳务质量，包括服务人员的服务态度、服务技术、服务方式和时间等；广义的服务质量由劳务质量、环境质量、服务设备设施质量等方面组成。可以说，服务质量反映了服务的效用或使用价值，是对顾客提供服务的程度和水平的总称。

国际标准化组织（ISO）曾于 1991 年颁布了 ISO 9004－2《质量管理和质量体系要素——第二部分　服务指南》。这是世界上第一部针对服务业开展质量管理、建立质量体系而制定的国际标准。它用服务质量环来描述服务质量形成的过程，从识别需要开始，到满足需要得到证实为止，服务质量环包括 3 个主要过程，即市场开发过程、设计过程和服务提供过程。

市场开发过程。市场开发的主要职责是确定市场对服务的需求，提出对服务需求的等级数量和顾客未言明的期望等．并把对市场开发和分析形成服务提要，作为进行服务设计的基础。

设计过程。服务设计是服务质量环的核心，它有 3 方面的工作，一是把市场研究得到的顾客期望转变成具体的服务规范；二是设计出服务程序以形成提供服务的规范；三是制定对服务过程进行有效质量控制的规范。在设计中，对服务程序的每一个环节都应有明确的描述。

提供服务过程，是实施服务设计的过程。顾客的需求通过提供的服务得到了满足，提供服务不仅包括符合标准的产品和良好的服务态度，同时还包括舒适的服务环境等方面的内容，这是服务质量的综合反映。

休闲体育服务质量指休闲体育企业在提供服务过程中，通过不断完善劳务质量、环境质量、服务设备设施质量，从而反映休闲体育服务的效用或使用价值，是对顾客提供休闲体育服务的程度和水平的总称。其中，休闲体育劳务质量是最重要的，它包括休闲体育服务人员的服务态度、服务技术、服务方式和时间等。

第三节 影响休闲体育服务质量的主要因素

一、服务人员因素

休闲体育服务人员的质量意识、业务知识和技术技能、身体素质、言行和精神状态等都直接影响服务质量。尤其是休闲体育服务有许多细微的分工与较高的专业知识、技术技能以及身体素质要求。服务人员的专业性素质越高，就越能按质保量地体现休闲体育服务的质量。

二、方法因素

方法因素包括服务规范、程序的适用性，各项规章、制度的适应性，检查考核方法的准确性，激励措施的有效性。

三、设备设施因素

设备设施因素包括设备设施的先进性、配套合理性和维修保养情况等。

四、环境因素

环境因素指工作环境与社会环境，其中营造好大众化休闲健身活动营业场所的气氛尤其重要。

五、顾客感知

顾客对体育服务质量的判断取决于对服务质量的期待（即预期质量）同其实际感知的水平的比较。如果顾客对体育服务的感知水平（体验质量）符合或高于其预期所期待的水平，则顾客获得较高的满意度，从而认为具有较高的服务质量；反之，会认为服务质量较低。

第四节　休闲体育服务的接待技巧

一、休闲体育服务的通用接待程序

（1）微笑迎客。

（2）注视。

（3）询问，找到问题，发现需求。

（4）回答问题，找到解决问题的途径（给时间/商品）。

（5）订单（场）登记。

（6）现场管理。

（7）结账，关注运动情况。

（8）送客。

（9）始终控制好自己的情绪。

二、休闲体育服务的具体接待技巧

现在订场通常采用网上预订的方法，快速便捷。顾客在网上订场遇到问题或咨询相关事宜时，也可能拨打体育场馆预留的电话或手机。

（一）询问和回答技巧

接订场电话（以羽毛球馆为例）：

“您好！这里是高扬羽毛球馆。”

“您需要预订哪天几点的时段，您大约要打多长时间？”

“您等一会儿，我查看一下。”（管理员应该对网上场地预订情况实时跟踪，哪天哪个时间段哪个场地已订或空缺情况心中要有数。然后为电话预订的顾客寻找场地，反映情况。）

“还剩某天某点某号场地，您看可以吗？”

“请问贵姓？请问电话号码是多少？”

“好的，再见！”（记录和修改场地预订信息，即订单。）

现场询问（以羽毛球馆为例）：

“您好！有什么事吗？”或“您好！有什么需要帮助吗？”

“还有其他事情吗？”

“好的，我马上帮您做。”

（二）现场管理技巧（以羽毛球馆、乒乓球馆、网球场为例）

（1）顺利把顾客引导到所预订的场地。

（2）保证预订时间，在此基础上问要不要加场或延长时间等。

（3）预防临时退场，临时订场的要施行先交钱后开场的规定，长期订场要买断。

（4）如果现场订不到场地的，要尽量安排一场地给顾客，实在没场地的，要递上名片，并告诉顾客要从网上预订场地，培养顾客有预订场地的习惯。

（5）要把顾客养成有经过管理员的同意才能开场的习惯。

（6）场地保持干净，物品摆放整齐。

（三）控制好自己的情绪

（1）保持良好的待客心态。

（2）处理好顾客的不礼貌语言或行为。

（3）不与顾客吵架。

（4）时时为顾客着想。

（四）争取顾客群技巧

（1）给顾客介绍人或意见领袖以好的待遇，发挥好口碑的作用。初次光顾的顾客怕第一次消费扫兴，一般不到不熟的场所消费，通常比较相信朋友介绍，给顾客介绍人或意见领袖以面子或优惠待遇，可以产生事半功倍的效果，造就回头客。

（2）给老顾客以优惠，制造优惠壁垒，服务递增，报价递减。

（3）给新顾客以奖励，抵金券，免费体验运动。

（4）为顾客发放联系名片，特别是临时订不到场地的新顾客。

（5）把顾客关系转化为朋友关系。

（6）你已经给了什么优惠，把优惠说出来，要让顾客感受到这些优惠。

（7）聘请形象好、亲和力强的管理员或服务人员。

（五）风险化解技巧

（1）订场或订货要先交订金或押金，甚至可以先付款再消费。

（2）临时订场或订货，要留下手机号码，规定在几点没来就恕不保留。

（3）临时预订场地，一时不能安排场地，也不要一口拒绝没场地，请顾客留下手机号码和所要时间段，库存备用顾客，答应“有场地一定会先帮您预订”或“过段时间再回复您”，或说“我调调看，等一会儿回复您”等。

（4）电话确认。

（5）失信顾客档案的跟踪。

（6）对场地高峰期/冷淡期的预测。

第五节　休闲体育服务的质量评估

休闲体育服务的质量评估是管理者对休闲体育企业、设施、人事等在实现计划目标中的效率进行评估的过程。质量评估包括对企业、设施、人事和计划项目的评估。通过评估，管理者要对哪些项目要继续经营、哪些项目要修改、哪些项目要撤销、哪些新项目要引进等做出全盘的决定。

一、企业质量评估

企业质量评估就是对特定的休闲体育企业（如健身中心、登山俱乐部、体育开发公司等）的经营理念、目标、管理结构、资源、计划项目、人员配置等的效率进行评估。专家小组可以通过访谈和观察收集有关资料。资料包括设施使用率、顾客数目、设施的维护保养、员工是否热心并乐于助人、开放时间、安全措施、顾客指引、项目的多样性等。专家小组根据这些资料，对休闲体育企业的服务质量做出评估。

二、设施质量评估

根据计划制定的标准，管理者逐项核查每一件休闲体育设施，看看该设施是否保持清洁、维修状态如何、设施是否能正常使用，灯光照明、噪声水平、防火及其他安全设施是否完备等。

三、人事评估

人事评估主要是评估休闲体育企业员工的工作数量和质量，完成契约目标的效率，与同事的关系，是否守规矩，是否值得信赖，是否服从指示等。管理者可以用定性标准描述员工的表现，例如，用“优秀”“满意”“需要改进”等字眼来描述。管理者也可以用定量标准对员工的表现进行打分。例如，可以用 5 分制、10 分制或者 100 分制，对员工的业绩进行评估。评估之后，管理者要跟员工对评估结果进行讨论，征求员工对评估结果的意见，指出员工在工作中的弱点，并要求员工在一定的期间内改进。

四、计划项目评估

休闲体育企业是依靠计划项目进行运作的。计划项目评估就是对每一项计划项目的效率进行评估。对计划项目进行评估，一般可以采用差异评估、专业人员裁决、社会经济评估、标准评估、决策模型、成本效益评估、重要性评估等方法。

作为休闲体育企业，必须从管理的功能和责任范围、目标管理、组织管理、劳动管理、财务管理、服务质量管理、质量与安全管理入手，强化有关休闲体育市场的法律意识，加强对休闲体育企业的管理，提高休闲体育服务质量，提高服务的安全性，降低意外事故发生率，减轻生命财产的损失，提高工作效率，提高休闲体育企业的经济效益，全面提升休闲体育经营管理水平。

第六节 当前最流行的休闲体育项目常规服务标准

一、游泳池服务标准

（1）服务员应熟悉游泳池的工作内容和服务程序，能够按照服务程序和服务规范为顾客提供服务。

（2）服务员应具有游泳池设备设施的维护、保养知识和清洁卫生知识；具有水上救护知识和能力。

（3）服务员能区别不同的服务对象，准确运用迎接、问候、告别的礼貌语言，对常客和回头客能称呼冠以姓氏的尊称或职衔，服务态度主动热情。

（4）服务员接待顾客预订时应主动热情、用语规范，顾客的姓名、手牌号、使用时间记录准确、复述清楚，并取得顾客的确认。

（5）顾客来游泳时，服务员应准确记录顾客姓名、手牌号、到达时间。顾客更衣后，服务员主动引导顾客进入游泳池。顾客游泳期间，要照顾好顾客的物品。顾客休息时，服务员应主动询问他们是否需要提供饮料或小吃。顾客离开时，服务员应主动道别并欢迎再次光临。

（6）提供安全服务。在顾客入门时，服务员就提醒顾客注意游泳安全。在服务过程中，服务员如果观察到有饮酒过量者或身体不适者，应主动劝其离开游泳池。专职救生员应认真坚守岗位，注意水中顾客的情况，发现异常情况时，应及时采取有效措施，必要时救生员必须跃入水中紧急救护。在服务过程中，防止发生顾客衣物丢失事故，更不允许发生溺亡事故。

二、台球厅服务标准

（1）服务员应熟悉台球厅的工作内容和服务程序，掌握台球比赛的规则和记分方法，有一定的示范指导能力。

（2）服务员能准确使用礼貌用语，能区别不同服务对象，对常客能称呼冠以姓氏的尊称或职衔，对新顾客能主动介绍本球厅的特色和服务内容。

（3）门口迎宾服务员应面带微笑，上身稍微向前倾，立在门口迎接并主动问候后，引导顾客进入球厅。

（4）柜台服务员为顾客登记、开单、开计时器等要准确快捷，要在两分钟内完成。

（5）厅面服务员应根据服务台的安排引导顾客到指定的球台，协助顾客挑选球杆，为顾客码球。当顾客开始打球后，服务员应站在不影响打球的位置上，随时注意顾客的其他需求。

（6）当顾客打球结束后，服务员应将球杆摆在杆架上，将球码放整齐，将台面清理干净。

（7）当顾客需要示范或陪打时，陪打员应认真服务，动作应符合规范，并能根据顾客的心理要求掌握输赢尺度。

三、健身房服务标准

（1）服务员应熟练掌握健身房的工作内容和服务程序，熟悉各种健身设备的性能、作用与使用方法，能够指导顾客使用健身设备。

（2）服务员在为顾客提供服务时精神饱满，态度热情，服务周到。服务员能够准确使用礼貌服务用语，对顾客来有迎声，走有送语，对常客能称呼冠以姓氏的尊称或职衔。

（3）顾客预订或咨询电话打进来时，服务员应在铃响三声之内接听。接听预订电话时，应将预订顾客姓名、预订内容、预订时间记录准确。

（4）顾客来健身房消费时，服务员应主动接待，尽快为顾客登记姓名或健身俱乐部会员卡号，及时、准确地为顾客提供更衣柜钥匙等用品。

（5）顾客在进行健身锻炼时，服务员应随时注意顾客的安全，当顾客卧推杠铃时，注意适当提供保护服务。

（6）健身房备有急救药箱、小型氧气瓶及急救药品。如果顾客出现不适现象时，服务员应及时采取有效措施。顾客在运动过程中如果发生碰伤或其他伤害事故，服务员应及时提供急救药品并周到地照顾。

四、羽毛球馆服务标准

（1）服务员应熟悉羽毛球馆的工作内容和服务程序，掌握羽毛球比赛的规则和记分方法。

（2）服务员能准确使用礼貌用语，能区别不同服务对象，对常客能称呼冠以姓氏的尊称或职衔，对待顾客必须和颜悦色，表现出良好的亲和力。

（3）顾客光顾时，服务员应面带微笑，热情迎接并主动问候后，引导顾客进入球馆。

（4）服务员为顾客登记、开场等要准确、快捷，然后根据既定的安排引导顾客到指定的场地上。

（5）顾客需要购买饮料、方便食品、羽毛球用品时，服务员应热情接待，主动介绍并推荐商品。

（6）若顾客购买饮料等数量较多时，服务员应主动帮助顾客拿到他所订的场区内。

（7）顾客偶尔需要陪打或示范时，服务员应尽力而为。当顾客询问有关羽毛球比赛规则或羽毛球场地知识时，服务员应该热情地解答，不允许表示出任何嘲笑顾客无知的言行。

（8）当发现羽毛球场地上有大块水渍或过于脏乱时，服务员要及时清理。

五、户外运动服务标准

（1）在开展户外运动前，组织者和工作人员必须做好充分的准备工作，企业、组织者和工作人员必须持有相应的资质证书。

（2）制订明确的活动主题和活动计划，包括活动核心地点、活动日程、活动类型、活动目的、活动组织等，并且确认其安全性。

（3）确定活动路线、交通工具、参加者的人群和人数。根据活动内容和预算购入相应的保险，严谨的流程安排让参与者放心。组织者必须对报名者进行严格的检查，身体状况不合格者不准参加。

（4）在出发前，组织者或带队者必须向全体参与者或队员讲明整个活动流程，务必让每个队员完全明白。工作人员应该耐心地向参与者说明注意事项，务必让每个队员掌握基本的安全自救方法。

（5）在活动过程中，必须一直把安全放在第一位，始终保持人性化的服务和准确的专业指导。

（6）当遇到困难或危险时，组织者或带队者以及工作人员必须义无反顾地挺身而出，帮助队员排忧解难，排除危险。

（7）在队伍行进过程中，安排一名工作人员在队尾，帮助落后的队员，保证不让一名队员掉队。

（8）当个别队员因疲劳打退堂鼓时，组织者和工作人员应及时予以鼓励并给予适当的帮助，激发他们继续前进的信心，切不可有任何挖苦、嘲笑的言行。

六、网球场服务标准

（1）服务员应熟悉网球场的工作内容和服务程序，掌握网球比赛的规则和记分方法。

（2）服务员能准确使用礼貌用语，能区别不同服务对象，对常客能称呼冠以姓氏的尊称或职衔，对待顾客必须和颜悦色，表现出良好的亲和力。

（3）顾客光顾时，服务员应面带微笑，热情迎接并主动问候后，引导顾客进入球场。

（4）服务员为顾客登记、开场等要准确、快捷，然后根据既定的安排引导顾客到指定的场地上。

（5）顾客需要购买饮料、方便食品、网球用品时，服务员应热情接待，主动介绍并推荐商品。

（6）若顾客购买饮料等数量较多时，服务员应主动帮助顾客拿到他所订的场区内。

（7）顾客偶尔需要陪打或示范时，服务员应尽力而为。当顾客询问有关网球比赛规则或网球场地知识时，服务员应该热情地解答，不允许表示出任何嘲笑顾客无知的言行。

（8）当发现网球场地上过于脏乱时，服务员应立即打扫干净。

七、乒乓球馆服务标准

（1）服务员应熟悉乒乓球馆的工作内容和服务程序，掌握乒乓球比赛的规则和记分方法。

（2）服务员能准确使用礼貌用语，能区别不同服务对象，对常客能称呼冠以姓氏的尊称或职衔，对待顾客必须和颜悦色，表现出良好的亲和力。

（3）顾客光顾时，服务员应面带微笑，热情迎接并主动问候后，引导顾客进入球馆。

（4）服务员为顾客登记、开场等要准确、快捷，然后根据既定的安排引导顾客到指定的场地上。

（5）顾客需要购买饮料、方便食品、乒乓球用品时，服务员应热情接待，主动介绍并推荐商品。

（6）若顾客购买饮料等数量较多时，服务员应主动帮助顾客拿到他所订的场区内。

（7）顾客偶尔需要陪打或示范时，服务员应尽力而为。当顾客询问有关乒乓球比赛规则时，服务员应该热情地解答，不允许表示出任何嘲笑顾客无知的言行。

（8）当发现乒乓球场地上有大块水渍或过于脏乱时，服务员要及时清理，应立即擦干或打扫干净。

（9）保证乒乓球桌和网架处于标准规定的状态，若发现有问题，服务员应及时调整和纠正。

八、高尔夫球场服务标准

（1）服务员应熟悉高尔夫球场的工作内容和服务程序，掌握高尔夫球比赛的规则和记分方法。

（2）做好岗前准备工作，包括：上岗前自我检查，做到仪容仪表端庄、整洁、符合要求；检查顾客用品，发现破损及时更新；补齐各类营业用品和服务用品，整理好营业所需的桌椅；查阅值班日志，了解顾客预订情况和其他需要继续完成的工作；最后检查一次服务工作准备情况，处于规定工作位置，做好迎客准备。

（3）迎宾时，服务员面带微笑，主动问候顾客，并请顾客在场地使用登记表上签字。

（4）室内服务过程，服务员要为顾客办好活动手续，并提醒顾客换好专用球鞋。

（5）顾客换好球鞋后，服务员引领顾客到球场。

（6）顾客打球时，服务员要跟随顾客，为顾客提供各种高尔夫球服务。

（7）顾客休息时，服务员要根据顾客需要及时提供饮料、面巾纸等服务。

（8）顾客打球结束，服务员主动征询顾客意见，如顾客需要淋浴，则将顾客引领到淋浴室并为顾客准备好毛巾和拖鞋。

（9）当顾客示意结账时，服务员要主动上前将账单递送给顾客；如顾客要求挂账，服务员要请顾客出示房卡并与前台收银处联系，待确认后要请顾客签字并认真核对顾客笔迹，如未获前台收银处同意或认定笔迹不一致，则请顾客以现金结付。

（10）顾客离别时，服务员要主动提醒顾客不要忘记随身物品，并帮助顾客穿戴好衣帽。服务员将顾客送至门口，向顾客道别；迅速整理好场地，准备迎接下一批顾客的到来。

九、钓鱼中心服务标准

（1）服务员应熟悉钓鱼服务知识，掌握钓鱼技术，懂得各种渔具的性能和使用方法，了解钓鱼常识。

（2）服务员应服从上级的工作安排，按照钓鱼中心的工作规范和质量标准，做好钓鱼中心的工作。

（3）服务员应了解每日预订情况，及时做好营业前的各项准备工作。

（4）服务员应负责各类设备设施和器具的维护保养和清洁工作，发现问题及时保修，确保完好有效。

（5）顾客使用钓鱼器具时，服务员应事先向顾客介绍使用方法和安全须知，必要时做动作示范。

（6）服务员在服务过程中要注意观察巡视，发现意外及时处理。

（7）服务员应严格执行娱乐场所治安管理制度，认真做好钓鱼中心的治安管理及安全、消防工作。

（8）交接班时，服务员应将预订情况和未完成工作交代清楚，保证工作无差错。

（9）服务员应及时补充备齐营业用品，并做好记录。

第七节　休闲体育行业国家标准

国家标准是在全国范围内统一的技术要求。国家标准的年限一般为 5 年，过了年限后，国家标准就要被修订或重新制定。此外，随着社会的发展，国家需要制定新的标准来满足人们生产、生活的需要。因此，标准是种动态信息。

《中华人民共和国标准化法》将我国的标准分为国家标准、行业标准、地方标准、企业标准四级。国家标准又分为强制性国家标准（GB）和推荐性国家标准（GB/T）。强制性国家标准是保障人体健康、人身和财产安全的标准，以及法律、行政法规规定强制执行的国家标准；推荐性国家标准是指生产、交换、使用等方面，通过经济手段或市场调节而自愿采用的国家标准。但推荐性国家标准一经接受并采用，或各方商定同意纳入经济合同中，就成为各方必须共同遵守的技术依据，具有法律上的约束性。

参考习题：

1. 休闲体育服务的内容和特点是什么？
2. 休闲体育服务质量的含义是什么？影响休闲体育服务质量的主要因素有哪些？

3. 休闲体育服务过程中应掌握哪些接待技巧?
4. 休闲体育服务的质量评估包括哪些内容?
5. 强制性国家标准和推荐性国家标准的区别在哪里?

第五章　休闲体育场所环境的设计和布局及气氛营造

本章导航：

☆　了解休闲体育场所环境设计和布局的基本原则

☆　熟悉主要休闲体育场所环境的设计和布局

☆　知晓休闲体育场所的气氛营造

☆　认识休闲体育企业的文化特质

第一节　休闲体育场所环境的设计和布局

一、休闲体育场所环境设计和布局的基本原则

任何一种休闲体育项目都有其独特的游戏规则，这些游戏规则决定了各个项目在场地、空间、设备设施的要求上有明显区别，除了考虑项目特点外，在休闲体育场所环境的设计和布局中还要遵循如下基本原则。

（一）科学合理原则

大众参与休闲体育活动最重要的目的是健身。从健身角度看，无论是项目选择，还是休闲体育场所环境设计都必须遵循科学原理，很多休闲体育设备设施的布置、摆放都必须符合动力学、物理学、运动生物力学、运动生理学、色彩学的原理。只有通过对休闲体育场所进行科学合理的设计和布局，才能使场所空间和设备设施获得最大效用。

（二）突出特色原则

每个项目都有自己的特点，每个企业都有自己的品牌和特色，作为管理者必须明确自己企业的优势所在，抓住自身企业的亮点，结合所经营的休闲体育项目，突出或放大企业特色。突出特色的方法有以下 3 种：突出设备的先进性、突出经营项目的独特性、突出企业品牌文化。

（三）匹配适应原则

有些休闲体育项目的设备设施配置从数量和质量上都是有硬性规定的，如多大的游泳池必须配多少个喷淋头，台球桌的灯光必须是吊灯等。还有一些主要的休闲体育设备设施必须

与配套的设备设施相匹配，在规格、档次、数量等各方面都要相适应。只有这样，这套设备设施的效用才有可能达到最大化。

（四）先进时尚原则

能经常参与休闲体育消费的大多数人是前卫时尚人士，他们不仅喜欢追逐时尚的休闲体育项目，更喜欢使用先进时尚的休闲体育设备设施。在休闲体育经营场所里添置最先进的设备设施，可以极大地提升企业的档次和知名度。除了设备设施的先进性外，场所设计和布局的时尚也会令人耳目一新，从而招徕顾客。

（五）便于更新原则

随着科学技术的飞速发展，休闲体育项目新设备层出不穷，休闲体育设备更新换代的间隔时间也越来越短。因此，在休闲体育场所环境设计和布局过程中应该考虑到将来设备更新的问题，在空间上留有余地。

（六）自然轻松原则

休闲体育场所环境应该显现休闲要素，让顾客来到这个环境里感觉到自然轻松，尤其在器材的选择和摆放以及色彩的选择上要与项目特点相搭配，在高尔夫球、网球、台球、高档室内游泳池、壁球等项目的环境设计和布局上要体现浓厚的高雅、悠闲的氛围。

二、休闲体育场所环境的设计和布局

（一）健身俱乐部的设计和布局

1. 健身俱乐部常规配置

（1）前台接待区。前台接待区主要负责门市接待、会员登记。

（2）有氧训练区。有氧训练区以有氧器械为主，以增强人体的心肺功能、消耗脂肪为目的，设备和器械以有氧产品为主，主要设备有跑步机、椭圆仪（又称椭圆机、太空漫步机）、楼梯机、台阶器（又称台阶仪、踏步机、登山机）。

（3）无氧训练区。无氧训练区以器械健身——无氧训练为主，主要功能是塑身、减肥、健美。器械应按照上肢、下肢、自由力量训练区（杠铃、哑铃、举重台）的顺序来摆放。该区域地面必须铺设具有防滑、减震功能的材料。

（4）有氧教室。有氧教室主要有有氧健身操、普拉提、有氧舞蹈、健康街舞、有氧搏击、有氧芭蕾、有氧拉丁、踏板操、健身球、搏击操、爵士舞、肚皮舞、钢管舞、舍宾练习法等10余种课程。在四周墙面安装镜子，可加大空间感，也使光线感觉比较充足。墙面上应按照体操标准要求安装把杆。器械的配置应根据俱乐部具体开设的课程来定（一般应配有踏板、健身垫、健身球等）。要求有独立的音响调控系统。

（5）动感单车房。动感单车房为独立房间，房内摆放数十架动感单车。该课程可消耗体内大量的卡路里来达到健身、减肥、塑身的效果。要求配备包括音响调控系统和投影在内的同步可调式多媒体系统。

（6）健体吧。健体吧为会员准备各类健康饮品，提供会员的健康饮食咨询，销售蛋白粉等营养品。有些健身俱乐部还提供健身装备销售、美容美发、康复按摩放松等服务项目。

（7）体适能检测中心。体适能检测系统主要是对俱乐部会员的身体情况进行测试，精确地得出会员目前的身体状况，使会员对自身的健康状况有所了解并选择最适合自己的健身运动项目，以保持或改善自己的健康状况。系统最后得出总结报告，并得出会员相应的生理年龄，以及目前最需要加强和改进的地方，然后根据报告中的各项指标，由教练做出详尽的、个人专用的健身计划。

（8）休闲区。休闲区供会员运动或洗浴后休闲，应配备饮水机、各类饮料、阅报架、时尚杂志、音响系统。

（9）更衣区和洗浴区。更衣区供会员运动前更衣，洗浴区供会员运动后洗浴。更衣区内应配有中央音响系统；洗浴区以淋浴为主，配有小型桑拿房，可起到运动后的放松作用，地面应采用防滑地砖。

（10）其他可选区域。其他可选区域有游泳池、瑜伽房、拳击房、壁球室、乒乓球区、沙狐球室、攀岩区、羽毛球场、击剑区、太极练习区、飞镖室、高尔夫模拟练习室、托幼中心等。

2. 健身俱乐部的有形展示

（1）健身俱乐部有形展示的作用。

①影响顾客对健身俱乐部服务质量的第一印象。

②让顾客感受到健身俱乐部服务所能给自己带来的利益。

③引导顾客对健身俱乐部服务质量产生适宜的期望。

（2）健身俱乐部有形展示的内容。

①健身俱乐部门面必须体现健与美的风格，突出大气、时尚、豪华。内部装饰应强调匹配原则，力量训练区或无氧训练区的装饰应体现出沉重、力量、健美、阳刚、豪放、热情，主基色以黑色、红色、灰色等色彩为主，黑色象征刚健（酷）、坚定、冷淡、神秘、严肃、忧郁、悲哀；红色体现热情、热烈、喜庆、祥和等；灰色代表沉默、平稳、大气、忧郁等。而有氧教室或操舞教室多采用橙色、黄色、黄绿色、橘色等，橙色代表可爱、温情、甜美、明朗；黄色体现明快、活泼、希望、光明、明朗；黄绿色则蕴涵着青春、新鲜、希望；橘色意指新鲜、热情、澎湃等。健身俱乐部最好在开业之初就确定出主基色，让顾客对健身俱乐部留下深刻的印象，如宝力豪健身俱乐部的主基色就是黑红相间。

②信息展示是健身俱乐部有形展示的第二项内容，如宣传广告单、健身表演等。

③价格是健身俱乐部有形展示的第三项内容，价格展示是一种间接展示，它体现了健身俱乐部的价值。

（二）游泳池的设计和布局

人工建造游泳场所应设置游泳池及急救室、更衣室、淋浴室、公共卫生间、水质循环净化消毒设备控制室及库房，并按更衣室、强制通过式淋浴室和浸脚消毒池、游泳池的顺序合理布局，相互间的比例适当，符合安全、卫生的使用要求。更衣室地面应使用防滑、防渗水、易于清洗的材料建造，地面坡度应满足建筑规范要求并设有排水设施。墙壁及内顶用防水、防霉、无毒材料覆涂。更衣室应配备与设计接待量相匹配的密闭更衣柜、鞋架等更衣设施，并设置流动水洗手及消毒设施。更衣柜宜采用光滑、防透水材料制造并应按一客一用的标准设置。更衣室通道宽敞，保持空气流通。常年开放的室内游泳池宜设有空气调节和换气设备、池水温度调节设施。

淋浴室与浸脚消毒池之间应当设置强制通过式淋浴装置，淋浴室每 20 ~ 30 人设一个淋浴喷头。地面应用防滑、防渗水、易于清洗的材料建造，地面坡度应满足建筑规范要求并设有排水设施。墙壁及内顶用防水、防霉、无毒材料覆涂，淋浴室设有给、排水设施。淋浴室通往游泳池通道上应设强制通过式浸脚消毒池，池长不小于 2m，宽度应与走道相同，深度 20cm。

设有深、浅不同分区的游泳池应有明显的水深度、深浅水区警示标识，或者在游泳池池内设置标志明显的深、浅水隔离带。游泳池壁及池底应光洁不渗水，呈浅色，池角及底角呈圆角。游泳池外四周应采用防滑、易于冲刷的材料铺设走道，走道有一定的向外倾斜度并设排水设施，排水设施应当设置水封等防空气污染隔离装置。

室内游泳池应有符合国家有关标准的人员出入口及疏散通道，设有机械通风设施。游泳池应当具有池水循环净化和消毒设备设施，设计参数应能满足水质处理的要求。采用液氯消毒的应有防止泄漏措施，水处理机房不得与游泳池直接相通，机房内应设置紧急报警装置。放置、加注液氯区域应设置在游泳池下风侧并设置警示标志，加药间门口应设置有效的防毒面具，使用液氯的在安全方面应符合有关部门的要求。游泳场所应配备余氯检测仪、pH 计、水温度计等水质检测设备。

天然游泳场所应设在污染源的上游，上游 1000m、下游 100m 以内不应有污水排放口，岸边 100m 以内不应堆有污物或存在渗透性污染源。水底与岸边地质适宜，不应有树枝、树桩、礁石等障碍物和污染物。水流速度不大于 0.5m/s，并应划定卫生防护区。严禁血吸虫病区或潜伏有钉螺地区开辟天然游泳场所。天然游泳场所围护区域内应设置明显的安全防护网与安全警示标志，海滨游泳场所应在岸边选择适宜地点设置更衣室、淋浴室、指挥台、公共卫生间、急救室；指挥台内应配备望远镜、通信广播设备；急救室应配备救生圈（船）、救生人员及有关物品等。天然游泳场所应有平坦的入水走道通向水域，通道应保持清洁。在天然游泳场所水面应按一定水深范围分别设置不同颜色且颜色鲜艳的浮筒，并有告示说明其所代表的水深范围。天然游泳场所应配备 pH 计等水质检测设备。天然游泳场所应设立天气预报、水温告示牌。

（三）台球俱乐部的设计和布局

台球俱乐部的装潢风格和色彩明暗等纯装修方面的问题并不是特别重要，可以根据俱乐部所定位视觉形象系统来设计。但是需要注意：俱乐部的装修一定要对俱乐部的功能区域合理划分。俱乐部的功能区域分为必要功能区域和扩展功能区域。

必要功能区域有收银台、打球区、球杆存放区、休息区、办公区、卫生间等，这些区域大小可根据实际情况确定，打球区可以根据情况分为大厅、比赛厅、贵宾厅。扩展功能区域是指一些俱乐部在必要台球项目基础上增加的其他服务。例如，休闲娱乐区、酒水售卖区、经销配件陈列区、商务洽谈区、上网区、棋牌室、乒乓球区等。

实际上，台球俱乐部不一定装修得很豪华，关键是营造氛围，把颜色搭配好，让人感觉到专业、和谐、有文化。以下是台球俱乐部的一些设计要求。

1. 设备设施要求

（1）台球俱乐部设计美观，面积大小与球桌安排相适应，尽量不要浪费空间。

（2）球桌、球杆、台球、记分牌等器材和设备，符合国际比赛标准。

（3）球桌坚固平整，美观耐用。

（4）室内空间开阔，照明充足，光线柔和。

（5）各种设备齐全、完好，无损坏。

2. 配套设施要求

（1）根据情况可以设计一两间男、女更衣室。更衣室配带锁更衣柜、挂衣钩、衣架、鞋架与长凳，主要供员工及顾客换服装所用。

（2）卫生间可配隔离式坐式大便器、挂斗式便池、洗盥台、大镜及固定式干手机等卫生设备。

（3）各配套设施墙面、地面可铺瓷砖或大理石，有防滑措施。

（4）球场内设水吧，并且能提供订餐服务。

（5）各种配套设施材料的选择和装修，应与球房设备设施相适应。配套设备设施完好率不低于 98%。

第二节 休闲体育场所的气氛营造

气氛是指一定环境中给人某种强烈感觉的精神表现或景象。气氛总是由环境造成的，是环境中各种事物关系的产物；气氛是一种精神现象，并能给人以强烈的精神作用；气氛的独特之处还在于其具有感染作用。

参与性大众化休闲体育项目的特点是运动性、娱乐性、简易性、可选择性、锻炼性、群体性、开心性、宣泄性、展示性、专业技能性等。当前我国热门的休闲体育项目是羽毛球、台球、游泳（夏季）、滑冰滑雪（北方冬季）、健身健美、乒乓球、篮球、足球、户外运动等。在营造休闲体育场所气氛时，不仅要从参与性大众化休闲体育项目的一般特点出发，还要结合各个具体项目的特色，选择最佳的方法。参与性大众化休闲体育场所分为营业性场所和公益性场所，这里所指休闲体育场所是指营业性场所。同餐馆、商店、KTV 一样，休闲体育场所的人流量和参与人数是营造气氛的前提，只有当休闲体育场所的排场率或饱和率达到 60% 以上时，才筑就了现场气氛的基础。

一、运动气氛的营造

从心理学角度分析，人对外界事物的认识最初是以感觉开始的，它是其他一切心理活动的基础。运动参与者走进休闲体育场所，首先用各种感觉器官去感知周围的一切，用眼去审视、用耳去倾听，在获得诸多感性认识后，上升为理性认识，通过思维对所感知的事物做出评价，能否获得好感只是瞬间的事。既然是参与性健身项目，应该让参与者一到现场就能感受到运动的气氛，锻炼者不停地移动着的脚步、完成动作过程中摆动着的四肢、挥汗如雨的潇洒举止、面对比赛输赢毫无掩饰的冲动和激动，构成一幅美妙的运动场上特有的动感情景。作为管理员或服务员或健身指导员，应该渲染和对应上述场景，着运动装，穿运动鞋，热情地、活跃地穿梭于运动场地之间，充分展示自己的活力和感染力，影响并带动顾客参与活动。其实，当顾客看到你忙碌的身影时，对他也是一种气氛影响。因而，无论是在决定参与锻炼还是在购买商品时，顾客也易于当机立断，这对销售来说是极有好处的。

空间环境运动气氛的营造也是相当重要的。空间环境包括体育场所四周墙壁的装饰、采光和照明、器械的摆放和布置、色彩的搭配、场所门面的设计等。由于休闲体育项目的差别，在空间环境运动气氛的营造上也要有所不同。比如，球类馆的运动气氛主要突出速度、爆发力、动作幅度，在色彩上多偏重浅色，球馆四周墙壁上的装饰画和广告画最好采用流线型粗线条或简洁明快的图案，灯光明亮，光线均匀，符合专业运动标准，尽量让顾客有运动空间宽阔的感觉，让顾客能够感受到活泼、自然、流畅、无拘无束的运动气氛；健身房的运动气氛应该着重表现力量、健康，在健身器械的摆放上应美观有序还要使用方便，在墙壁上张贴一些世界健美小姐和健美先生的图片，更能烘托健身房的气氛。

让参与者置身于一个充满运动气氛的空间环境，以一种空间的无形力量去影响顾客、感染顾客，使每一位顾客进入场地后就产生欣然运动的欲望，达到顾客的精神要求与空间气氛浑然一体的境地。

培育一群以管理员或服务人员的朋友为主的爱好休闲健身活动的“补场”顾客，给予这些顾客充分的优待。这些“补场”顾客最好能随时响应管理员的召唤，在运动场所消费人数少的时候，在某休闲体育项目淡季时候，这些“补场”顾客可以及时补场。在非运动高峰时段，他们可以起到增加运动场馆或运动场所的人气的作用，并营造出满场的运动气氛。

以低代价制造满场的氛围，表现出场地稀缺的现象，如预订场地时虚报、场地排表虚满，目的是制造几个消费高峰期，引导顾客到空缺的场地。创造出这种虚满的运动氛围，有利于增添其他参与者的运动感觉，有利于培养顾客预订场馆的习惯。这种虚满的运动氛围可以给运动场所带来良好的马太效应，继而变成真正的满场。

二、休闲娱乐轻松气氛的营造

现代体育发展的一个趋势是休闲娱乐化。顾客参与休闲体育活动，不仅仅是为了增强体质和提高身体素质，还有消磨时光、放松精神、娱乐身心的目的。人在休闲时需要一种欣喜感受，有很少欲望，更少功绩，有积极的情感体验，感受自由。在参与性大众化休闲体育场所里，经营者应该营造一种轻松、欢畅、和谐、自由、随意的气氛，让参与者自始至终感到心情舒畅，让参与者的自豪感、成就感、表演欲、表现欲在这个场所空间里得以淋漓尽致地展现并从中获得满足，并形成对该场所的留恋感。

如何营造休闲娱乐轻松的气氛呢？首先，在不违背运动场所规章制度的前提下，无论顾客在活动方式、时间安排、游戏人数组合、竞赛规则上怎样变化，经营者和管理员都不要去干涉。其次，经营者和管理员要善于培育顾客“作秀”的气氛。经营者和管理员要热情、真诚、主动地为顾客的表演喝彩，成为顾客的“粉丝”，而不要过多关注顾客的表演水平和专业运动技能水平的高低，让处在运动场所中的顾客有仿佛置身于 KTV 里的心理体验——身随心动，想跑就跑，想跳就跳，凭地打滚向天跃（当然，一些特殊项目要注意安全）。最后，经营者和管理员要善于使用语言技巧，通过问候、招呼、调侃、玩笑、闲聊、“捧哏”“花言巧语”等适时地调节现场气氛，使顾客犹如置身于自家后花园。

听音乐是人们调节心理状态的最佳方法之一。在运动场所适时播放适当音乐，对放松精神将起到良好的作用。从营造休闲娱乐轻松气氛的角度出发，轻音乐是首选的对象。在收场时或在休闲区，播放一些轻快、温馨、浪漫的乐曲或歌曲，可以使顾客沉浸在一种很惬意、很轻松的氛围之中。

三、专业运动气氛和竞赛气氛的营造

各种休闲健身活动有其自身鲜明的专业运动特点，其运动场所的气氛也是有所差别的。比如，夏季游泳池里水花四溅，嬉戏声此起彼伏，一幅欢乐喧哗的景象，一名游泳高手以标准、漂亮的泳姿从旁边快速滑过，一片赞叹声响起；羽毛球馆内场上打球者生龙活虎、斗智斗勇，场下球友间切磋球技、交流感情、其乐融融；而到健身房锻炼的顾客则渴望着自己的形体越来越美，更在意自己的一举一动，表现出专注、认真、有板有眼。

在专业运动场所，配备一定数量的高水平教练员，对专业运动气氛的营造很有好处。教练员教学过程中所表现出的高超的专业运动技能和优美的动作，可以激发旁观的打球者提高球技的欲望。这些打球者刚开始或许会在旁边刻意模仿教练员动作，但随后感到不满足，愿意聘请教练员专门指导。教练员的存在为愿意提高专业运动技能者提供了良好的机会。

在专业运动场所设几名高水平陪练员也很有必要，不仅有助于顾客提高球技，而且反映出该运动场所的档次和专业性以及服务的细致性。

对于各项目的业余高手而言，竞赛气氛的营造是十分重要的。当一名运动项目爱好者达到业余高手等级时，他就会产生一种亟待证明自己水平和在亲朋好友面前展示自身运动技能的欲望，因此，作为运动场所经营者应该尽量给这些业余高手提供竞赛表演的机会和舞台。有效的做法是：鼓励、组织、协助某群体顾客开展竞赛活动；为不同群体的顾客牵线搭桥，让实力相当的顾客进行交流与竞赛。当这些业余高手比赛时，将出现这样一幅美妙场景——

运动者在赛场上生龙活虎、争先恐后、斗智斗勇，比赛过程跌宕起伏、峰回路转、高潮迭起，准备上场的人摩拳擦掌、迫不及待地想一展身手，所有在场的人情绪高昂、热血沸腾，亲朋好友的喝彩声、呐喊声和助威声此起彼伏、响彻一片……

常常在运动场所内组织比赛，也能营造出场所的专业运动气氛和竞赛气氛。运动场所可以自己组织邀请赛，也可以承接各所学校或各级教育部门的比赛以及企事业单位的友谊赛；实力雄厚的运动场所还可以考虑承接国际级、国家级、省级等正规比赛；可能的话，也可以和某职业或专业运动俱乐部签订合同，确定该场馆是他们的训练和比赛的主场或指定场馆。如果某运动场所经常有高水平的比赛，那么该运动场所就能吸引很多这个项目的业余高手，同时也能提高该运动场所的名气。

运动气氛、休闲娱乐轻松气氛、专业运动气氛和竞赛气氛是参与性大众化休闲体育场所必需的基本气氛。这三种气氛掺合在一起，无法刻意区分开。至于哪一种气氛更重要，应根据休闲体育项目的特点和运动场所的具体情况而定。在休闲体育场所营造出美妙的气氛，既给顾客带去惬意的身心体验，又给经营者带来良好的声誉和效益。

第三节　休闲体育企业的文化特质

企业文化是指企业在实践中，逐步形成的为全体员工所认同、遵守、带有本企业特色的价值观念，它是一个企业的经营准则、经营作风、企业精神、道德规范、发展目标的总和。通俗地讲，企业文化就是企业经过时间长河沉淀下来的习惯。企业文化是企业领导层提倡、上下共同遵守的文化传统和不断革新的一套行为方式，它体现为企业价值观、经营理念和行为规范，渗透于企业的各个领域。其核心内容是企业价值观、企业精神、企业经营理念的培育，是企业职工思想道德风貌的提高。企业文化的建设实施，使企业人文素质得以优化，归根结底是推进企业竞争力的提高，促进企业经济效益的增长。

不可否认，不同的企业文化之间也存在着某些共性。就文化自身而言，无论企业与企业的文化差异有多大，它们都具有文化所应具有的共同特征。如文化的时代性特征，文化的生成与发展，必然要受到特定社会、特定时代的经济体制、政治体制、社会结构、文化、风俗等的制约，必然要打上它所处的那个特定社会的烙印，必然带有它所处的那个特定时代的特征。文化的凝聚性特征是指可以通过共同形成的价值观、行为规范、工作氛围和奋斗目标来增强企业凝聚力。就企业文化管理而言，它必须让员工清晰地了解企业文化从哪里来（历史），作为企业的员工现在肩负什么样的担子（使命），企业将要到哪里去（愿景），作为企业的员工应当如何挑担前行（价值观）等重大问题。可见，所有的企业文化不仅都会提到“使命、愿景、价值观”等，而且更重要的是都把“使命、愿景、价值观”和员工的实际工作结合起来，并很清晰地告诉员工怎么在工作中去践行。

休闲体育消费是一种现代生活方式。它是一种时尚，一种能够体现人们个性、身份、地位、文化品位与生活态度的消费时尚。休闲体育消费是一种以精神消费为主的多目的的消费，人们之所以要以付费的方式出钱买流汗，显然另有所求，即在达到锻炼身体目的的同时，也将个人的消费时尚、生活品位和事业有成与消费实力等内容展示给了公众。因此，休闲体育企业应该顺应休闲体育顾客的消费心理，满足顾客健身、时尚、娱乐、交流、“作秀”的多元需求，自始至终在休闲体育项目产品和企业文化上体现出浓厚的健康、快乐、时尚、刺激、挑战性、周到服务、集约管理等文化本质特征。

一、健康与快乐是休闲体育企业奉行的首要宗旨

我国进入小康社会后，城镇居民对生活质量的要求越来越高，人们追求现代新型生活方式，热衷于参与休闲体育活动，期望拥有健康的体质、健美的体形、阳光的形象以及快乐的心境。休闲体育企业的使命正是引领顾客更好地去健身娱乐，消磨时光，欢度余暇，让顾客时时刻刻感受到轻松欢快和悠闲自在。健康与快乐是休闲体育企业奉行的首要宗旨。

二、代表时尚、充满刺激和富有挑战性是休闲体育企业高高擎起的文化旗帜

许多休闲体育项目往往代表着当代一个时期休闲娱乐活动的时尚和潮流，如 20 世纪 90 年代中末期，保龄球风靡我国内地，当时接待贵宾的高规格待遇是先吃饭后打保龄球。从 2003 年起，我国大中城镇又兴起羽毛球，周末打羽毛球已成为许多中产阶层时尚的生活方式。户外运动、高空跳伞、蹦极、滑冰滑雪、潜水、漂流等项目充满刺激，具有新鲜感，富有挑战性，吸引大量顾客参与。休闲体育企业致力于高举代表时尚、充满刺激和富有挑战性的文化旗帜，召唤着热爱都市新潮流生活的现代人纷至沓来。

三、周到服务和集约管理是休闲体育企业遵循的基本法则

休闲体育企业属于服务性行业，员工通过周到细致的服务，让顾客感觉到这个场所健身消费心情舒畅，所享受到的服务超值。周到服务是休闲体育企业必须遵循的基本法则，用接待亲朋好友的态度接待顾客，通过满意加惊喜的服务让顾客由新朋友变成老朋友，让顾客高兴而来，满意而归。集约是指采用现代化管理方法和科学技术，加强分工、协作，提高资金、资源使用效率的经营方式。由于休闲体育企业经营项目繁杂，危险性大，财务管理难，在管理上常遇到许多意想不到的难题。实行集约化管理，员工职责分明，同时提倡协作配合，可以提高人力、资金等资源使用效率，将风险降低到最低点，从而获得更好的经济效益和社会效益。

休闲体育企业种类很多，性质不同，除了它们共有的文化本质特征外，每个企业还有自身独特的企业文化历史和企业文化特色。在基本上不违背休闲体育企业文化本质特征的前提下，打造具有鲜明特色的企业个性文化，以便顾客识别和认同，同时也便于员工遵守和归从。当一家休闲体育企业文化建设日臻完善之时，也是这家企业趋于成功之日。

参考习题：

1. 休闲体育场所环境设计和布局的基本原则是什么？

2. 阐述不同休闲体育场所环境的设计和布局，如健身俱乐部、游泳池、台球俱乐部等，分别有哪些特点？

3. 如何营造休闲体育场所的气氛？

4. 休闲体育企业有哪些文化特质？

第六章　休闲体育俱乐部及其会员制

本章导航：

☆　熟悉俱乐部概述

☆　了解休闲体育俱乐部组织管理特点

☆　掌握休闲体育俱乐部会员制运作程序

☆　知晓星级酒店康乐部经营管理的特点

第一节　俱乐部概述

一、俱乐部的概念

俱乐部（Club）就是由某些人出面组织，会员在自愿、互助、互惠的基础上自主参加，并有相应的权利和义务的自由协会或团体。

二、俱乐部的功能

（1）社交功能：俱乐部作为一个人际交往交流的平台，满足了现代社会人与人之间积极的社交愿望，俱乐部成员渴望从中获得真挚的情谊。

（2）娱乐功能：俱乐部成员的一个重要活动内容就是娱乐，成员们希望从俱乐部中感受到自由、轻松和快乐，获得身心享受。

（3）归属功能：一个人一旦成为某一俱乐部的成员，就有一定的归属感，就可能树立更强的信心，感到集体力量的强大。

（4）心理需求功能：成功的俱乐部能够起到满足安全、地位、社交这 3 种心理需求的作用。

俱乐部可以是非营利性组织，也可以是营利性组织。若是营利性组织，须经过工商部门注册。从某种意义上讲，俱乐部比较容易组织活动，只要有几个人合得来，商量好就可以实施，没有许多规定和限制，可以看作私人间的活动。虽然也有章程，但是更多的是个人意思的表达，随意性较大，不像协会是集体的，要照章办事。当然，目前也有人将俱乐部误认为是娱乐场所。

三、俱乐部的起源

俱乐部文化于17世纪起源于英国，当时的绅士俱乐部是英国上层社会的一种民间社交场所。这种俱乐部的内部陈设十分考究，除古香古色的房间和美轮美奂的装饰外，俱乐部内部还设有书房、图书馆、茶室、餐厅和娱乐室。俱乐部除定期组织社交活动外，还向会员提供餐饮、银行保险、联系和接洽等各项服务。以前，标准的英国绅士是不会随便下馆子、去银行的，他们总是在自己的俱乐部里完成这些事情。他们就连写信、写短笺也都尽量用所在俱乐部的纸张，因为这样才得体。在传统的英国俱乐部中，英国绅士良好的教养、优雅的传统以及对生活的高雅品位都可以得到充分体现。可以说在英国社会，一个人拥有多少知名俱乐部的会员资格是此人社会地位高低的体现。

四、俱乐部的分类

（一）根据身份地位等级分类

高级（或称贵族、顶级、高尚）俱乐部和普通俱乐部。

（二）根据营利与否分类

营利性（或称商业）俱乐部和非营利性俱乐部。

（三）根据行业特点分类

体育俱乐部、文艺俱乐部、媒体俱乐部、证券俱乐部、金融俱乐部、休闲俱乐部等。

（四）根据兴趣爱好分类

网球俱乐部、音乐联盟俱乐部、网游高手俱乐部、旅游郊游俱乐部、偶像明星俱乐部等。

（五）根据是否职业性分类

职业俱乐部、半职业俱乐部、业余俱乐部等。

五、俱乐部特点

（1）俱乐部设立会员制，制定俱乐部特定的规章制度。

（2）俱乐部是身份、地位、等级的象征，高级商业俱乐部的会员大多是外企首席代表、海归人士、知名企业负责人等。

（3）一般的俱乐部都是封闭式的管理，集餐饮、会议、健身、娱乐为一体。

（4）俱乐部是有既定的特色和既定的人群的，在这里你会接触到从事同一领域各种活动（主要指各种商业活动）的资深人士。

（5）俱乐部属于交际场合，会员一般都会以特定的职业身份与他人相处，保持自己的良好的行为举止。

（6）俱乐部可以当作一种营销方式。

（7）高级商业俱乐部的私密性相当高，如果不是会员，根本无法进入这个圈子。

六、俱乐部营销

俱乐部营销是指企业通过组建俱乐部吸收会员参加，并提供适合会员需要的服务，培养企业的忠诚顾客，以此获得经营利益的营销方式。

俱乐部营销的特征：

（1）会员制。采用俱乐部营销体制的企业，一般来说都实行会员制的管理体制。其营业对象主要是加入本俱乐部的会员。

（2）资格限制。一般来说，各种各样的俱乐部都有自己独特的服务内容，其服务有一定的共性，往往对加入俱乐部的人员施加一定的限制条件。

（3）自愿性。是否加入某个俱乐部，完全建立在自愿的基础上，而非外界强迫所致。

（4）契约性。会员和俱乐部之间以及会员之间的关系，建立在一定的契约基础上。

（5）目的性。俱乐部营销有一定的共同目的，如社交、娱乐、科学、政治、社会活动等。

（6）结构性关系。俱乐部成员之间以及与俱乐部组织者之间往往存在着一种相互渗透、相互支持的结构性关系。他们之间不仅有交易关系，更有伙伴关系、心理关系、情感关系作为关系的坚实基础，因而这种营销体制不是竞争对手可以轻易染指的。

适合开展俱乐部营销的企业类型主要有以下几种：娱乐场所、出租业务、饭店客房、浴室（包括桑拿等各种类型）、信息服务业、社交服务业、健美中心、休闲体育场所、饮食服务、旅行服务、购物场所等。

第二节　休闲体育俱乐部组织管理特点

一、休闲体育俱乐部的概念

休闲体育俱乐部是指由休闲体育企业或酒店部门或社团或个人出面组织，以休闲体育项目为活动主题，既有综合性项目也有单项项目，会员在自愿、互助、互惠的基础上自主参加，并有相应的权利和义务的业余自由协会或团体。休闲体育俱乐部基本上都实行会员制。

当前国内在休闲体育领域属于贵族俱乐部类型的主要有高尔夫俱乐部、赛车俱乐部、游艇俱乐部、赛马俱乐部、垂钓俱乐部等。这些俱乐部收费非常高，例如北京国奥垂钓中心金卡 15 000 ~ 18 000 元；深圳三门岛游艇会基地，首期 100 名会员每名 15 万元，团体会籍 20 万元。

普通休闲体育俱乐部主要名目有：健身俱乐部、羽毛球俱乐部、台球俱乐部、网球俱乐部、户外运动俱乐部（包括登山俱乐部、户外定向越野俱乐部等）、乒乓球俱乐部、跆拳道俱乐部、探险俱乐部、滑雪俱乐部、滑冰俱乐部、篮球俱乐部、足球俱乐部、武术俱乐部、散打俱乐部、潜水俱乐部、保龄球俱乐部、卡丁车俱乐部、轮滑俱乐部等。

有些星级酒店或高级饭店以顾客住宿服务项目为主，在此基础上设立俱乐部，附设其他配套项目，如健身房、游泳池、网球场、游艇、台球厅、蒸汽浴等。

在国外，休闲体育俱乐部往往还有乡村俱乐部和城市俱乐部之分。乡村俱乐部以高尔夫俱乐部、赛马俱乐部、垂钓俱乐部等为主，城市俱乐部以健身俱乐部、台球俱乐部、网球俱乐部、羽毛球俱乐部等为主。

根据休闲体育俱乐部发展规律，休闲体育俱乐部必将由单功能向多功能转化，竞技性运动内容向健身休闲类内容转化，休闲体育俱乐部的文化品位将会越来越高，休闲娱乐的氛围将会越来越浓。休闲体育俱乐部的管理者一定要让会员感受到休闲体育俱乐部的附加值，这种附加值的体现就是加强跟会员联系，组织俱乐部以外的活动，诸如：咨询服务、信息服务、聚会活动、生活方式提示、运动旅游、相关健康产品推销等。

二、健身俱乐部组织管理特点

健身俱乐部（特指归属于健身房的俱乐部）在会员制度方面已经相当成熟，俱乐部可以根据健身单个项目的不同引进相应的会员管理制度，但有一点是不变的，凡是成为会员必定享受优惠待遇。有些健身俱乐部的 VIP 会员卡售价相当实惠。在北京、上海等城市的大型俱乐部的管理模式都采用分部门管理，每个部门确定管理人员，教练部要有教练主管，会籍部有会籍主管，接待部有接待主管。如有需要的话可以确定一个俱乐部管理经理。某些健身房老板采用连锁经营模式，在一座城市里开办了几家健身房，健身房下属俱乐部会员可以在任何一家连锁店里健身消费。俱乐部里最重要的人员就是健身教练，健身教练分为器械教练和有氧教练两类。招聘器械教练的条件是：有国家或者国际专业的认证机构认证的教练证书；有两年以上的工作经验，或者一年以上的大型俱乐部的工作经验；良好的个人形象；具备一定的电脑操作能力。健身俱乐部开设的项目越全面，吸引的人群会越多，这些项目包括有氧健身操、力量器械、有氧拉丁、普拉提、瑜伽、动感单车、街舞、钢管舞、跆拳道、泰拳、散打等。大、中型健身俱乐部一般都使用“健身俱乐部管理系统”进行顾客管理、收费管理以及财务管理。

三、羽毛球俱乐部组织管理特点

基于球类群体性的项目特点和活动气氛的重要性，许多羽毛球俱乐部采用定期组织专项活动的方法。俱乐部负责人利用微信群、QQ 群和口碑宣传吸引羽毛球爱好者加入，再通过微信群、QQ 群、手机等现代通信媒介向会员发布活动通知，活动费用采取 AA 制或会员赞助方式，资金采取俱乐部基金管理制度，财务收支由俱乐部会长统一管理，俱乐部基金收入来自活动经费盈余和会员赞助，一切开支用于俱乐部建设。俱乐部活动杂费开支取自俱乐部基金。所有账目在微信群或QQ群里公布。俱乐部会员必须自带的个人装备：羽毛球拍、羽毛球、运动衣裤、饮料等。有些俱乐部采用统一配置用球和饮料的方法。羽毛球实战练习活动的组织：每个羽毛球场一般安排6~8人，少于10人退订一个场，多于12人加订一个场。现场管理：按水平高低分场，分成甲、乙、丙、丁练习场，每个场设立场主，负责本场的秩序及控制每个球员的打球时间，每个月底举行一次群内对抗赛，以检验一段时间以来训练水平的提高程度，以期切磋球技，取长补短，交流心得，共同提高。由羽毛球馆组建的俱乐部对会员在场地预订、场地安排、费用结算等方面都将给予更多的优惠条件。

四、户外运动俱乐部组织管理特点

户外运动俱乐部主要是通过网络技术平台来吸引会员的加入，在组织及活动过程中强调会员间的自愿、自助，以健身和享受旅游真正的价值乐趣为主要目的，信守保护旅游资源、享受大自然景色的宗旨。户外运动俱乐部的组织构成形式是会员制，俱乐部通过吸收一些对户外运动有一定爱好或兴趣的人群成为会员，使他们在俱乐部中享受到一定的权利，并在组织会员参加户外运动的活动中宣传户外运动的知识、理念，达到扩大会员或促进户外用品销售的目的。户外运动俱乐部通过建立户外论坛或户外会员微信群、QQ群，定期召集组织会员活动，加强会员之间的联系及感情的交流，提高会员之间、会员与俱乐部之间的信赖值，以此稳定俱乐部的会员总量。由于户外运动开展的过程中存在一些不确定的因素，具有一定的危险性，为了保障会员的安全，户外运动俱乐部在确定组织活动路线、行程时都会派出有经验的领队带领会员进行活动，帮助会员完成安全、愉快、顺利的户外之旅。领队是户外活动的计划者、安全的保障者、环保的维护者、决策的制定者。户外运动俱乐部必须强调“安全第一”。

五、滑冰俱乐部组织管理特点

滑冰是北方冬季健身娱乐项目。滑冰场分为户外天然滑冰场和室内真冰滑冰场。室内真冰滑冰场应采用绿色环保的先进乙二醇制冰技术。滑冰俱乐部应该构建动感时尚、超越时空、轻松愉悦、幽雅清新的良好环境，体现专业、热情、舒适、生动和人性化的经营服务理念，采用先进科学的管理方法，为顾客提供全方位的智能化、信息化、网络化和自动化服务。在服务项目上要满足顾客的多元需求，除滑冰外，滑冰俱乐部还可设置咖啡厅、观赏吧台、休息区、顾客储物区、主题餐厅、冰上运动用品专卖店、多功能活动室、舞蹈室、DJ广播室、健身练功房等，构筑青少年健身休闲、艺术熏陶、形体训练为一体的美育培训基地。滑冰场内的唱片骑师（DJ）在不同时段为场内人士播放悦耳流行音乐，增添场内气氛，使顾客领略到滑冰的乐趣。滑冰俱乐部的教练团队最好是由退役的世界冠军及国家队、省队专业运动员组成，通过他们为所有顾客，特别是青少年滑冰爱好者提供全面、细心、专业的指导。滑冰俱乐部应加强安全管理，特设安全护栏和其他保护设施，做到防患于未然。

六、垂钓俱乐部组织管理特点

垂钓俱乐部宗旨是以渔会友，共同切磋垂钓技术和提高垂钓水平，组织以渔为主题的文化艺术交流活动，增进友谊，享受垂钓快乐时光。户外垂钓活动是一种风险性活动，在组织活动中必须有一定组织纪律和原则，以保证活动顺利安全地进行。有些垂钓俱乐部在开展垂钓主业活动的同时还组织副业，诸如野营、野炊、摄影、旅游等活动，使俱乐部活动更加丰富多彩。垂钓俱乐部的会员以中老年居多，在组织活动时应考虑到中老年的生理特点，注意持续时间、活动项目组合、路程、运动量的合理性。

七、跆拳道俱乐部组织管理特点

跆拳道俱乐部的经营方式主要是会员培训。跆拳道俱乐部一般都制订严格的道场纪律，其中包括：训练时必须穿道服；学员在上课时不能穿戴任何饰物，避免在运动时伤害同伴；学员必须在跆拳道精神的指引与教练的指导下接受训练，严守跆拳道的礼仪规范等。跆拳道俱乐部在纳新广告宣传方面，除了利用传统的发传单、张贴海报和横幅、搞表演宣传方式之外，还可以通过建网站、微信群、QQ 群来宣传推广自己的俱乐部，也可以与学校的其他社团加强合作，通过赞助或其他方式来让学校社团帮助俱乐部扩大宣传。跆拳道教学过程是最关键的部分，跆拳道俱乐部应该拥有高段位优秀教练员，这是决定招生数量的一个招牌，在教学过程中应该努力营造积极向上的氛围，让学员感受到俱乐部的凝聚力，感到学有所获。在教学计划的制订上应体现长期性和持续性，最大限度地避免学员的流失。在经营和服务上应推出独具特色的内容，不断创新，让学员始终充满新鲜感。

第三节　休闲体育俱乐部会员制

一、休闲体育俱乐部会员制的含义

休闲体育俱乐部会员制是指以经营休闲体育项目为主的企业或其他经济实体，给予已获得会员资格并定期缴纳一定数量会费的俱乐部成员各种优惠和方便的经营方式。休闲体育俱乐部会员制本着自愿的原则。

俱乐部会员制也属于市场营销中的一种促销方式。俱乐部会员制既是现代社会经济高度发达的产物，也是休闲体育服务行业发展的必然需要。

二、休闲体育俱乐部会员制的特点

（一）身份象征

休闲体育俱乐部会员制是身份、地位、等级的象征，如加入高尔夫俱乐部、赛车俱乐部、游艇俱乐部等相关会员往往被认定为高层次人士或“贵族”人士。

（二）严密制度

休闲体育俱乐部会员制必须制定严密合理的制度，包括会员资格认定制度。该制度写明入会条件、手续、会员资格、会员义务和会员权利等。

（三）超值服务

休闲体育俱乐部必须为会员提供超值、独到、特惠服务。会员制必须能给会员以优越感，不仅体现在价格上，还包括一些特殊项目和服务项目只有会员使用和享受而不对其他人开放，显示排他性。

（四）交际场所

休闲体育俱乐部往往是会员交际、交流、交往的一个重要平台，俱乐部经营者应该创造条件铺设好这个平台。

（五）归属感

休闲体育俱乐部除了为会员提供完善的核心项目的服务外，还应该提供便利性服务和支持性服务，亲切温馨的服务让会员有一种归属感。

三、休闲体育俱乐部会员制的内容

休闲体育俱乐部会员制一般包括会员条件、会员权利和义务、入会手续、对会员的要求等内容。

（一）会员条件

入会会员年龄、身份、地位、健康状况、收入等。会员需支付一定费用，如一旦被批准为会员，就应支付一定入会费和年会费。

（二）会员权利和义务

（1）会员有权使用俱乐部提供的所有设施。

（2）会员具有使用各种设施的优先权。

（3）会员可以免费享受某些服务项目，如淋浴、游泳、桑拿、停车场等。

（4）会员有权参加俱乐部组织的比赛、参观、交流、聚餐、联谊等活动。

（5）俱乐部定期为会员提供特殊服务项目，如赠送纪念品等。

（6）会员对俱乐部举办的任何活动有优先知情权。

（7）会员必须按时交纳入会费和年会费。

（8）会员有义务为办好俱乐部出谋献策，讲信用，为俱乐部和会员朋友保守秘密。

（三）入会手续

（1）填写入会申请表。

（2）核准后，交纳入会费和年会费。

（3）会员制的有关规章在会员入会时以书面形式交与会员阅览，待同意遵守并签字认可后，此据具有法律效力。

（四）对会员的要求

（1）会员应按时支付入会费和年会费，入会费在办理入会手续时交纳，年会费必须在每年的 1 月 1 日至 31 日间支付，无论是否使用俱乐部设施均需付年会费。

（2）个人会员资格权属会员本人，不包括其亲友，若会员亲友参与俱乐部消费，必须另外付费。

（3）法人资格属法人和法人代表所带任何两位公民。

（4）过期不支付年会费被视为自动退会，俱乐部将暂停其会员资格。视补交情况决定其会员资格的去留。若仍长期拖延不交，俱乐部有权取消其会员资格。

（5）俱乐部取消会员资格将以书面形式通知会员本人或其所在公司。在被取消会员资格之日起，其不再享有会员权利。

（6）个人会员在取得会员资格 12 个月后方可转让会员资格。但要求在一次付清欠账和转让费后方可转让，转让时必须在本俱乐部办理转让手续，并交纳会员入会费 15% 的转让费。法人会员证不得转让。

第四节　星级酒店康乐部经营管理的特点

康乐部是星级酒店设立的一个部门，这个部门负责经营和管理游泳池、健身房、网球、保龄球、台球、游戏机、桑拿、美容美发、棋牌室、舞厅、KTV、酒吧、高尔夫球、游艇、咖啡厅、茶餐厅等项目，主要任务是为酒店的顾客提供一个理想的休闲娱乐健身的场所，树立良好的酒店形象，吸引顾客，增加酒店的附加值，提升酒店竞争力，同时也为了创造更好的经济效益。由于星级酒店康乐部管辖的大多数项目属于休闲体育项目，所以本书将其作为单独一节进行阐述。星级酒店康乐部经营管理具有如下特点。

（1）酒店的康乐部可以是与其他部门并列存在的，小规模酒店的康乐部也可以从属于其他部门，如餐饮部或前厅部。这种部门是在完善自己酒店的服务功能的基础上以不同形式收取顾客的费用，达到盈利的目的。例如，对住店顾客免收某些康乐项目的费用，但房价有所提高，对店外顾客要按规定收费。

（2）按照国际惯例，旅游饭店星级评定规格和标准，康乐部是四星级、五星级旅游饭店不可缺少的先决条件。不具备较好、较完备的康乐设施和条件的旅游饭店，无论在其他方面如何优越都一概不能评为四星级、五星级饭店。中华人民共和国国家旅游局（现文化和旅游部）颁布的《旅游饭店星级的划分与评定》中规定，五星级饭店必须具备歌舞厅、健身房、按摩室、桑拿浴室、游泳池、网球场、理发（美容）室及多功能娱乐厅等。

（3）酒店康乐部作为独立部门存在时，在康乐部统一领导下，组织结构层次清晰，员工职权分明，人员精干，分工明确，招聘的员工的整体素质比较高。

（4）尽管酒店康乐部的大多数服务项目属于休闲体育项目，但是还有部分项目是属于娱乐、休闲、餐饮行业范畴的，因此在经营管理方式上是多元的，各项目之间的管理不能随意交叉、混合，许多酒店康乐部都是采用了条块分割管理的方式。

（5）绝大多数酒店康乐部都制订了十分严格的服务标准和服务程序，让工作人员有章可循。有些酒店康乐部还实行了绩效考核与奖金挂钩的制度。

（6）四星级、五星级旅游饭店引进的康乐设施往往都是一流的国际名牌产品，在康乐设备设施及环境设计上趋向豪华、精美、科学合理。因此，对康乐部工作人员的素质提出了更高的要求。

参考习题：

1. 俱乐部和休闲体育俱乐部的概念是什么？
2. 不同的休闲体育俱乐部分别有哪些管理特点？
3. 休闲体育俱乐部会员制的含义和特点是什么？
4. 休闲体育俱乐部会员制有哪些内容？
5. 星级酒店康乐部经营管理有何特点？

第七章　休闲体育企业的基本管理方法和经营战略管理

本章导航：

☆　了解企业的管理原理

☆　掌握休闲体育企业的基本管理方法

☆　熟悉休闲体育企业的经营战略管理

原理是指自然科学和社会科学中具有普遍意义的基本规律，是在大量观察、实践的基础上，经过归纳、概括而得出的，它既能指导实践，又必须经受实践的检验。尽管在现实生活中管理活动是极为丰富多彩的，没有一种现成的模式可以套用，但是，只要是人类集体协作劳动，只要是有组织的、有目标的活动，总有一系列共性的、规律性的东西可以抽象出来，这就是管理原理。

第一节　企业的管理原理

一、系统原理

系统是指由一些相互联系、相互制约的若干组成部分结合而成的，具有特定功能的一个有机整体。这里所说的系统是从社会组织层面考量的。任何社会组织都是由人、物、信息组成的系统，任何管理都是对系统的管理，没有系统，也就没有管理。系统原理不仅为认识管理的本质和方法提供了新的视角，而且它所提供的观点和方法广泛渗透到人本原理、效益原理和责任原理之中，从某种程度上来看，系统原理在管理原理的有机体系中起着统率的作用。

（一）整体性原理

整体性原理指系统要素之间的关系及要素与系统之间的关系以整体为主进行协调，局部服从整体，使整体效果为最优。在现实情形中，经常可以看到一个系统中，重局部，轻全局，特别是局部之间不协调，互相扯皮，从而损害了全局的利益。在这种情况下，子系统的功能虽好，但不利于达到整体的目的，效果当然不会好；相反，有时候子系统的效益虽然低一些，但有利于实现系统的功能，有利于达到整体的目的，其效果自然是好的。

（二）动态性原理

系统作为一个运动着的有机体，其稳定状态是相对的，运动状态则是绝对的，系统内部的联系就是一种运动，系统与环境的相互作用也是一种运动。运动是系统的生命。例如，企业是社会经济系统中的子系统，它为了适应外部社会经济系统的需要，必须不断地完善和改变自己的功能，而企业内部各子系统的功能及其相互关系也必须随之相应地发生变化。企业系统就是在这种不断变化的动态过程中生存和发展，因此，企业的产品结构、服务过程、生产组织、管理机构、规章制度、经营方针、管理方法等都具有很强的时限性。

（三）开放性原理

严格地说，完全封闭系统是无法存在的。实际上，不存在一个与外部环境完全没有物质、能量、信息交换的系统。所以，对外开放是系统的生命。在管理工作中，任何试图把本系统封闭起来与外界隔绝的做法，都只会导致失败。明智的管理者应当从开放性原理出发，充分估计到外部对本系统的种种影响，努力从开放中扩大本系统从外部吸入的物质、能量和信息。

（四）适应性原理

系统不是孤立存在的，它要与周围事物发生各种联系。这些与系统发生联系的周围事物的全体，就是系统的环境，环境是一个更高级的大系统。如果系统对环境能够保持最佳适应状态，就说明这是一个有活力的理想系统。否则，这个系统是无生命力的。

（五）综合性原理

所谓综合就是把系统的各部分、各方面和各种因素联系起来，考虑其中共同性和规律性。综合性原理强调各种元素之间的联系，突出互补性。

正因为任何复杂的系统都是由许多子系统和单元综合而成的，因此，任何复杂的系统又都是可以分解的。系统整体可能看上去十分复杂，不可战胜，但如果将其分解到每个子系统和单元就可能变得简单而容易解决。所以管理者既要学会把许多普普通通的东西综合为新的构思、新的产品，创造出新的系统，又要善于把复杂的系统分解为最简单的单元去解决。

二、人本原理

人是推动人类社会发展的最主要因素，世界上一切物质财富的创造，一切社会生产力的发展，一切社会经济系统的运行，都离不开人的服务、人的劳动与人的管理。人本原理就是以人为中心的管理思想。要实现以人为中心的管理，第一，必须从根本上做好人的工作，调动人的积极性，充分发挥人在管理中的能动作用。做好人的工作，就是让员工充分认识到自己工作的意义，让每一名员工做到人尽其才，为员工创造良好的工作环境和条件，满足其必要的精神和物质需求。第二，要正确处理好管理者与被管理者之间的关系，形成既有集中，又有民主，既有自由，又有纪律，既有个人心情舒畅，又有集中统一意志的生动活泼的局面。第三，要处理好组织中的人际关系，创造和谐、协调的组织环境。一个组织中如果人际关系和谐融洽，员工精神状态和心理气氛保持良好，组织管理工作就会顺利进行，组织目标就会如期实现。第四，要积极做好员工的教育和培训工作。人的创造性和主观能动性，除思想、道德因素之外，主要来自人所掌握的知识和人具有的智力和体力，即人的素质。人在组织中起的作用的大小，取决于其积极性的发挥程度和能力的大小。因此，现代组织要发展，必须从调动人的积极性和提高人的能力两个方面入手。总之，尊重人、依靠人、调和人、发展人是人本原理管理思想的基本内容和特点。

三、效益原理

效益是管理的永恒主题。任何组织的管理都是为了获得某种效益。效益的高低直接影响着组织的生存和发展。在实际工作中，管理效益的直接形态是通过经济效益而得到表现的。这是因为管理系统是一个人造系统，它基本是通过管理主体的劳动所形成的按一定顺序的多方面多层次的有机系统。影响管理效益的因素很多，其中主体管理思想正确与否占有相当重要的地位。在现代化管理中，采用先进的科学方法和手段，建立合理的管理机构和规章制度无疑是必要的。但更重要的是一个管理系统高级主管者的经营战略认识。实际上，管理效益总是与管理主体的战略认识联系在一起的。处理好追求局部效益与追求全局效益两者关系也是十分重要的问题，正确的做法是追求局部效益必须与追求全局效益协调一致，当局部效益与全局效益发生冲突时，管理者必须把全局效益放在首位，做到局部服从整体。面对短期效益与长期效益相悖时，管理者应追求长期稳定的高效益。管理活动要以提高效益为核心，追求效益的不断提高。追求效益要学会自觉地运用客观规律。例如，必须学会运用价值规律，随时掌握市场情况，制定灵活的经营方针，灵敏地适应复杂多变的竞争环境，满足社会需求。只有这样才能获得好的效益。

四、责任原理

管理是追求效益的过程。在这个过程中，要挖掘人的潜能，就必须在合理分工的基础上明确规定这些部门和个人必须完成的工作任务和必须承担的与此相应的责任。如何更好地挖掘人的潜能呢？最好的办法就是明确每个人的职责。职责是整体赋予个体的任务，也是维护整体正常秩序的一种约束力。它是以行政性规定来体现客观规律的要求，绝不是随心所欲的产物。要明确每个人的职责，必须做到：职责界限要清楚；职责内容要具体，并要做出明文规定；职责中要包含横向联系的内容；职责一定要落实到每个人。与此同时，在职位设计和职权委授上要合理，让被授权者在权限、利益、能力上协调一致。明确职位和职责后，就要授予相应的权力。实行任何管理都要借助于一定的权力。管理总离不开人、财、物的使用。如果没有一定的人权、财权、物权，任何人都不可能对任何工作实行真正的管理。在职责明确的前提下，要制定合理的奖惩制度。对每个人的工作表现及其绩效给予公正而及时的奖惩，有助于提高人的积极性，挖掘每个人的潜力，从而不断提高管理成效。只有这样，才能使每个人知道自己干得怎样，干好干坏对自己和组织有什么后果，从而才能及时引导每个人的行为朝向符合组织需要的方向变化。奖惩的及时性和公正性也是十分重要的，过时的奖赏失去其本身的作用和意义，对过错者适时的惩罚可以起到及时制止这些人的不良行为、以免给企业造成更大的损失、教育大多数人的作用。

第二节　休闲体育企业的基本管理方法

在充分认识管理原理的基础上，休闲体育企业的管理者必须掌握基本管理方法，做到灵活运用。管理方法与经营方法两者是有机地结合在一起，相互促进，最终目的是达到管理最优化和效益最大化。

一、电子化系统管理方法

休闲体育企业采用电子化系统管理的好处是可以显著地提高工作效率，整合休闲体育服务的业务流程，避免收费过程中出现的漏洞，提高管理水平。休闲体育企业电子化系统主要包括如下子系统：休闲体育项目专门管理系统（如健身俱乐部管理系统、羽毛球馆管理系统、台球厅管理系统等）、财务管理系统、电子安全监控系统、联网总部远程管理系统等。至于选用何种电子化系统为我所用，必须周密分析，精心设计，因地制宜，控制成本，力争通过实现电子化系统管理达到最大的效用。尽管这些电子化系统的使用极大地提高了管理效率，但是这些系统毕竟要靠员工来操作，对员工的管理仍然是最重要的。

二、标准化和程序化管理方法

作为服务性行业，服务态度和服务质量相当重要，细节决定一切，只有认真做好每个细节，才能令顾客满意，才能让顾客乐而忘返。那么，如何让每个服务细节都有章可循呢？采用标准化和程序化可以有效地解决这个问题。

标准是由民间机构在参与各方广泛协调一致的基础上制定的技术文件，属于推荐性的范畴。这里的标准化是泛指休闲体育企业按照相关各方认同的休闲体育服务标准和技术标准而进行修订、实施、更新、完善的过程。标准化所规范的对象更多的是人们从事某项休闲体育服务的准则和基本要求，其目的在于规范休闲体育服务质量，满足不同顾客的需求。

什么叫程序？所谓“程”，讲的是规章、制度或形式；“序”，讲的是区分或排列位置。程序是指事物运动的某种次序或过程或环节，含有某种秩序或顺序的意思。程序含有时间和空间的概念。程序一词有两用，作名词时，讲的是事物运动的排列顺序，表现为一种相对静止状态；作动词时，讲的是为达到某种状态而进行的运动过程。程序化是指休闲体育企业的服务管理过程按照一定的流程和规章有条不紊的运作过程。

一个休闲体育企业应该将服务视为企业产品的一部分，制定严密的岗位规范标准和程序，要求员工严格按照标准和程序去执行，并且将执行结果与奖惩制度挂钩，注重一切服务细节，同时也要把握好制度与人性化之间的和谐关系。

三、授权部门经理或单项经理与统筹掌控相结合管理方法

基于休闲体育企业所经营管理的项目具有分散性和独立性的特点，在企业总部统筹掌控的基础上，适当放权，授予部门经理或单项经理更多的管理权。只有这样，休闲体育企业才有可能不断扩展经营项目，拓展经营空间。用人不疑，疑人不用。给予部门经理或单项经理更多的自主决策权和管理权，可以充分发挥他们的聪明才干，可以令他们的创新潜能得到有效释放。当然，企业总部的统筹掌控还是必要的，一是可以保证各部门或各单个项目沿着正确的方向发展，二是可以防止部门经理或单项经理在大决策上出现误断。企业总部可以同部门经理或单项经理签订经理岗位责任书，并且将岗位责任、业绩与奖惩制度相结合。

四、员工差额增补编组管理和聚合松散型管理方法

由于休闲体育项目的季节性特点和休闲体育企业员工年轻化的需求特点，相对于其他服务性行业而言，休闲体育企业员工的流动性比较大。采取的应对措施有：①员工差额增补编组管理。即按照体育单个项目特点和单个项目季节性特点，组成几个单项小组，每个小组安排 2 ~ 3 个相对稳定的员工骨干，然后补充几个新员工或有可能流动的员工，同时在公司总部储备一定数量可调剂的人员，随时准备对各个单项小组进行差额增补，保证各个单项正常运作。②聚合松散型管理。针对季节性项目的员工管理，可以采用聚合松散型管理的方式，做到召之即来，来之能战。季节性项目一结束运营，就可马上遣散临时工，如游泳项目。

第三节　休闲体育企业的经营战略管理

面对变幻莫测的休闲体育市场，管理者需要具备把握宏观局面的魄力，练就预测未来企业长远发展的洞察力，保证休闲体育企业沿着时代和行业的要求发展。长期以来，人们对休闲体育企业经营的认识只停留在这些属于小规模经营或者只是作为星级酒店的配套经营项目上，其实这是对休闲体育企业的偏见。现代休闲体育企业正在整合各种资源为其所用，正在不断做强、做大，基于此，休闲体育企业经营战略管理就显得十分重要。

一、战略管理概论

（一）对休闲体育企业经营战略的理解

战略，顾名思义，就是指对作战的谋略，原指对战争全局的筹划和指挥。这个词最早来源于军事，后来延伸运用到其他领域。企业经营管理引入经营战略管理，将企业经营管理提升到一个新的层面去发展。

如何理解企业经营战略呢？目前比较一致的看法：企业经营战略是一种企业决策模式，其主题是确定和实施企业的长期目的和目标。战略是由目标、意志或目的以及为达到这些目的而制定的方针、计划所构成的一种模式。企业经营战略的内容宗旨就是影响和决定企业的基本长期目的和目标，选择企业达到既定目标的路线途径，并为实现这些目标对企业现有资源进行最优化的配置。此外，也有人认为企业经营战略是一种获得竞争优势的对抗行动，在市场活动中企业制定经营战略的关键是确定企业的竞争优势。还有第三种观点认为企业经营战略是一种资源配置的行动方式，企业经营战略的核心是资源配置，通过筹划、研究未来的资源配置及其与市场环境相互作用，去谋划和解决企业经营发展中的各种问题。结合休闲体育企业实际情况分析，休闲体育企业的经营战略管理侧重于第一种观点，主要作为决策的一种模式。基于以上认识，将休闲体育企业经营战略定义如下。

休闲体育企业经营战略是指在市场经济条件下，休闲体育企业为谋求长期生存和发展，在外部环境和内部条件分析研究的基础上，以正确的指导思想，对企业的主要目标、经营方向、重大经营方针、策略和实施步骤做出长远的、系统的和全局的策划。

（二）休闲体育企业经营战略思想

休闲体育企业经营战略思想是指正确认识企业外部环境和内部条件，指导企业决策，贯彻企业方针，实现企业目标，求得企业生存和发展的思想，即企业经营活动的基本指导思想，它是由一系列观念组成的。

对休闲体育企业经营战略思想的理解可以遵循如下 3 种思路。

1. 休闲体育企业经营战略思想是休闲体育企业经营的哲学

现代休闲体育企业在经营资金、人员、技术、设备上的差异都不大，在这些方面同质化现象很明显，况且进入这个行业的门槛也不高。在相同的市场环境下，不同的休闲体育企业之所以存在着经营绩效的差异，主要是因为经营思想、经营观念和经营机制的差异。休闲体育企业经营战略思想在休闲体育企业经营过程中发挥着重要的作用。

2. 休闲体育企业经营战略思想的着眼点是未来

休闲体育企业经营战略的核心是研究企业未来的生存与发展，而休闲体育企业经营战略思想又是企业制定经营战略的基础，有什么样的经营战略思想就会有什么样的经营战略。因此，从这个意义上讲，休闲体育企业经营战略思想必须着眼于未来。

3. 休闲体育企业经营战略思想从一个侧面反映了休闲体育企业经营的重点

不同的休闲体育企业其经营的出发点不同，有的休闲体育企业是追逐利润最大化，有的休闲体育企业是为了扩大市场占有率，有的休闲体育企业是为了提高企业品牌知名度，有的休闲体育企业是为了追求价值和效率最大化。不论休闲体育企业经营战略思想如何表述，都体现了休闲体育企业经营的重点，透射出休闲体育企业老板的战略眼光。

休闲体育企业经营战略思想是通过其经营观念体现的。根据我国休闲体育企业经营现状，休闲体育企业应树立市场观念、竞争观念、进退观念、创新观念、时机观念、区域观念等经营观念。

（三）休闲体育企业的经营战略要素

休闲体育企业的经营战略包括 6 个要素，即经营范围、战略目标、战略行动、资源配置、竞争优势和协同作用。

1. 经营范围

休闲体育企业的经营战略首先是与企业的经营范围相联系的，经营范围不同，休闲体育企业的经营战略就会不同。所谓经营范围是指休闲体育企业从事经营活动的领域。休闲体育企业经营活动的领域，一般可以从 3 个角度说明：一是行业范围，即休闲体育企业在什么行业里经营，是跨行业经营，如涉及娱乐业、休闲业、旅游业、餐饮业、商贸业等，还是单一行业经营；二是市场范围，即休闲体育企业在什么客源市场上经营，为哪些类型的健身者服务；三是经营地理范围，即休闲体育企业经营的空间区域。休闲体育企业在经营战略制定中，应该根据所处的行业、项目和市场来确定企业的经营范围。

2. 战略目标

战略目标是对休闲体育企业经营战略活动预期取得的主要成果的期望值。战略目标的设定，同时也是休闲体育企业宗旨的展开和具体化，是休闲体育企业宗旨中确认的企业经营目的、社会使命的进一步阐明和界定，也是休闲体育企业在既定的经营战略领域展开经营战略活动所要达到的水平的具体规定。

3. 战略行动

面对日益纷繁复杂和变化多端的外部世界，企业家们都已意识到必须要有所行动，才能去适应、跟上甚至是引领这些变化的脉动。企业发展本来就是一个不断行动和解决问题的过程，但企业是个复杂的系统的有机体，任何一个局部的调整变革都会或多或少甚至是完全影响冲击着其他部门的变化。正确把握好行动的轻重缓急，突出重点，兼顾企业的短期目标和长期可持续发展，才能使休闲体育企业朝着既定的目标前进。

4. 资源配置

休闲体育企业经营战略的制定与实施过程是与资源配置分不开的。资源配置是指休闲体育企业过去、现在和未来的资源配置水平以及配置模式。由于休闲体育企业经营目标的实现程度是与资源配置状态紧密相连的，因此，休闲体育企业在市场环境发生变动要采取经营战略行动时，要对现有的资源进行重新配置和组合，通过资源配置的变化、配置模式的调整来适应休闲体育企业经营战略。

5. 竞争优势

所谓竞争优势是休闲体育企业通过资源配置模式与经营范围决策，在休闲体育市场上所形成的不同于竞争对手的市场地位。一个企业要持续发展，必须依赖对未来的产业趋势的适应能力和战略安排。在现有比较优势的基础上，获取持续竞争优势，也就是企业的核心竞争力。如果没有明确的企业远景和核心价值观，没有基于市场和竞争态势的战略安排，没有基于企业组织能力而构筑的核心竞争力，那么，光靠某个人的力量或其他方面的比较优势，将一钱不值。竞争优势的落脚点就是休闲体育企业管理者如何做好企业的战略规划，实施企业战略管理，最终提升企业的市场竞争力，确保企业高速、长久、稳定地发展。

6. 协同作用

管理学中，协同作用是指几个单位一起运转可以完成一些单个组织单位无法完成的工作。企业目标的实现不仅需要企业属下多个组织单位的共同努力和协同作用，而且需要员工之间默契配合，齐心协力。一个追求卓越的休闲体育企业务必重视企业的向心力和凝聚力，培养各部门之间的协同能力，并且将其融入企业文化中。休闲体育企业可经营的项目种类繁多，而每个项目衍生的服务内容更多，因此对各个部门的协同作用也提出了更高的要求。

二、休闲体育企业经营战略层次

基于休闲体育企业的经营项目种类多、分布广的特点，休闲体育企业通常采用授权部门经理或单项经理与统筹掌控相结合管理方法，由此就形成了不同的经营战略层次。根据层次的不同，休闲体育企业经营战略可划分为总体战略、经营单位（中心）战略、同类休闲体育项目经营战略、单个休闲体育项目经营战略。在不同层次上，休闲体育企业的战略目标是不同的。

（一）总体战略

休闲体育企业总体战略是企业高层管理谋划企业发展和控制企业经营活动的最高行动纲领。它不是从一个局部而是从企业整体发展来研究的。一般来说，休闲体育企业总体战略是根据企业未来发展目标和企业使命，选择企业可以形成竞争优势的经营领域，通过合理的企业资源配置，使休闲体育企业的各个经营项目、各项业务、各个环节和各个经营过程相互协调，形成一个与外部市场相均衡的状态。因此，休闲体育企业总体战略是指导企业发展和经营行为的总体规划。在休闲体育企业总体战略中，对经营领域的选择是重中之重。根据休闲体育项目分类特点，休闲体育经营领域涵盖的主项和副项见表 7 - 1。

一个休闲体育企业应该根据自身的情况确定企业的经营领域和范围，明确经营主项，在经营项目的选择上，不能贪图大、多、全，不宜把战线铺得太长。当经营领域确定后，接下来就是休闲体育企业经营战略层次中第二个层次的问题——经营单位（中心）战略。

（二）经营单位（中心）战略

通常休闲体育企业经营单位（中心）战略是在休闲体育企业总体战略的规划下，休闲体育企业对某项休闲体育业务或某项产品或某类市场的经营战略计划，也可以把休闲体育企业经营单位（中心）战略看作对一个独立的产品和特定的细分市场的谋划。从战略重点来看，经营单位（中心）战略是形成某种业务在它所涉及的行业内或在一个特定的市场中的竞争优势。相对于休闲体育企业总体战略，经营单位（中心）战略涉及其某一特定细分市场上的竞争地位，决定着休闲体育企业的某个产品或者服务在一个市场中扮演什么样的角色；从战略内容来看，经营单位（中心）战略是要针对变化过程中的市场环境，在各自的

表 7－1　休闲体育经营领域涵盖的主项和副项

经营领域或地点	主项	主项细目	副项
健身健美类	健身健美	器械健美、体育舞蹈、健美操、街舞、钢管舞、舍宾运动、普拉提、瑜伽、动感单车、跑步机	游泳、跆拳道、散打、拳击、武术、台球、乒乓球、沙弧球等
游泳类	游泳	游泳、戏水活动、水上乐园、滑水、水上飞人	水中健美操、救生、水上芭蕾
羽毛球、台球、乒乓球等	羽毛球、台球、乒乓球	羽毛球、台球、乒乓球	沙弧球、桌上足球、桌上冰壶、篮球投篮机
户外运动类	登山、长途徒步、自行车运动	登山、长途徒步、自行车运动、攀岩、溜索、漂流、滑草、溯溪、滑沙、划船、跑酷	彩弹射击（CS）、射靶
钓鱼类	钓鱼	钓鱼	徒步越野、烧烤、自驾游
极限运动类	蹦极、山地自行车、登雪山	蹦极、山地自行车、登雪山、悬崖跳水、翼装飞行	攀登瀑布
冰雪运动类	滑雪、滑冰	滑雪、滑冰、雪上摩托、雪橇	狗拉雪橇
滨海水上类	摩托艇、潜水	潜水、摩托艇、冲浪、滑水、帆板雪橇船、划船	跳伞、热气球、风筝冲浪
高尔夫球类	高尔夫球	高尔夫球	健身健美、乒乓球、台球、沙弧球等
保龄球类	保龄球	保龄球	健身健美、乒乓球、台球、电子游戏
溜旱冰类	溜旱冰、滑板	溜旱冰、滑板	儿童小轮车、少儿滑板
空域飞行类	跳伞、滑翔伞	跳伞、滑翔伞	滑翔机、热气球
星级酒店康乐部或会所	健身、美容	游泳、健身健美、乒乓球、台球、网球	桑拿、SPA、棋牌
高档社区会所	健身、娱乐、休闲	游泳、健身健美、乒乓球、台球、棋牌、网球、壁球等	美容、茶艺居
温泉、桑拿中心、农家乐等	健身、洗浴、桑拿、休闲	健身房、桑拿、洗浴、SPA、趣味性农活	美容、棋牌
游乐中心	各种游乐项目	各种游乐项目	热气球
拓展（外展）运动	部分极限运动项目、团队惊险练习项目、意志力练习项目	攀登瀑布、攀岩、溯溪、长途拉练、滑吊索、背摔、合作翻过障碍物等	游泳、潜水、长跑、队列操等

经营业务内形成有效的竞争。如何实现休闲体育企业发展目标，如何对休闲体育企业所面临的机会和威胁进行分析，如何确定经营单位（中心）战略重点和制定战略措施，这些都是经营单位（中心）战略的主要内容；从战略要素来看，经营单位（中心）战略最主要的要素是资源配置和竞争优势。虽然休闲体育企业总体战略与经营单位（中心）战略都是研究资源配置与竞争优势的，然而，两者却有着重要的区别。从战略分工来说，休闲体育企业总体战略是有关企业全局性的、整体性的战略谋划，而经营单位（中心）战略却是对休闲体育企业有关市场、产品或业务局部性的谋划；从战略制定的参与者来说，总体战略的主要制定者是休闲体育企业高层管理者，而经营单位（中心）战略的制定者是各业务的具体管理者。

（三）同类休闲体育项目经营战略

休闲体育企业同类休闲体育项目经营战略与休闲体育企业经营单位（中心）战略相近，却不完全相同。同类休闲体育项目经营战略也是在休闲体育企业总体战略的规划下，休闲体育企业对所投资的同类休闲体育项目的经营战略计划，该战略计划涉及休闲体育企业经营单位（中心）战略。比如，健身项目经营战略，既与休闲体育企业经营单位（中心）战略有关，健身项目或许是某休闲体育企业经营单位（中心）中的一个经营项目，也与休闲体育企业区域发展战略关联，因为对健身项目的谋划过程，牵涉到了企业在一个城市、一个省、一个地区、全国乃至世界各地的布局。同类休闲体育项目经营战略同样要考虑到战略要素，即资源配置和竞争优势，比较而言，在同类休闲体育项目经营战略中，资源配置更显重要。从战略制定的参与者来说，休闲体育企业同类休闲体育项目经营战略的制定者是休闲体育企业负责主管的高层管理者。

（四）单个休闲体育项目经营战略

单个休闲体育项目经营战略是为了贯彻和支持休闲体育企业总体战略和休闲体育企业经营单位（中心）战略而形成的单个项目职能领域的战略，如果该单项属于连锁经营的范畴，还要考虑到与同类休闲体育项目经营战略的衔接，如连锁的健身健美项目。单个休闲体育项目经营战略着重考虑与单个项目经营有关的各要素和各环节，划分为单个项目的市场营销战略、人力资源战略、财务战略、投资战略等。单个休闲体育项目经营战略与单个休闲体育项目具体经营策略之间的界限不是很明显，前者侧重于瞄准休闲体育企业的战略目标，站在单个项目长期发展的高度看问题。

参考习题：

1. 企业的管理原理有几条？
2. 休闲体育企业有哪些基本管理方法？
3. 如何认识休闲体育企业的经营战略管理？
4. 休闲体育经营领域划分为几大类？
5. 如何理解休闲体育企业经营战略层次？

第八章　休闲体育企业的目标管理、服务管理和组织管理

本章导航：

☆　了解休闲体育企业的目标管理

☆　认识休闲体育服务管理的功能和主要责任范围

☆　了解休闲体育企业的性质

☆　熟悉休闲体育企业的组织管理

第一节　休闲体育企业的目标管理与服务管理

休闲体育服务，不管是简易的台球馆的运营，还是复杂的攀登 4000m 以上高峰的登山活动，都可以采用目标管理的方法。目标管理是整合个人目标与休闲体育企业总体目标的一种管理手段。目标管理鼓励将员工个人目标与休闲体育企业总体目标互相配合。这是一种员工参与协助管理，以完成休闲体育企业总体目标的管理方式。目标管理基于这种信念，即管理者和员工共同参与将休闲体育企业总体目标转化为员工个人目标，对员工的工作表现和休闲体育企业总体目标的实现有正面的影响。在目标管理过程中，与管理者单方面确立目标并强迫员工接受相比，管理者和员工互相确立和接受目标会使得员工承担更大的责任。员工承担更大的责任后，会建立自己的个人目标，改善自己的工作表现。

一、休闲体育企业目标管理的 5 个步骤

（1）与员工讨论工作要求。

（2）确定员工的工作目标，这一工作目标必须是简明、清晰的，能实现的，具有挑战性的，量化的，与休闲体育企业总体目标相一致的，并且有预期完成日期。

（3）与员工一起讨论目标。

（4）管理者与员工就验收标准互相达成一致意见。

（5）管理者与员工共同对结果进行评估。

目标管理涉及 4 个方面的工作，即契约、授权、结果评估、业绩与报酬及晋升挂钩。

契约是在一定的时间段中，管理者与每个员工达成的各个员工在这段时间中所要完成的任务。员工在接受任务后，积极宣传自己所接受的任务的意义和可行性，并且积极采取措施

完成任务。

授权是指管理者在与员工达成契约后，在很大程度上授权给员工。在契约有效时间内，管理者的主要作用是协助员工完成契约规定的任务。

结果评估是指在契约期结束时，管理者与员工讨论成功和失败的原因。评估结果作为制定下一期契约的根据。

业绩与报酬及晋升挂钩是指评估结果通常会作为确定员工工资、福利和晋升计划的主要参考依据。管理者还可以根据评估结果进行员工数目、经营策略等方面的调整。

二、休闲体育服务管理的功能

休闲体育服务管理的功能可以概括为：计划、组织、人员调配、领导、控制和决定6个要素。

（一）计　划

计划是确定休闲体育的目标，并且选择未来的行动路线去实现这个目标的过程。制订计划包括：

（1）制定休闲体育的目标。

（2）创造实现目标的条件。

（3）选择实现目标的行动路线。

（4）启动将计划转化为行动所需要的活动。

（5）评估计划的结果。

（二）组　织

组织是将员工与他们的任务相互联系起来，以实现休闲体育场所计划目标的过程。这个过程包括对小组和个人进行分工，对小组和个人的工作进行协调。组织还涉及管理权的建立。

（三）人员调配

人员调配是选择、培训、奖励称职的员工，以确保休闲体育企业的计划能够实现的方法。有效的人员调配和人力资源管理还包括创造让员工满意的工作环境。

（四）领　导

领导是刺激小组或个人的积极性，引导他们心甘情愿、和谐地完成计划目标的过程。

（五）控　制

控制是确保休闲体育企业的目标能有效完成的机制。控制包括：

（1）建立标准。

（2）将量化的业绩与所建立的标准进行比较。

（3）发扬优点，改正缺点。

（六）决　定

决定是各级管理部门和各个管理环节的关键工作。休闲体育管理者必须在休闲体育场所的计划、组织、人员调配、领导、控制等各项工作中做出决定。

三、休闲体育服务管理的主要责任范围

休闲体育服务管理的主要责任范围是目标管理、组织管理、服务质量管理、经营效率管理、顾客管理、风险管理、卫生管理、信息管理、人力资源管理、财务管理等，由于目标管理、组织管理、服务质量管理、信息管理、人力资源管理、财务管理在其他章节有专门分析，所以在本节着重讨论经营效率管理、顾客管理、风险管理以及卫生管理。

（一）经营效率管理

不管休闲体育服务的经营管理者采用什么经营策略，都要收集以下几个方面的资料，并根据这些资料做出自己的判断和决定。

1. 休闲体育场地或设施使用率

休闲体育场地或设施使用率既是休闲体育项目管理者经营效益和经营水平的一种反映，更是管理者经营效率的体现。管理者必须对特定的休闲体育场地或设施的使用率进行估算。在估算使用率时，一般使用以下 6 个指标来进行衡量。

（1）休闲体育场地或设施游览人数，指进入特定休闲体育场地或设施的人数（不一定参与活动）。

（2）平均每小时休闲体育活动顾客（参与）人数，指特定休闲体育场地或设施在60min内的活动顾客（参与）人数。

（3）排场率，指特定休闲体育场地（如羽毛球）或设施（如蹦极起跳台）以每小时为一个计量单位计算的场地或设施实际使用率，不同休闲体育场地或设施排场率的高低不太一样。

（4）休闲体育场地或设施周转次数，也叫换场次数，指一个休闲体育场地或设施在特定正常营业时间里所接待的顾客群体（一人或多人）的数量。

（5）单个顾客群体（一人或多人）平均活动持续时间，指单个顾客群体参与某项休闲体育活动平均持续时间长度。

（6）每小时休闲体育活动项目数，指一个人在 60min 参与休闲体育活动项目的数量。估算可以采用算人头数的方法，也可以用抽样的方法（指在综合性休闲体育场所内）。

2. 休闲体育场地或设施预定率

休闲体育场地或设施预定率指在特定时间里，休闲体育场地或设施的预定数占场地或设施总数的百分率。

3. 休闲体育场地或设施的包月率

休闲体育场地或设施的包月率指顾客以预先交纳定金形式包下某个休闲体育场地或设施

的一个月的使用权，或者是一个月内每星期几的场地或设施的使用权，这些包月顾客排场数占每月总排场数的比率。需要提醒的是，因特殊情况包月顾客没来活动其所交定金不予退还。若以一个季度、半年、一年为时间周期包下某个休闲体育设施或场地的使用权，同样可以折做包月计算包月率。

（二）顾客管理

顾客管理的目的是使参加休闲体育活动的顾客在高品质的休闲体育场所中玩得愉快。因此，休闲体育场所要有标记，指引有特定爱好的顾客能方便地找到自己要参加项目的地点。对各种体育健身设施的使用要有专人指导。工作人员要讲究文明礼貌，热心为顾客服务。休闲体育场所的辅助设施，如浴室、小卖部、寄存处、礼品店、餐厅等部门的工作人员也要做好配合，尽量满足顾客的需要。对顾客信息进行管理是十分必要的。将顾客的所有信息存入电脑，结合顾客信息管理，主动营造让顾客身心愉悦的美好环境和氛围，给予顾客无微不至的关照。顾客管理的关键是讲文明礼貌，避免粗暴和野蛮的行为。

（三）风险管理

设施精良的休闲体育场所有时也可能会由于各种不同的原因而发生伤亡事件。因此，休闲体育场所必须进行风险管理。风险管理包括风险预防、损失控制、风险转嫁。休闲体育场所要通过安全检查、职工培训、意外事故处理训练等措施，减少场所出现人员伤亡的可能性。其中应考虑负载能力，即管理者必须要对休闲体育场所或者设施在安全的情况下最大能够容纳多少人做出估算。在日常管理中，根据负载能力控制参加者的数量，使休闲体育活动在安全状态下开展，降低事故发生率。管理者还要考虑通过保险计划使由于各种原因导致伤亡的顾客得到适当的赔偿，这也是风险转嫁的一种方式。

（四）卫生管理

卫生管理也是休闲体育经营与管理过程中十分重要的一个环节。参与休闲体育活动的本质之一是为了健身，假如提供给休闲体育顾客的场所或设施是不干净的甚至是对人体有害的，则背离了休闲体育活动的宗旨。对于休闲体育企业而言，保持卫生间的干净和无臭味是不可忽略的一个方面，它反映出企业的服务质量和管理水平。因此，企业或经营者必须严格执行政府部门规定的标准和要求搞好活动场所卫生。

第二节 休闲体育企业的性质

休闲体育企业的性质有国有企业、联营企业、股份制企业、合资企业、独资企业、私营企业、个体、社团组织、事业单位、其他。

国有企业是指资本全部或主要由国家投入并为国有企业所有，依法设立从事生产经营活动的组织。从广义上讲，国有企业包括国家投资兴建的股份制企业、国有独资公司以及一些适用《中华人民共和国全民所有制工业企业法》并由国家投资的企业形式。

联营企业是指企业之间就商品生产进行联合经营活动而形成的经济联合组织和联合经营关系。其特点是：在自愿的基础上，坚持“扬长避短、形式多样、互利互惠、共同发展”的原则；不受地区、部门、行业界限及所有制限制；可以是专业化协作，也可以是人才、资源、资金、技术和商品购销等方面的联合；一般以大、中型企业为骨干，以优质名牌产品为龙头进行。

股份制企业即股份有限公司，是将公司的资本划分为若干股份，由一定人数以上的有限责任股东所组成的公司。其基本特点是公司的资本总额分为若干股份，由股东分别认领，所有权可自由转让，股东负有限责任等。

合资企业全称是中外合资经营企业，一般又称为股权式合营企业。所谓股权式，就是中外投资者以同一货币来计算投资，又用同一货币计算投资比例，并根据投资比例分配利润和对企业承担责任。其特点是：①外国企业、经济组织和个人与中国企业、经济组织共同投资，按规定外商投资比例一般不低于注册资本的25%；②中外投资者共同经营管理；③中外投资者分享利润，共担风险。

独资企业是指依照《中华人民共和国个人独资企业法》在中国境内设立，由一个自然人投资，全部资产为投资人个人所有，投资人以其个人（或者家庭）财产对企业债务承担无限责任的企业。个人独资企业不具有法人资格。设立独资企业需具备5个要件：①投资人为一个自然人；②有合法的企业名称；③有投资人申报的出资；④有固定的经营场所和必要的经营条件；⑤有必要的从业人员。

私营企业是指由自然人投资设立或由自然人控股，以雇佣劳动为基础的营利性经济组织，包括按照《中华人民共和国公司法》《中华人民共和国合伙企业法》《中华人民共和国私营企业暂行条例》规定登记注册的私营有限责任公司、私营股份有限公司、私营合伙企业和私营独资企业。

个体，也称个体户，是个体私营经营的个体工商户的通俗称谓。

社团组织是依据《社会团体登记管理条例》由社团发起人订立社团内部规章制度，共同管理，共担风险，并对社团承担全部责任的自发的服务性组织。

事业单位是指国家为了社会公益目的，由国家机关举办或者其他组织利用国有资产举办的，从事教育、科研、文化、卫生、体育、新闻出版、广播电视、社会福利、救助减灾、统计调查、技术推广与实验、公用设施管理、物资仓储、监测、勘探与勘察、测绘、检验检测与鉴定、法律服务、资源管理事务、质量技术监督事务、经济监督事务、知识产权事务、公证与认证、信息与咨询、人才交流、就业服务、机关后勤服务等活动的社会服务组织。

其他是指由各类大饭店、大酒店、娱乐场所、休闲中心、商贸中心等附设的休闲体育项目（或称康乐健身项目），从组织性质上，可以将它们看作上述企业的一个下属部门。

我国发达地区和沿海省份在休闲体育经营单位所有制性质方面，有国有性质、私营性质、个体性质、股份制、外商投资等，投资主体正向多元化的方向发展，私营休闲体育企业的数量迅速增加，非公有制经济占主导地位，并且表现出极大的发展潜力。

第三节 休闲体育企业的组织管理

休闲体育企业有很多种形式，尽管大多数休闲体育企业的规模都不大，但麻雀虽小，五脏俱全，组织管理同样是必不可少的。组织一词的意义，如以人为对象，则是把许多人集合起来，发挥团队精神，以实现一个共同目标。

一、组织管理九大原则

（一）目标性

使组织内各部分于企业整体经营目标下能充分发挥能力而达成各自目标。

（二）成长性

考虑企业的业绩经营与持续成长。

（三）稳定性

随着企业成长而逐步调整组织是必要的，但经常的组织、权责、程序变更将使员工信心动摇。

（四）简单化

组织的简单化将有助于内部协调与人力分配。

（五）弹性

保持基本形态，又能配合各种环境条件的变化。

（六）均衡化

各部门业务量的均衡，将有助于内部的平衡与分工。

（七）指挥统一化

一人同时接受两位以上主管管理，将使其产生无所适从的感觉。

（八）权责明确化

权责或职责不清将使工作发生重复或遗漏、推诿现象，易使员工产生挫折感。

（九）作业制度化

明确的制度与标准作业可减少摸索时间，增加作业效率。

二、休闲体育企业的组织结构

设计、建立并保持一种组织结构，基本上是企业高层和人力资源部的职责。具体地说，履行组织工作职责包括如下方面：根据组织目标设计和建立一套组织机构和职位系统；确定职权关系，从而把组织上下左右联系起来；与管理的其他职能相结合，以保证所设计和建立的组织结构有效的运转；根据组织内外部要素的变化，适时地调整组织结构。

根据休闲体育企业经营与管理的特点，休闲体育企业的组织结构大致有以下 3 种。

（一）职能化组织

休闲体育企业的组织结构一般是采用职能组合。职能组合是指将一些人组合起来，这些人执行相似的职能，或提供相似的知识和技能。职能组合的组织可以称为职能化组织。职能化组织设计的最大优点是明确。在职能化组织之下，每一个人都有一个自己的岗位，每一个人都能了解其本身的任务。职能化组织的适用范围是以作业性的工作为主，而某些休闲体育企业恰恰就是如此，如健身中心（图 8－1）。职能化组织是一种具有高度稳定性的组织，它还是极其经济的组织结构，只要少数几个主管人员或部门经理便能维系整个组织的顺畅运行，使所有的人都能专心于他们应做的工作。如果休闲体育企业是一家以经营休闲体育项目为主的单纯性的公司，其组织结构大致如图 8－2 所示。星级饭店的康乐部组织结构（图 8－3）仍然体现职能化的特点，康乐部管辖的项目不仅仅局限在休闲体育项目上，还包括桑拿浴室、KTV、歌舞厅、餐厅、酒吧、电子游乐场等。

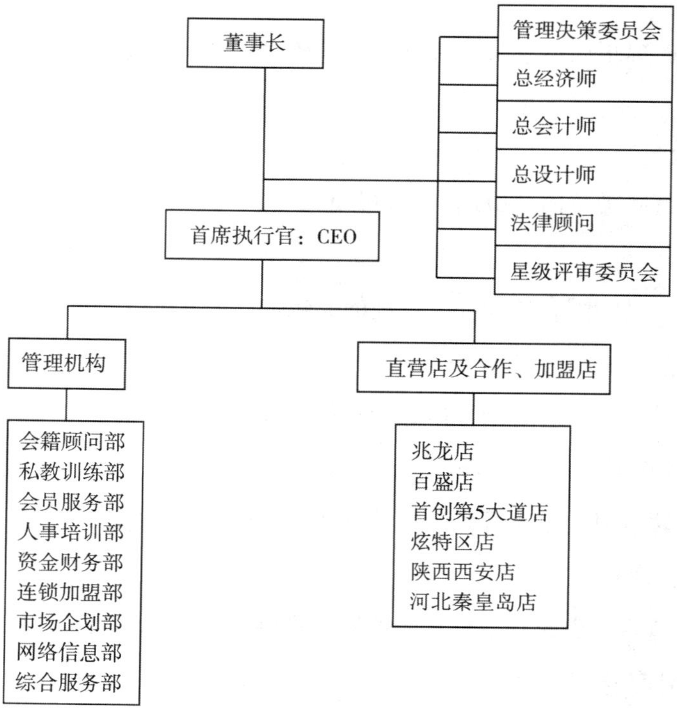

图 8－1　北京青鸟健身中心组织结构图

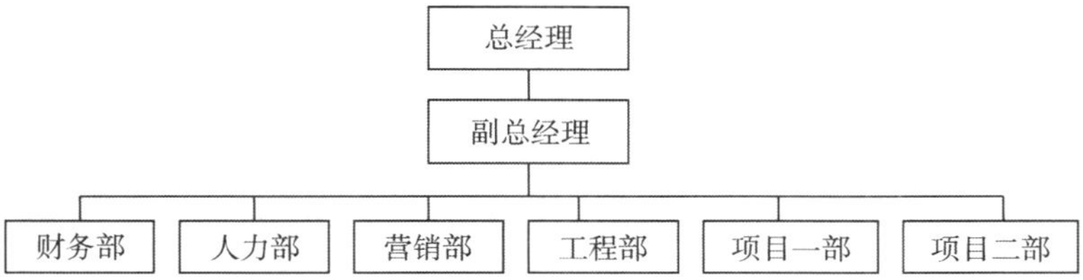

图 8－2　以经营休闲体育项目为主的单纯性公司组织结构图

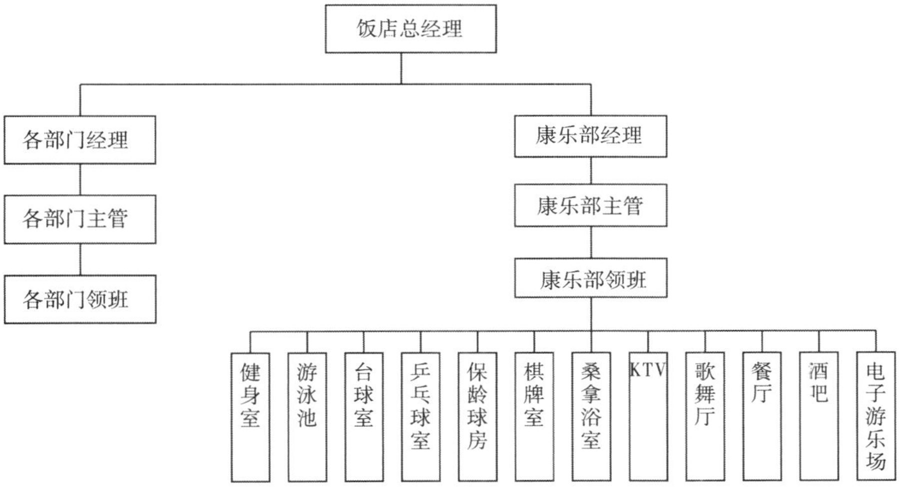

图 8－3　星级饭店的康乐部组织结构图

职能化组织的缺点是不能激发员工的创造性，员工容易形成按部就班的保守工作方式。职能化组织适用于小规模组织，一旦这种组织发展到中等规模，就难免会产生摩擦，接着会产生误会、争执和分成派系，从而降低组织的运行效率。在“沟通”方面，在小规模的职能组织中，沟通情况通常良好。但等发展到中等规模时，问题发生了。那时候，沟通的力量将会大减，人人都成为专家了，都会对自己这门狭小的专业有兴趣了，在企业内部，横向联系越来越弱，企业的协同性受到制约，继而导致企业整体效益的下降。

（二）分权化组织

分权化组织是指在公司之下有一些自立营运的业务单位，每个单位都自行负责其本身的绩效、成果及对公司的贡献。每一单位有其本身的管理阶层，自行经营其单位的业务。这种组织结构，其业务营运是分权化的，但政策管制是集权化的。在分权化组织的形态下，各个业务单位多采用职能化组织的设计原则。休闲体育公司属于服务公司范畴，随着公司规模的扩大，其投资经营的项目将出现散点式布局的特点，此时，分权化组织便能发挥最大的作用（图 8－4）。

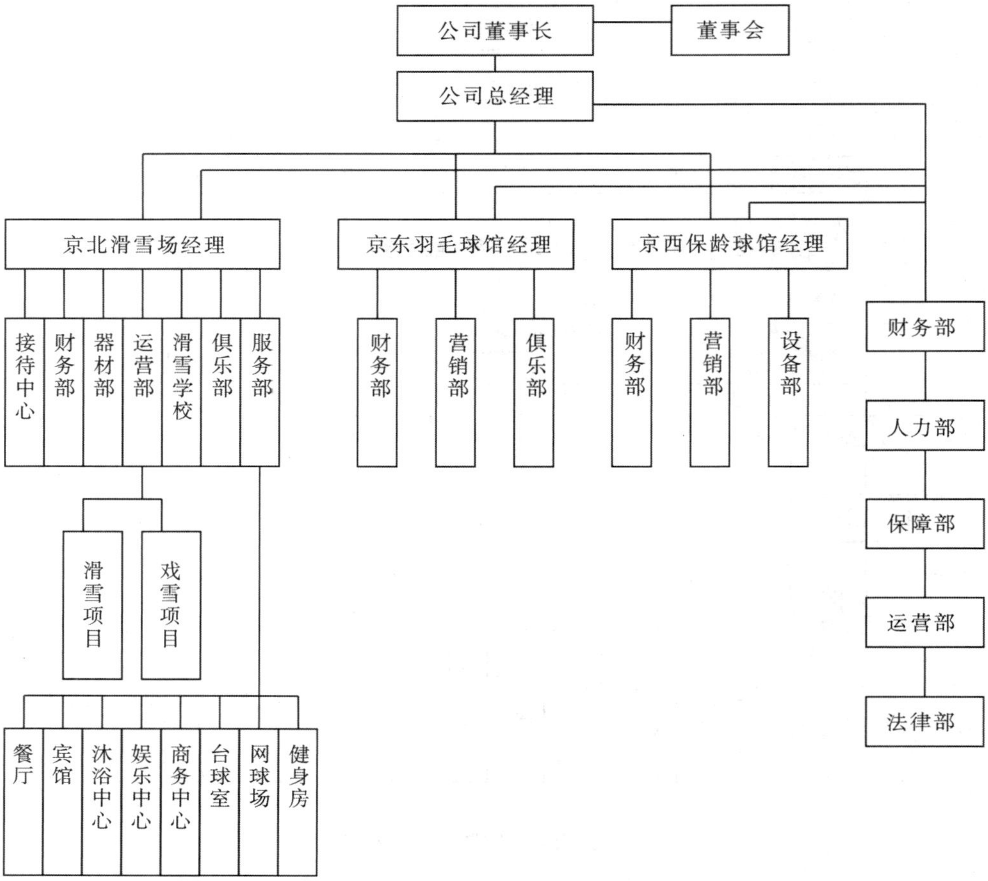

图 8－4　休闲体育企业分权化组织结构图

分权化组织的优点在于：此类组织有高度的明确性及高度的经济性，单位中每一个人员均明确自身的任务及整个企业的任务；该组织形式最有利于经理人的发展，因为他们是处在休闲体育运营的第一线，在实际管理工作中获得丰富的经验，同时提高了他们的责任心，促进权责的结合，提高组织的绩效；分权化组织可以减轻休闲体育企业高层的决策负担，提高高层管理层的管理效率；分权化组织有高度稳定性，但也具有适应性，可以根据需要对单位人员进行适当的调整。

分权化组织设计的前提条件是总公司必须是一个强悍的管理核心，绝不允许各分权单位形成割据的局面。总公司必须掌控三大决策权：第一，各业务单位的投资、市场开拓、主要经营项目内容必须由总公司高层决定；第二，资金的分配必须由总公司高层管理控制；第三，总公司下属各业务单位的重要人力都属于公司的资源，各业务单位经理人和专业人员的派遣和安排由总公司决定。在分权化组织中，各业务单位必须有明确的目标，其绩效必须是可检测的。总公司应该给予各业务单位经理人明确的授权，总公司高层不得干预各业务单位权限内的运营。

（三）小团队结构

所谓团队，乃由一群不同背景、不同技能及不同知识的人员所组成，通常人数不多。他们分别选自组织中的不同部门。组成团队后，他们共为某一特殊的任务而工作。由于休闲体育企业下辖的团队的规模都不大，所以冠以“小团队”之称。况且，精悍也是这种组织结构的长处之一。小团队通常有一人为领导人，在团队的存在期间，长期为团队的领导人。休闲体育企业在遇到临时任务时，采用组成小团队的方式十分有效，比如：承包游泳池，或短期承包某个休闲体育场所。小团队结构的优点还在于每个团队成员十分明确自己的岗位职责，能够对团队整体负责，团队易于接受新观念和新的工作方式，因此，小团队具有极大的适应性。小团队结构的缺点是对小团队领导人能力的要求非常高，倘若领导人无能，则小团队就会一盘散沙。小团队结构要求每个成员高度自律并富有责任感。（图 8－5）

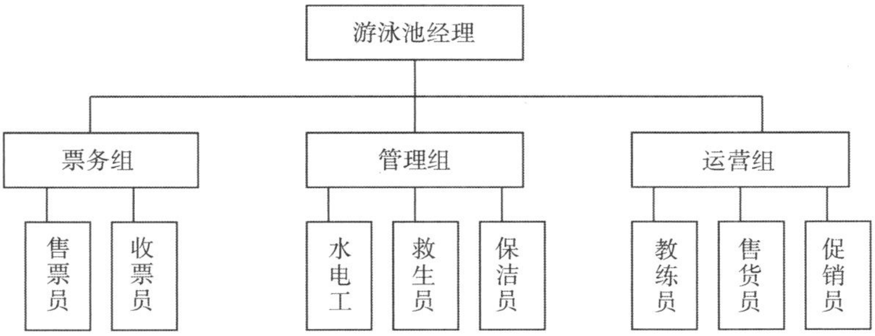

图 8－5 休闲体育企业小团队组织结构图

三、休闲体育企业的授权、管理幅度和管理层次

（一）授权

授权是指确定休闲体育企业组织中各类人员需承担的责任范围，并赋予其使用组织资源所必需的权力。授权发生于组织中两个相互连接的管理层次之间，责任和权力都是由上级授予的。授权时应注意的问题：首先，责任和权力必须明确和相互适应。权责不明确容易产生无政府状态，组织中会出现摩擦和扯皮现象。权责不适应也是十分有害的，有权无责或权大责小，容易产生不负责任的瞎指挥和滥用权力；有责无权或责大权小将打击下级的工作热情。因此，上级在给下级委派职责的同时，就应授予相应的权力，防止责权分离现象的出现。其次，应避免双重隶属关系的授权，在纵向管理系统中，上、下级之间应形成单线式的指挥链，这一指挥链反映了上、下级的权限、责任及联系渠道。在授权过程中任何一个下级只能有一个上级，他不能受到一个以上上级的直接授权，否则，很容易产生指挥的混乱，使下级陷入困境。同时，也不允许上级越级授权，否则，同样会造成上、下级之间指挥关系的混乱。最后，要培养授权者的民主作风。在授权过程中，上级要善于听取下级意见，要信任下级，大胆放手让下级在授权范围内创造性地进入活动，在存在风险的条件下，允许下级犯错误并勇于为下级承担责任。

（二）管理幅度和管理层次

管理幅度是指一个管理人员能有效地直接领导和控制的下级人员数，管理层次是指组织内纵向管理系统所划分的等级数，一般情况下，管理幅度和管理层次成反比关系。扩大管理幅度，有可能减少管理层次；反之，缩小管理幅度，就有可能增加管理层次。越往上层，决策性和组织性的工作越多，需要更多的调查研究和分析思考，因而管理幅度应小些；越往下层，执行力和日常性工作越多，因而管理幅度可以大些。随着管理组织不断革新和发展，采用管理幅度较宽、管理层次较少的结构（扁平结构）的企业越来越多，其优点是管理费用较低、信息沟通方便，有利于发挥下级的积极性；缺点是不易实施严格控制，对下属组织人员的相互协调较为困难。休闲体育企业组织的管理幅度一般在 2 ~ 8 人，管理层次在 2 ~ 5 层，通常为 3 层。

参考习题：

1. 如何认识休闲体育企业的目标管理？
2. 休闲体育服务管理的功能有哪些？
3. 休闲体育服务管理的主要责任范围包括哪些内容？
4. 休闲体育企业的经营效率管理涉及哪些指标？
5. 休闲体育企业有哪些性质类型？
6. 休闲体育企业的组织结构有哪几种？它们分别有什么特点？
7. 如何认识休闲体育企业的授权、管理幅度和管理层次？

第九章　休闲体育企业的财务管理和信息管理

本章导航：

☆　了解休闲体育企业财务管理目标和财务管理内容

☆　知晓休闲体育企业财务管理的新要求

☆　学会休闲体育企业营业收入的管理

☆　掌握休闲体育企业利润和成本费用的管理

☆　熟悉休闲体育企业信息管理的意义和类别

☆　了解休闲体育企业采用的电子信息管理系统

第一节　休闲体育企业财务管理目标和财务管理内容

休闲体育企业可分为国有和私营等休闲体育企业。鉴于目前我国还处于社会主义市场经济的初级阶段，这些国有休闲体育企业可以采用自主经营、对外发包（承包）、托管、租赁等形式开展有效运营。而私营性质的休闲体育企业，则根据市场规律进行经营。从国家政策和企业发展走向看，无论是国有的还是私营性质的休闲体育企业，都离不开企业财务活动，即资金的筹集、投放、使用、回收及分配等一系列行为，所有企业都需要实行财务管理。

财务管理是企业管理的一个组成部分，它是根据财经法规制度，按照财务管理的原则，组织企业财务活动，处理财务关系的一项经济管理工作。财务管理作为企业管理的组成部分，与经济价值或财富的保值增值有关，是关于创造财富的决策。

财务管理目标是在特定的理财环境中，通过组织财务活动、处理财务关系所要达到的目的。一方面，企业生存、发展、获利的总目标离不开财务的筹资、投资以及对资金的运用管理。另一方面，财务管理目标是制定服务目标等一系列目标的基础和前提，这使财务管理在企业管理中处于一个核心地位，财务管理目标将从根本上反映企业的总目标。所以，确立一个合理的财务管理目标对企业的长远发展有着重要的意义。

一、休闲体育企业财务管理目标 3 种模式

（一）利润最大化模式

利润额是企业在一定期间全部收入和全部费用的差额，是按照收入与费用配比原则加以

计算的，在一定程度上体现了经济效益的高低。利润代表了企业新创造的财富，既是投资者获得红利的来源，也是企业补充资本、扩大经营规模的源泉。因此，以利润最大化作为财务管理目标有其合理性。休闲体育企业运营的项目中有相当一部分属于短期项目或季节性项目，如游泳、潜水、滑雪、滑冰等，在这些短期项目或季节性项目的财务管理中追求利润最大化不仅体现出效益还反映出经营的效率。

但是，利润最大化没有考虑资金的时间价值。对于相同的现金流入来说，时间越早的价值越大。例如，今年获利 50 万元和明年获利 50 万元对企业的影响是不同的，更不同于后年获利 50 万元对企业造成的影响。利润最大化中的利润额是一个绝对数，没有考虑所获得利润和投入资本额的匹配关系。例如，两家健身房同样获利 100 万元，一家投入 500 万元，另一个家投入 800 万元就是明显的例子。其没有考虑获取利润所承担风险的大小。同样投入 500 万元，本年获利 100 万元的两个企业，一个获利已全部转化为现金，不存在发生 坏账的风险；另一个企业全部是账龄 2 年以上的应收账款，可能发生坏账损失。显然，若不考虑风险，则难以做出正确判断。一般而言，报酬越高，风险越大。追求利润最大化，往往会增加企业经营风险。因此，以利润最大化作为企业的财务管理目标存在一定的片面性。

（二）价值最大化模式

休闲体育经营者创办企业的目的是扩大财富，因而企业价值最大化就是经营者财富最大化。实际上，这里的企业价值是以经营者价值为主体的，应是多方利益主体价值的总和，企业价值最大化的财务管理目标考虑了除经营者股东以外的各相关利益主体，使企业总价值更大，这有利于休闲体育企业可持续发展或长期稳定发展。价值最大化还充分考虑了取得报酬的时间因素和利用资金时间价值原理，同时由于考虑了风险与报酬之间的联系，能有效地克服财务管理人员不顾风险大小、片面追求利润的错误倾向。因此，价值最大化有其合理性。

（三）资本利润率最大化模式

资本利润率是税后净利润与权益资本的比率。该指标把企业实现的利润同投入的资本进行对比，能够说明企业的盈利率，可用于对不同资本规模企业的横向比较，或同一企业不同期间的纵向比较，以便揭示盈利水平存在的差异，但该指标没有考虑风险因素，也没有考虑资金的时间价值。

休闲体育企业财务管理目标的确立受到休闲体育经营者对财务目标认识这个内部因素的影响，同时也受到政策法规、同行竞争等外部因素的影响。由于休闲体育企业是属于经营者的，因此财务管理目标是经营者确立的。在没有外部条件的影响下，休闲体育经营者确立什么样的财务管理目标反映了其对休闲体育企业财务认识的深浅。

二、休闲体育企业财务管理的基本内容

休闲体育企业财务管理的基本内容有资金管理、盈利管理、筹资管理、投资管理、税费管理（包括各项税收优惠政策的利用）。

（一）资金管理

休闲体育企业的资金管理应主要抓住节约资金成本、降低资金占用、加快资金周转、提高资金使用效益。同时，休闲体育企业应合理配置资金，即通过资金活动的组织和调节来保证各项物质资源保持合理的比例关系。

（二）盈利管理

扩大盈利有两种途径：一种是提高价格，另一种是降低成本费用。在价格管理方面，决定休闲体育服务价格的因素有很多，休闲体育企业经营者应根据休闲体育企业的具体情况，做出符合休闲体育企业发展方向的决定。在初创时期，为了挤进已有市场，休闲体育企业应当采取较低的服务价格，以扩大市场份额，在服务产品、品牌得到市场认可的情况下，逐渐完成价格回归；对具有鲜明特点、市场接受愿望强烈的休闲体育服务产品，应当提高价格，以在短期内获得高额利润。在其他类似的休闲体育服务产品进入市场时，逐渐调低价格，对其他产品进行挤压，争取更大的市场份额。在成本费用管理方面，由于成本费用管理涉及企业经营的全过程，涉及每一个员工，因而要科学预测、准确判断、合理安排。企业的盈利是收入减去各项成本耗费的剩余。休闲体育企业的成本耗费包括人工成本、能源成本、借款利息、营销费用、日常管理费用、场馆（所）和器械大维修费用、其他成本费用等。

（三）筹资管理

企业筹资是指企业根据其经营、对外投资及调整资金结构等活动对资金的需要，通过一定的渠道，采取适当的方式，获取所需资金的一种行为。在筹资时，休闲体育企业应当选择资金成本较低的方式，加大资金计划管理，提高资金使用效率；应当考虑资金回报和资金成本之间的比率，严格控制贷款规模的过度膨胀；在金融业竞争加剧的情况下，休闲体育企业应当充分考虑各商业银行在不同种类业务上的不同条件和优惠，利用各种新型金融工具，趋利避害，降低筹资成本。若从筹资的宏观角度考虑，休闲体育企业则需要对金融市场有全面的认识。金融市场是资金融通的场所，即资金供应者和资金需求者双方通过某种形式融通资金的场所。金融市场按照交易对象可以分成以下不同的类型，如图 9－1 所示。当前休闲体育企业的投资规模越来越大，筹资已成为休闲体育企业十分重要的一环。从现实利益出发，目前绝大多数休闲体育企业是通过短期借贷市场筹资。

（四）投资管理

休闲体育企业应当对投资活动持有慎重的态度，制定严格的管理程序，加大现金流的分析，做好现金流入、流出的预测，不仅要编制投资回收预测，而且要编制现金回收预测，充分考虑投资过程的风险，保证投资资金的安全和有效增值，实现投资决策的科学化和经营管理的规范化、制度化，使休闲体育企业在竞争激烈的市场经济条件下稳健发展，赢取良好的社会效益和经济效益。

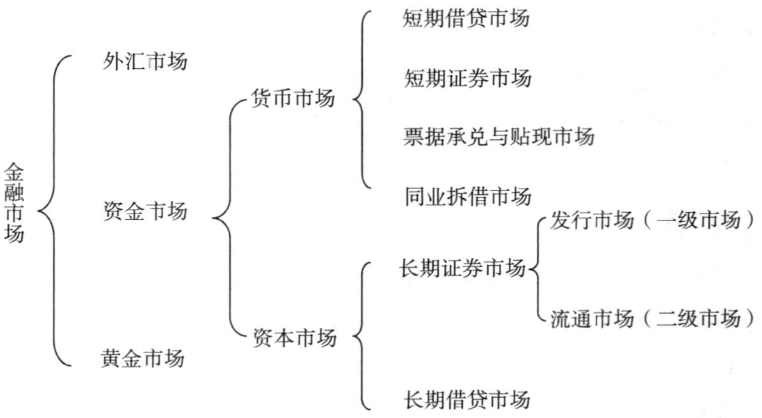

图9－1　金融市场按交易对象分类

（五）税费管理

税费管理是指在依法纳税的前提下，利用国家各项税收优惠政策，科学合理避税。当前，国家经济处于转型期，为了促进经济转型，国家和地方出台了很多优惠政策和条款，休闲体育企业应当抓住机会，采取合理、合法的方式，充分利用优惠政策，采取节税措施，降低休闲体育企业税负，增强休闲体育企业发展后劲。现在，各种经济类法律、法规更新很快，休闲体育企业应当注意收集、研究各项政策规定，充分利用政策赋予休闲体育企业的权利，并指导具体核算的人员进行日常工作，避免因政策理解错误导致的休闲体育企业损失。

三、休闲体育企业财务管理新要求

现代企业制度的特征是产权明晰、权责明确、管理科学。现代企业制度的组织形式是多元化、多角化、集团化经营，并且日益呈现大规模、跨行业、跨地区乃至跨国化的经营趋势。现代企业的上述特点，对我国休闲体育企业现行的财务管理提出了新的要求。

（一）建立适应现代企业特点的财务会计管理体制

由于现代休闲体育企业的经营范围广、分支机构多、资金流通环节多、资金流量大，休闲体育企业必须适当集中财权，强化管理。大额资金调度权、资产处置权、投资权、收益分配权、财务人员的任免权都要集中在总机构身上。适当划分各级管理权限，费用计划管理，资金有偿使用。各分支机构只有经营权和小额权限资金调度权。

（二）健全内部机制，强化财务监管

休闲体育企业财务管理制度要健全统一，执行要有刚性，检查、监管要到位。实行目标管理，健全激励机制。目标管理是一种以考核最终成果为核心的现代管理方式，实现对下属分支机构的绩效评价与控制，是理想的激励方式，同时又是一种强制约束机制。

（三）建立适应现代企业特点的财务会计组织机构

大型休闲体育企业通常在总经理下设与副总经理平行的总会计师，负责分管企业财务会

计工作，同时在总公司设一名出纳员。若下属分支机构达到中等规模，则分设会计和出纳两名。小规模分支机构只设一名会计即可。

（四）尽量统一采购物资

休闲体育企业应尽量统一采购物资以利于降低采购成本，加速资金周转，缩短采购时间，避免采购人员犯错误。

（五）对营业收入制定严格的标准或程序

休闲体育企业的营业收入应从计价方式、结算方式、控制手段上制定严格、明确的标准或程序，尽可能杜绝各种漏洞的出现。同时，还要考虑顾客结算的便捷，考虑向上级机构上报并上交营业收入的准确、清晰、快捷。

第二节 休闲体育企业营业收入和利润的管理

一、休闲体育企业营业收入的分类

营业收入的管理是休闲体育企业经营管理中的一个重点和难点。由于休闲体育企业的主营项目多，加上附设的服务项目，每个项目又由若干个环节组成，每个顾客消费又千差万别，很容易造成营业收入上的混乱。尽管目前大多数休闲体育企业采用了电子管理系统，但是这些系统仍然存在一些不完善的地方，存在操作上的漏洞。为了更好地管理营业收入，有必要对休闲体育企业的营业收入进行分类，厘清头绪，结合电子管理系统进行有效的控制和监督。

（一）按营业收入登记方法分

1. 采用电脑输入的电子管理系统

采用电子管理系统登记比传统方法高效、规范、准确，便于结算，有利于登记操作过程的监控和核查。

2. 传统的用笔登记方法

传统的用笔登记方法在小型休闲体育企业仍然被采用，这种方法成本低、操作简便，便于对特殊情况处置的描述。

（二）按计价方法分

休闲体育企业在计算顾客消费额时，采用不同的计量单位，从而产生不同的计价方式。

1. 计时收入

按顾客消费时间来收费而带来的收入，如打羽毛球，打球 1 小时收费 30 元，就是采用按时间收费。

2. 计量收入

按顾客使用服务项目或消费产品数量来收费而带来的收入，如打高尔夫球，打一杆收费50元，其他如饮料、体育用品等都采用计量收费方式进行收费。

3. 人次收入

按顾客消费人数和次数来收费而带来的收入，如游泳、健身房健身、滑雪、滑冰等项目。

（三）按收入来源分

休闲体育项目种类很多，每个休闲体育企业都会有特别擅长的主营项目，这些项目也是企业收入的主要来源。同时，休闲体育企业还经营一些次要项目和附设服务项目。按收入来源分：

（1）主营项目收入来源。

（2）次要项目收入来源。

（3）附设服务项目收入来源。

以大、中型健身俱乐部为例，健身俱乐部主营项目收入来源是健美操、力量器械、动感单车、跑步机、瑜伽等，次要项目收入来源是游泳池、乒乓球、台球、沙弧球等，附设服务项目收入来源是指桑拿、美容、健美用品销售、运动饮料和食品销售等。

（四）按营销方式分

休闲体育企业在营销过程中使用恰当的收费方式，能起到促销的效果。按营销方式可分为以下两种。

1. 包价收入

休闲体育企业对顾客消费多项服务或多次服务一次性收费的收入，如健身俱乐部的销售年卡的收入。

2. 单项收入

顾客进行单项服务消费按单项收入累加合计收费的收入。

（五）按服务对象组团与否分

按服务对象组团与否可以将顾客分成团体服务对象与零散服务对象，因此，营业收入也可以相应划分为以下两种。

1. 团体收入

顾客以团体形式参与休闲体育企业服务项目的消费而给企业带来的收入。

2. 零散收入

顾客以个人或小批量形式参与休闲体育企业服务项目的消费而给企业带来的收入。

（六）按结算方式分

1. 预收结算

会员制会员一次入会交清会费。

2. 现收结算

顾客消费后当场支付费用。

3. 事后结算

顾客消费后或消费若干次后一并支付费用。

（七）按支付方式分

（1）微信结算。

（2）支付宝结算。

（3）现金结算。

（4）转账结算。

（5）银行卡（信用卡、普通储蓄卡）结算。

（6）其他方式结算。

（八）按结算货币形式分

（1）人民币结算。

（2）外汇结算。

二、休闲体育企业营业收入有效控制的方法

休闲体育企业营业收入有效控制的方法，是指在休闲体育企业运营过程中在营业收入这个环节上采用各种有效措施，保证营业收入程序顺畅运转，堵塞漏洞，预防收入流失。

（一）目标管理与财务指标相结合的方法

休闲体育企业的目标管理体现在财务的重要方面就是对各个分支机构的营业收入制定出合理的指标，并定期检查完成情况。将营业收入指标与负责人岗位责任、员工绩效评估以及奖惩制度相挂钩。与此同时，还要制定出成本费用目标并进行监督和控制。

（二）授权性控制的方法

休闲体育企业各级人员必须获得批准和授权，才能执行有关经济业务。对需提供免费和折价服务的项目，需由有关休闲体育企业总制度或经理授权方可执行。例如，对会员的免费或折价服务项目就是制度授权给收银员的。对一些特殊顾客，需经理授权并凭授权经理签字的免费及折价申请表进行免费或折价消费。

（三）职责明确相互制约的方法

在休闲体育企业中某几种相互有关的岗位如服务员与收银员、会计与出纳等不能由一个人承担，这样可以避免个人制造假账或避免掩盖出现的差错与弊端。

（四）收费结算程序标准化控制的方法

在休闲体育企业各项目运营的过程中，将与营业收入有关的重复出现的经济业务按照其计价方式，制定其收费结算的标准化程序。员工必须严格按照这种收费结算程序的标准

执行。

（五）可靠性管理控制营业收入的方法

这里所讲的可靠性是针对会计信息是否可靠而言。具体控制方法，如每日收银员要向财务部或会计以表格形式报告营业收入信息，其中包括各种收入情况和支付情况，这个信息是否可靠，要通过各个项目的提供人员每日的报表情况核对后方知。这就要求休闲体育企业必须有严格的制度保证会计信息的可靠性，从而加强营业收入的整体控制。

三、休闲体育企业营业收入的控制程序

（一）休闲体育企业营业收入控制程序的原则

1. 遵循方便顾客的原则

顾客永远是上帝，首先要让顾客在休闲体育企业消费过程中享受到被服务的快乐，而不要陷入企业烦琐的业务程序中。

2. 确保高效率地结算的原则

在财务管理上尽可能使用先进设备，以提高工作效率。充分利用电脑中安装的电子管理系统进行核算。

3. 各环节相互控制的原则

整个营业收入过程环环相扣，互相控制，同时，让每个环节的收入与总收入记录一致。

4. 把握重点的原则

对收入的各个环节进行详细的划分，区别重点和非重点，紧紧把握重点环节，便于核对工作的进行。

5. 因地制宜、灵活设计的原则

根据休闲体育企业经营项目的具体情况设计程序。

（二）休闲体育企业营业收入控制程序的设计

休闲体育企业营业收入控制程序的设计应根据不同的计价方式设计不同的程序。

1. 公司 App 或网站结合内部电子管理系统联网计时计价和计量计价并用方式营业收入的一般控制程序

顾客直接通过 App 或公司网站预订，在结算方式上有预收结算、交纳押金、现收结算、事后结算等。App 或公司网站联网公司内部电子管理系统。

程序一：顾客直接通过 App 或公司网站预订。这里的预订既指预订场地，也指预订私教等。通常采用交费订场的方式。若在休闲体育场所有进行实物商品消费，待离场再进行结算。服务员应及时跟踪顾客的消费情况。当日下班之前，服务员应对线上和线下所有转入的营业收入情况进行统计汇总，并将当日所有收入上交。

程序一的简化式：通过 App 线上预订（通常预先结算）→进场参与性体育消费和商品消费→现收结算或事后结算→日营业收入统计→报表缴款。

2. 计时计价方式营业收入的一般控制程序

程序二：采用刷卡式电子管理系统，多用于单个羽毛球馆、健身房、网球场、乒乓球馆、台球厅等。当顾客开始消费之时，服务员将顾客持有的VIP磁卡或充值卡在刷卡器上刷过，在电脑里自动记录顾客到场时间，至运动结束后再刷一次，用于顾客消费结算。充值、单次运动消费、商品销售等，都要在电子管理系统中体现出来。当日下班之前，服务员应对输入的营业收入情况进行统计汇总，并将当日收入打印出来，连同当日的营业款交给部门经理或财会部门。

程序二的简化式：进场刷卡→离场刷卡（充值收银）→打印账单→日营业收入统计→报表缴款。

程序三：适用于星级酒店康乐部和游乐中心等多项目健身娱乐场所。顾客到达时，在总台（服务台）的服务员用笔登记或用电脑记录顾客到达时间，顾客消费后，由服务员开收款单，一式两联，第一联服务员留存，第二联交收银员凭单收款，并加盖现金收讫章，输入电脑，同时给顾客打出账单。当日下班之前，由收银员按收款单、账单逐笔登记营业收入日报表，当日收入总额与现金、信用卡、顾客挂账核对后，开缴款单连同现金有关单据封包后交前台。总收银拆封后与日报表、现金等清点核对无误后送财会部门入账。

程序三的简化式：服务员开单→收银员凭单收银→打印账单→登记日营业收入报表→核对→报表缴款。

3. 计量计价方式营业收入的一般控制程序

计量计价方式主要出现在商品销售上，个别休闲体育服务项目也采用计量的方法。

程序四：常见于售票式一次性消费结算的休闲体育企业，如潜水、蹦极、漂流等。顾客首先到售票窗口购票，由工作人员检票后开始参加项目活动。工作人员检票时必须留下票根，以便与售票窗口的票根核对。当日营业结束，售票员将票根和票款核对后，进行报表登记，将票款和票根统一交给经理。

程序四的简化式：顾客购票→售票员留置票根→检票→票根票款核对→报表登记→上交票根票款。

程序五：主要适用于饮料、食品、体育用品等商品的销售。结合电子管理系统，将销售情况及时输入电脑里该顾客的运动项目消费（计时计价）同页表格中，以便于顾客最后结算，输入电脑的方法有条码扫描器输入、手工输入等。当日营业结束，必须对商品余货和销量进行核对，若出现误差，由相应人员承担责任并按照零售价补偿，用电子管理系统分别统计出当日的各款商品销量和商品营业收入，并将营业款上交。

程序五的简化式：顾客选择商品→输入系统→顾客刷卡或现金结算→商品余货和销量核对→误差补偿→报表缴款。

程序六：主要适用于饮料、食品、体育用品等商品的销售。顾客参与售票式一次性消费结算的休闲体育项目的活动时，在活动场所购买的商品以微信、支付宝结算，也可以现金结算。当日营业结束，必须对商品余货和销量进行核对，若出现误差，由相应人员承担责任并按照零售价补偿，填好报表后将报表和营业款一并上交。

程序六的简化式：顾客选择商品→微信、支付宝、现金结算→登记→商品余货和销量核对→误差补偿→报表缴款。

（三）休闲体育企业营业收入管理要点

1. 制定合理的收费标准

休闲体育企业在综合考虑各种影响定价的因素后，制定出各个服务项目的收费标准。收费标准包括各服务项目的单项收费标准、综合收费标准和团体消费标准以及多次消费标准。

下面列出两个休闲体育企业或部门制定的收费标准。（表9－1、表9－2）

表9－1　某五星级酒店健体中心收费标准

类别	年卡	半年卡	月卡
单人	8000元	5000元	1000元
家庭套餐（1＋1）	13000元	8500元	1800元
家庭套餐（2＋1）	16500元	10500元	2500元
附带3～18岁孩子	4000元	2500元	7500元
交际卡（无记名，一天只限一次）	11000元	6800元	1500元
5人团体或以上	6000元/人	3800元/人	800元/人
10人团体或以上	5000元/人	3200元/人	600元/人
周一至周五上午9点到下午4点	5500元/人	3500元/人	780元/人
类别	收费		
散客	150元/（天·人）		
散客附带	60元/（天·人）		
网球场	58元/小时（上午7点到下午5点）	78元/小时（下午5点到晚上11点）	

表9－2　海南三亚大东海潜水收费标准

玩转大东海精品潜水基地套餐	价格
暗礁珊瑚潜水	420元/人（含船票）
福如东海长寿岸潜水	320元/人
东海探险夜潜	680元/人
东海浪漫浮潜	180元/人
刺激海上套票	价格
东海潜水＋摩托艇	450元/人
东海潜水＋拖曳伞	600元/人
东海潜水＋香蕉船	350元/人
东海潜水＋动力伞	630元/人
东海潜水＋摩托艇＋拖伞＋香蕉船	800元/人

2. 选择恰当的收费方式

收费方式包括预先收费、即时收费、消费后收费、定期收费、折价消费、免费消费等。

（1）预先收费。

预先收费是对网上预订的顾客或会员预先收费。此外，包年、包半年、包季、包月的VIP顾客也是实行的预先收费方式。当顾客付费后，休闲体育企业必须付给这些顾客具有纪念意义并显示顾客特殊身份地位的凭证，如VIP消费卡、季度优惠卡、20次优惠卡等。

（2）即时收费。

即时收费是在一次性消费特色项目或体育旅游类项目中采用。此外，在一次性售票式项目运营过程中销售商品时也采用这种收费方式。

（3）消费后收费。

消费后收费是针对一些临时参与或零散的顾客，在顾客消费后以不同方式结算。

（4）定期收费。

定期收费是针对一些长期业务往来或有较好信誉或有特殊关系的消费团体或个人，预先约定某一段时间收费，如一个月结算一次或一个季度结算一次。

（5）折价消费。

折价消费分成3种：第一种是持有优惠卡的顾客享受折价消费，第二种是某些具有特殊背景或特殊关系并且经过经理特批的顾客享受折价消费，第三种是企业在消费淡季或消费冷淡时段以促销方式推出的折价消费。

（6）免费消费。

免费消费既是一种促销手段，又是一种给予特殊消费对象的特殊待遇。顾客提出免费消费，必须出示免费消费凭证。休闲体育企业采用免费消费应慎之又慎，以免让顾客养成习惯或形成思维定式。

休闲体育企业制定的各种收费标准和收费方式应考虑到所经营的项目、市场情况、促销方式等，还要将所有的收费标准和收费方式输入企业使用的电子管理系统中，尽可能提高收费的速度，力争收费的综合效益最大化。

3. 熟练使用各种结算方式

休闲体育企业经营场所常见的结算方式有微信、支付宝、现金、信用卡、充值卡、支票、转账、汇票等。无论采用哪种结算方式，结算速度都很重要，它反映出一个企业的管理水平和服务质量，所以，收银员和员工必须熟练掌握和使用各种结算方式。

（1）微信结算。

无论是网上结算还是线下结算，微信结算是最便捷的结算方式之一。微信支付是腾讯公司推出的一种货币支付方式。

（2）支付宝结算。

无论是网上结算还是线下结算，支付宝结算是最便捷的结算方式之一。支付宝支付是阿里巴巴公司推出的一种货币支付方式。

（3）现金结算。

在现金结算过程中，应预防收进假钞，收银员必须掌握各种辨别假钞的方法。

（4）信用卡结算。

收银员应了解各种信用卡的授权限额等相关规定，注意预防信用卡诈骗。

（5）充值卡结算。

许多休闲体育企业采用了电子管理系统，这些系统往往配置读写器和可充值的磁卡，如M1 卡、接触式 IC 卡等。顾客可随时往卡中充值，并使用充值卡进行结算。

（6）支票结算。

这种结算方式在一般休闲体育企业很少见，但在高尔夫球场，还是有人使用支票进行消费结算。

（7）转账结算。

有相当部分的休闲体育活动是企事业单位的组织活动，他们结算方式之一是转账。休闲体育企业必须有自己的账户和账号，消费的单位可以将消费款直接打入休闲体育企业的账户。

（8）汇票结算。

汇票是出票人签发的，委托付款人在见票时或者在指定日期无条件支付确定的金额给收款人或者持票人的票据。汇票是国际结算中使用最广泛的一种信用工具。多见于五星级酒店康乐部消费结算。

四、休闲体育企业利润的管理

利润是企业经营收入扣除成本和税金以后的余额。休闲体育企业经营管理的主要目的在于追求利润。

（一）休闲体育企业利润的构成

休闲体育企业利润由营业利润、投资净收益、营业外收支净额 3 项构成。通过对休闲体育企业利润指标的考核和比较，结合营业收入分析，能够综合地反映出休闲体育企业在某段时期内取得的经济效益。

1. 营业利润

营业利润是指营业收入扣除营业成本、营业费用、营业税金、管理费用和财务费用后的净额。

2. 投资净收益

投资净收益是指投资收益扣除投资损失后的数额。投资收益包括对外投资分得的利润、取得的股利、债券利息、投资到期收回或中途转让取得的款项高于或低于投资资产账面净值的差额。

3. 营业外收支净额

营业外收支净额是营业外收入减营业外支出的净额。营业外收入包括固定资产盘盈和变卖的净收益、罚款净收入、确实无法支付而按规定程度经批准后转做营业外收入的应付款、礼品折价收入、其他收入等。营业外支出包括固定资产盘亏和毁损、报废的净损失、非常损失、赔偿金、违约金、罚金、公益救济性捐款等。

（二）休闲体育企业利润的主要评定指标

1. 利润总额

$$利润总额 = 营业利润 + 投资净收益 + 营业外收支净额$$

这个指标反映休闲体育企业在一定时期内投资和经营收益的总体情况。假如将本期利润总额同本期的计划利润指标进行对比，计算完成计划百分比，可以得知本期实际完成计划的情况。

2. 利润增长（减少）率

$$利润增长（减少）率 = \frac{利润增长（减少）额}{上一期利润总额} \times 100\%$$

该指标的意义在于通过纵向环比，可以动态地判断休闲体育企业投资和经营状况的优劣。

3. 经营利润率

经营利润率是指利润总额占营业收入的百分比。

$$经营利润率 = \frac{利润总额}{营业收入} \times 100\%$$

经营利润率指标可以同时反映休闲体育企业经营业绩和经营效率。在正常情况下，营业收入与利润总额是成正比关系的。因为除直接费用外，间接费用基本上是很少变动的。因此，营业收入额越大，费用率就相对越低，而利润总额就越大，因而利润相应会增加；反之，营业收入额减少，利润必然减少。因此，扩大营业收入是提高企业盈利的主要途径。

4. 资金利润率

资金利润率是指每百元资金（包括固定资金和流动资金）所获得的利润多少。

$$资金利润率 = \frac{利润总额}{固定资金平均占用额 + 流动资金平均占用额} \times 100\%$$

资金利润率与利润总额成正比，与资金占用额成反比，即在资金占用不变动的前提下，利润总额越大，资金利润率越高；在利润总额不变的情况下，资金占用额越多，资金利润率就越低。这一指标可以反映休闲体育企业资金使用效果优劣情况，通过对比，可以发现资金使用问题，有助于休闲体育企业改善管理、节约使用资金、加速资金周转、提高盈利水平。

5. 人均利润率

人均利润率是指企业职工人数与利润总额之比率，表明企业每个职工平均创利水平。

$$人均利润率 = \frac{利润总额}{职工总人数}$$

企业人均利润率水平与劳动效率高低有密切关系，即劳动效率越高，人均所创造利润就越高。

（三）休闲体育企业增加利润和管理利润的诀窍

1. 提高项目吸引力，满足顾客需求

休闲体育企业作为服务行业，提高项目吸引力，满足顾客需求，令顾客乐于前来消费，使休闲体育设施得到充分合理的利用，增加营业收入，这是增加利润的最主要途径。同时，根据设备设施实际情况、企业实力和当地消费水平，合理制定收费标准，尽可能提高设备设施的使用率，争取回头客和长期固定的VIP忠诚顾客，通过采用各种营销手段吸引新顾客，使营业收入保持稳定增长，从而获得更高的利润。

2. 强化企业内部管理，建立健全岗位责任制

休闲体育企业应精简机构，减少人力、物力、财力的消耗，提高员工工作效率。企业运营过程中内部消耗的减少无形中就增加了利润。对营业收入流程中的各个环节进行有效监控，尽量杜绝各种漏洞的出现。

3. 合理使用资金，加速资金周转

资金使用效率问题也会影响利润的高低。筹资快利息低，合理使用资金，加速资金周转，这些都是休闲体育企业有效运营和增加利润的关键。资金周转加快，会减少利息负担和其他开支。在资金的分配上一定要合理，避免出现资金闲置的现象。根据以往的销售和使用情况，对商品、专业用品、办公用品适量进货，避免物品积压。对于签单或欠单的顾客，应考量他们的信用度，因人而异，把控好签单或欠单的数额尺度，定期追讨。

4. 在利润分配上必须处理好国家、企业、员工三者之间的关系

休闲体育企业在保证及时足额上缴国家税金的前提下，适当存留企业的发展资金和流动资金，以保证企业的发展动力，扩大企业的规模，增强企业的实力。与此同时，休闲体育企业还要考虑不断地增加员工的收入，激励员工的热情和干劲，提高员工的积极性。

5. 预先对影响企业财务的各项指标进行预测

休闲体育企业应根据财务预算和对客观情况的分析，预先对影响企业财务的各项指标进行预测，在预测各项财务指标的基础上，确定各种利润指标，然后选择最优方案，编制利润预算，作为企业在计划期内业务经营的奋斗目标。在预算执行过程中，当客观情况发生变化时，要在重新预测的基础上，对计划进行补充和修订，使之更符合客观实际，更有效地推动工作，从而更好地完成利润任务。

6. 合理安排年终利润分配问题

关于年终利润分配问题，年终利润不宜让股东分光。年终利润分配既要考虑投资者股东的现实利益，也要考虑企业发展的长远利益。休闲体育企业经营的许多项目有季节之分，有淡季、旺季现象，休闲体育企业在资金安排上应有备无患。在利润管理上，休闲体育企业要充分考虑企业盈利能力的长期趋势、企业财务的增长情况和当年企业流动资金的周转需要；对于效益高的经营项目，休闲体育企业可以将一部分利润投入再生产，取得更高效益，对于

经营效益不高的经营项目，休闲体育企业更应留有余地，以便以丰补歉。休闲体育企业管理层必须对年终利润分配制订一套十分明确的方案。

第三节 休闲体育企业成本费用的管理

休闲体育企业成本费用是指休闲体育企业在经营和服务过程中发生的各种直接支出和耗费。成本费用是制定休闲体育项目服务收费标准的重要依据，是衡量休闲体育企业经营管理水平的重要财务指标。加强对成本费用的核算和管理，可以为计算休闲体育企业盈亏和编制会计报表提供数据，可以有效地监督和控制休闲体育企业经营过程中的各种项目费用支出，降低成本费用，降低劳动耗费，提高服务产品的竞争力。

一、休闲体育企业成本费用的构成

休闲体育企业的成本费用是休闲体育企业在经营过程中发生的各种必要耗费。根据经营管理的需要和休闲体育企业经营管理特点，它由营业费用、管理费用和财务费用构成。

（一）营业费用

营业费用是指休闲体育企业各运营部门在经营中发生的各项费用。休闲体育企业的营业费用包括营业部门员工的工资、福利费（社保费等）、工作餐费、服装费、水电费、广告宣传费、物料消耗、折旧费、修理费、运输费、装卸费、保管费、燃料费、邮电费、差旅费、洗涤费、必需低值易耗品摊销、其他营业费用等。

（二）管理费用

管理费用是指休闲体育企业为管理企业经营活动而发生的各种费用。它包括两个部分：一是休闲体育企业或行政管理部门在经营管理中发生的费用；二是由休闲体育企业统一负担的公司经费。休闲体育企业的管理费用除包括行政管理部门人员工资、福利费、工作餐费、服装费、办公费、折旧费、差旅费、会议费、水电费、燃料费、物料消耗、必需低值易耗品摊销、修理费及其他行政活动费等外，还有工会经费、职工教育经费、劳动保险费、待业保险费、外事费、租赁费、咨询费、审计费、诉讼费、排污费、绿化费、土地使用费、土地损失偿费、技术转让费、研究开发费、聘请注册会计师和律师费、应从成本中列支的房产税、车船使用税、土地使用税、印花税、无形资产摊销、开办费摊销、公关费、坏账损失、存货盘亏和毁损、上级管理费用等。

（三）财务费用

财务费用是指休闲体育企业为筹集经营所需资金等而发生的一般财务费用，包括利息支出（减利息收入）、汇兑损失（减汇兑收益）、金融机构手续费等。

二、休闲体育企业成本费用控制手段

（一）归口分级法

归口分级法是指休闲体育企业遵循统筹管理和分工负责的原则，根据费用开支内容和企业内部各职能部门的分工，把各项费用开支分别划归有关的职能部门负责管理，如人力资源部负责工资、福利费的管理。在此基础上，各职能部门把分工管理的费用指标，再分解为若干小指标，结合岗位责任制的要求，逐级落实到所属小组，直至员工个人。

（二）定额标准法

定额标准法是指休闲体育企业确定各种经营成本费用的合理定额，并以此为依据制定成本费用标准。凡是能够确定限额的成本费用，都应制定标准成本费用。不能直接确定限额的成本费用，也要比照本行业平均水平确定成本费用开支标准限额，用以控制盲目的成本费用开支。执行方法有两种：第一种是支出不能超过这个定额数，如达到定额后财务不支付，又叫绝对限额指标；另一种是用指标形式实行定额，是否超过指标作为衡量执行指标好坏的尺度。

（三）综合控制法

综合控制法是指休闲体育企业通过建立成本费用控制信息系统，确定各种经营成本的合理定额，抓住重点监控部门，强化成本费用检查的方法。综合控制法还强调进行经营成本预算，强化实行责任成本费用制，对占有成本费用比重较大的部门和岗位进行重点监控。休闲体育企业应定期对各部门的成本费用控制情况及整个企业的成本费用控制情况进行检查和考核。

第四节　休闲体育企业信息管理与大数据分析

一、休闲体育企业信息管理概述

（一）信息管理的含义和内容

信息管理是人类为了实现确定的目标，对信息进行的收集、整理、加工、存储、传播和利用的过程，也是人们对整个信息活动过程进行整体战略规划，对信息活动中的要素，诸如信息、人员、技术设施等进行计划、组织、领导、决策与控制，以实现各种资源广泛共享、合理配置，满足整个社会对信息的不同需求的全部过程。

信息管理是管理的一种，含有对信息的管理和对信息活动的管理两层含义。信息管理的目标是最大限度地发挥信息资源的作用，最大限度地满足各种信息需求，有效地解决信息无序化与需求的特定性（特定的人对特定的时间、特定的地点、特定的内容信息）之间产生的矛盾。实际上，信息发挥效用的过程也即信息的应用过程和信息管理的过程。随着数字经济的到来，人们已经认识到信息不仅仅是一种资源，还能转变为知识，成为社会财富。通过对顾客的大数据分析，可以掌握市场动态和消费趋势，可以做到精准营销。

信息管理内容很多，包括顾客信息管理、企业信息管理、商务信息管理、政府信息管理、公共信息管理以及信息产业管理、信息机构管理、信息系统管理等。顾客信息管理是对VIP会员、普通顾客、潜在顾客基本情况、消费情况的收集和分析，找出规律，发现营销线索，开展精准营销，做到针对性的、个性化的优质服务。企业信息管理主要研究的是企业内部和外部的信息管理问题，并对企业信息化建设和信息资源开发利用进行组织实施与评价。商务信息管理主要是针对贸易活动过程与市场的信息管理，研究的是电子商务环境下的商品生产、流通、消费、营销和市场交换的一般规律，电子商务环境下的商务信息活动模式，大力开发利用商品信息与市场信息资源，实施电子商务发展战略的理论及方法。信息系统管理主要研究信息系统的设计要求及信息系统的实施、评价和控制，信息系统的运行管理和安全管理，组织的信息资源配置等问题。信息系统管理是在组织内部和外部信息有效管理基础上，通过业务流程再造和信息系统建设，实现组织信息发展战略，为组织竞争提供决策支持信息服务。

（二）休闲体育企业信息管理的意义

休闲体育企业信息管理是指在休闲体育企业经营中对相关信息进行的收集、整理、加工、存储、传播和利用的过程，通过编制或采用相应的电子信息管理系统以提高信息管理的效率，满足休闲体育企业服务质量最优化和综合效益最大化的需要。

休闲体育企业属于服务业，直接为顾客服务，满足顾客一切合理的需求是休闲体育企业服务的唯一准则。收集、整理、存储和有效利用顾客信息，有助于为顾客提供个性化服务，有助于不断改进和完善服务措施，从而提升休闲体育企业服务品牌的知名度，招徕更多的新顾客，吸引更多的回头客。同时，通过有效的信息管理，可以防止出现因为信息不完全而造成的投资和经营的不利局面。

（三）休闲体育企业信息管理的类别

根据休闲体育的特点，休闲体育企业信息管理主要包括如下几类。

1. *顾客信息管理*

顾客就是上帝。顾客信息管理是休闲体育企业信息管理中最重要的一环。顾客信息内容有基本信息和专门信息两个部分。基本信息包括姓名、性别、年龄、职业、通讯号码、工作企业、家庭住址等。专门信息包括休闲体育的喜好项目、参加某休闲体育项目开始时间、参与某休闲体育项目活动年限、专业技能水平、专项活动圈子、每周活动次数等。

2. *内部信息管理*

内部信息，是反映休闲体育企业自身结构情况及其休闲体育企业运行状况，包括组织结构、人力资源信息、奖惩制度、财务管理、排班、团队活动、经营状况、俱乐部组织与活动等。

3. 外部环境及竞争对手信息管理

外部环境及竞争对手信息，是反映休闲体育企业的活动产生影响的外部环境状况和变化情况以及竞争对手情况，包括政治、经济、社会、法律、文化、娱乐、体育等各种信息，还包括一定区域内其他休闲体育企业的情况即竞争对手的信息以及影响本休闲体育企业的各种信息。

二、休闲体育企业大数据分析

大数据分析的好处是有助于预测和决策，特别是具体的交易数据、非结构化数据、实时数据访问和预测性分析，思考大数据将如何发掘关于顾客、产品、活动和运营的可操作性见解。大数据将休闲体育企业从一个回顾型、批量处理、有数据约束的监督型商业环境，转为预测型、实时、渴求数据、追求最优化的商业环境，由此利用大数据更快、更频繁地做出更好的决策，并在过程中发现新的盈利机会。大数据可以概括为 5 个“V”，即 Volume（数据量大）、Velocity（速度快）、Variety（类型多）、Value（价值）、Veracity（真实性）。

休闲体育企业直接服务于人。以人为本，顾客至上，是服务管理和营销的根本宗旨。只要顾客在本企业健身、活动、消费，必然会留下痕迹，通过对顾客交易数据的分析，就可以获取顾客的消费特点和消费偏好，从而做出精准营销，提高休闲体育企业服务的质量和效率，使顾客在体育休闲活动中感到回报的价值最大化。

第五节　休闲体育企业电子信息管理系统和电子安全监控系统

一、休闲体育企业电子信息管理系统

由于休闲体育项目繁多，针对不同项目开发的电子信息管理系统也不一样。当前比较常见的有健身俱乐部管理系统、羽毛球馆（乒乓球馆、网球场）管理系统、台球厅计费管理系统、高尔夫球管理系统等。随着科学技术的飞速发展，体育场馆管理系统的智能化水平越来越高，未来的体育场馆管理系统具有强大的功能，包括结合 App 的预订系统、自动结算、万能自定义报表、商品管理、进销存管理、各种优惠卡管理、会员身体情况管理、会员训练计划管理、会员升级管理、会员积分管理、私教管理、器材出租管理、储物柜租用管理，等等。同时，与物联网联网，接入云技术、虚拟现实技术、机器人服务系统，让人们参与休闲体育变得更便捷、更惬意、更满意！

二、休闲体育企业电子安全监控系统

一般而言，休闲体育企业电子安全监控系统分为以下 3 类。

第一类：数字电子监控系统。数字电子监控系统是一种基于计算机技术、视频采集技术和数字压缩处理技术为一体的智能化数字电子视频监控监视系统。该数字电子监控系统采用最先进的视频处理技术、软件技术和压缩采集技术，在视频图像储存速度、解析度及画质上都有更高的优势，代表了现代安防监控技术的发展方向。

第二类：网络电子监控系统。网络电子监控系统是一种以 LAN/WAN 为现场总线构成的、具有高质量的、实时图像监控功能的网络电子监控，它是大型的、分散的地理区域监控系统的最佳选择。网络电子监控系统是完全基于计算机，以其为核心，结合安防监控的实际要求以及多年来不断完善的安防理论和经验，运用最新的数字视频技术、现场总线技术、网络通信技术建立的一套软、硬件相结合、崭新的、完整的电子监控系统，优化了大量的内部结构，减少了许多不必要的环节，提高了整体性能和反应速度，满足了新技术不断发展的需要。

第三类：远程电子监控系统。远程电子监控系统可以通过标准电话线、蜂窝式电话线、ISDN 数据线、ADSL 宽带、光纤等多种网络接入方式将遍布全国乃至世界各地的监控点连接起来，管理人员既可以通过中央控制软件对所有前端设备进行集中控制和管理，也可以通过网络浏览器简单方便地对单个休闲体育场所进行监控和录像。远程电子监控系统允许同时对 6 个场所进行监控并且提供瞬时视频警报核实功能，是节省人力、物力和时间的经济实惠的远程传输监控系统。

参考习题：

1. 休闲体育企业财务管理目标有哪 3 种模式？
2. 休闲体育企业财务管理的基本内容有哪些？
3. 休闲体育企业营业收入是如何分类的？休闲体育企业营业收入有效控制的方法有哪些？
4. 休闲体育企业营业收入控制程序的原则是什么？如何解读其 6 种程序？
5. 如何掌控好休闲体育企业营业收入的管理要点，包括收费标准、收费方式、结算方式？
6. 休闲体育企业利润的主要评定指标有哪些？休闲体育企业增加利润和管理利润有何诀窍？
7. 休闲体育企业成本费用是如何构成的？休闲体育企业成本费用的控制手段有哪些？
8. 休闲体育企业信息管理有何意义？休闲体育企业信息管理有哪几类？

第十章　休闲体育企业的人力资源管理和安全管理

本章导航：

☆　了解人力资源的概念

☆　认识人力资源管理的意义

☆　明确人力资源管理的基本功能

☆　掌握休闲体育企业的薪资制度

☆　强调休闲体育企业安全管理的重要性

第一节　休闲体育企业人力资源管理

一、人力资源的概念

人力资源是指能够推动国民经济和社会发展的、具有智力劳动和体力劳动能力的人们的总和，它包括数量和质量两个方面。

影响人力资源数量的因素主要有以下 3 个方面。

第一，人口总量及其再生产状况。由于劳动人口仅是人口总体中的一部分，而人力资源的数量体现为劳动人口的数量，因此，人力资源数量首先取决于人口总量及其通过人口的再生产形成的人口变化。从这个意义上讲，人口的状况就决定了人力资源的数量。

第二，人口的年龄构成。人口的年龄构成是影响人力资源的一个重要因素。在人口总量一定的情况下，人口的年龄构成直接决定了人力资源的数量。

第三，人口迁移。人口迁移可以使得一个地区的人口数量发生变化，继而使人力资源的数量发生变化。如我国三峡工程建设使沿江地带的人口分布发生重大变化，继而使人力资源也发生重大变化。

人力资源的质量是人力资源所具有的体质、智力、知识和技能水平以及劳动者的劳动态度。它一般体现在劳动者的体质水平、文化水平、专业技术水平、劳动的积极性上，它们往往可以用健康卫生指标（如平均寿命、婴儿死亡率、每万人口拥有的医务人员数量、人均日摄入热量等）、教育状况（如劳动者的人均受教育年限、每万人中大学生拥有量、大中小学入学比例等）、劳动者的技术等级状况（如劳动者技术职称等级的现实比例、每万人中高级职称人员所占的比例等）和劳动态度指标（如对工作的满意程度、工作的努力程度、工作的负责进度、与他人的合作性等）来衡量。

与人力资源数量相比较，其质量方面更为重要。随着社会生产的发展，现代的科学技术对人力资源的质量提出更高的要求。人力资源质量的重要性还体现在其内部的替代性方面。一般来说，人力资源的质量对数量的替代性较强，而数量对质量的替代性较差，有时甚至不能替代。人力资源开发的目的在于：提高人力资源的质量，对社会经济的发展发挥出更大的作用。人力资源的质量主要受以下几个方面的影响。

第一，遗传和其他先天因素。人类的体质和智能具有一定的继承性，这种继承性来源于人口代系间遗传基因的保持，并通过遗传与变异，使人类不断地进化、发展。人口的遗传，从根本上决定了人力资源的质量及最大可能达到的限度。因此，我们必须提倡优生优育，提高人口质量。

第二，营养因素。营养因素是人体发育的重要条件，一个人儿童时期的营养状况，必然影响其未来成为人力资源时的体质与智力水平。营养也是人体正常活动的重要条件，充足而全面地吸收营养才能维持人力资源原有的质量水平。随着我国国民经济的不断发展，人民生活水平的不断提高，我国人民的营养水平也在不断提高。

第三，教育因素。教育是人为传授知识、经验的一种社会活动，是一部分人对另一部分人进行多方面影响的过程。这是赋予人力资源质量的一种最重要、最直接的手段，它能使人力资源的智力水平和专业技能水平都得到提高。

二、人力资源管理的意义

人力资源管理指的是为实现组织的战略目标，利用现代科学技术和管理理论，通过不断地获得人力资源，对所获得的人力资源进行整合、调控及开发，并给予他们报偿而有效地利用人力资源的过程。人力资源管理是实现组织目标的一种手段。在管理领域中，人力资源管理是以人的价值观为中心，为处理人与工作、人与人、人与组织的互动关系而采取的一系列管理活动。人力资源管理的结果，就组织而言是组织的生产率提高和竞争率增加，就员工而言则是员工的工作生活质量提高与工作满意感增加。生产率反映了产出的商品或提供的服务与投入的人力、财力、物力的关系；工作生活质量则反映员工在工作中所产生的生理和心理健康的感觉。

在组织中，人力资源管理需要处理的管理范畴，可分为以下 4 个部分。

（1）人与事的匹配。

（2）人的需求与工作报酬的匹配。

（3）人与人的协调合作。

（4）工作与工作的协调合作。

三、人力资源管理的基本功能

（一）获 取

它主要包括人力资源规划、招聘与录用。为了实现组织的战略目标，人力资源管理部门要根据组织结构确定职务说明书与员工素质要求，制订与组织目标相适应的人力资源需求与供给计划，并根据人力资源的供需计划而开展招募、考核、选拔、录用与配置等工作。显然，只有首先获取了所需的人力资源，才能对之进行管理。

（二）整 合

这是使员工之间和睦相处、协调共事、取得群体认同的过程，是员工与组织之间个人认知与组织理念、个人行为与组织规范的同化过程，是人际协调职能与组织同化职能过程。现代人力资源管理强调个人在组织中的发展，个人的发展势必会引发个人与个人、个人与组织之间的冲突，产生一系列问题。其主要内容有：①组织同化，即个人价值观趋同于组织理念，个人行为服从于组织规范，使员工与组织认同并产生归属感；②群体中人际关系之和谐，组织中人与组织的沟通；③矛盾冲突的调解与化解。

（三）奖 酬

它是指为员工对组织所做出的贡献而给予奖酬的过程，是人力资源管理的激励与凝聚职能，也是人力资源管理的核心。其主要内容为：根据对员工工作绩效进行考评的结果，公平地向员工提供合理的、与他们各自的贡献相称的工资、奖励和福利。设置这项基本功能的根本目的在于增强员工的满意感，提高其劳动积极性和劳动生产率，增加组织的绩效。

（四）调 控

这是对员工实施合理、公平的动态管理的过程，是人力资源管理中的控制与调整职能。它包括：①科学、合理的员工绩效考评与素质评估；②以考绩与评估结果为依据，对员工使用动态管理，如晋升、调动、奖惩、离退、解雇等。

（五）开 发

这是人力资源开发与管理的重要职能。广义上的人力资源开发包括人力资源数量与质量的开发。这里所说的人力资源开发是讲人力资源质量开发。人力资源开发是指对组织内员工素质与技能的培养与提高，以及使他们的潜能得以充分发挥，最大地实现其个人价值。它主要包括组织与个人开发计划的制订、组织与个人对培训和继续教育的投入、培训与继续教育的实施、员工职业生涯开发及员工的有效使用。以往我们在开展人力资源开发工作时，往往只注重员工的培训与继续教育，而忽略了员工的有效使用。事实上，对员工的有效使用是一种投资最少、见效更快的人力资源开发方法，因为它只需将员工的工作积极性和潜能充分发挥出来，即可转换为劳动生产率。当员工得到有效使用时，对员工而言，其满意感增强，劳动积极性提高；对组织而言，则表现为员工得到合理配置、组织高效运作、劳动生产率提高。

以上5项基本职能是相辅相成、彼此互动的。它们包含功能性管理作业与支援性管理作业。功能性管理作业直接用以完成人力资源管理任务，而支援性管理作业则是支援和保证功能性管理作业的顺利进行，它们是职务分析与员工评估。值得注意的是，职务分析为各项人力资源管理作业提供基本依据，所以起着支持作用。员工评估为各项人力资源管理作业提供方法与手段，也起着支持作用。

四、休闲体育企业人力资源管理的特点

（一）多雇佣兼职人员和临时工

一些休闲体育项目具有典型的季节性或淡旺季特点，在招聘和使用员工时必须做到合理安排，根据实际需要和变动情况理性设岗，固定员工不宜设定过多，在某些项目营业期或旺季时多雇佣兼职人员和临时工。多雇佣兼职人员和临时工，一是可以节约劳动力成本；二是使员工有危机感，便于对员工进行管理；三是提高企业用工的灵活性。

（二）需要专业人才

由于某些休闲体育项目的专业性比较强，需要一些既具有高水平专业技能又已获得高级别专业证书的优秀特殊人才，如健身健美、潜水、体育舞蹈等项目的教练员。各个休闲体育企业都在争抢这些稀缺人力资源，若想留住这些人才，企业必须在待遇、工作环境、团队精神等方面采取得力措施。

（三）适时增减员工

休闲体育项目大多数在营业时间上有高峰期、萧条期、正常期，休闲体育企业管理者应根据实际需要适时增减员工，并且尽可能地将优秀员工安排在高峰期上班，让服务质量更上一层楼，使企业获得好口碑，同时，对新员工和后进员工也能起到榜样和鞭策作用。

（四）审慎对待员工的工资和福利待遇

鉴于休闲体育企业员工岗位多变、跳槽较多的情况，在员工的工资、福利待遇上应审慎处理。在遵守《中华人民共和国劳动法》的前提下，休闲体育企业管理者应全面考虑固定员工的福利待遇问题，那些对企业做出贡献的老员工，应给予办理社保手续。对员工而言，社保即通常说的“五险一金”，具体“五险”是指养老保险、医疗保险、失业保险、生育保险和工伤保险，“一金”是指住房公积金。

第二节　休闲体育企业薪资制度

所谓薪资就是指薪水与工资。一般而言，以工作品质要求为主的报酬称为薪水，以工作数量要求为主的报酬称为工资。换言之，劳心者的收入为薪水，劳力者的收入为工资。其实

无论薪水或工资都是工作的报酬，在本质上并无差别，现代生产过程日趋复杂，劳心劳力几乎不可分。现在对收入的通俗说法趋向于一致——工资。

健全的薪资制度至少具备 3 种基本条件，即公平、合理及具有激励作用。论及公平、合理就牵涉到绝对薪额与相对薪额两项问题。所谓绝对薪额是指每位员工工作后所获得的实际钱数，相对薪额是指员工本人所得与其他员工所得的相对比较关系。

一、影响薪资制度的因素

（一）影响薪资的内在因素

1. 职务的权力和责任

权力和责任是一个整体的两个方面，不过权力是由责任而来。责任是由判断或决定能力而产生，对于权责重的人应给予较高的薪资，因为权责重的人其判断和决定的正误对于公司产品的品质、市场、信誉与盈利有较大的影响。如部门经理的工资应高于普通员工，这部分高出的工资也是建立部门经理职务专业严格的工具。

2. 技术和训练水平

技术和训练水平高的人，应拿较高的薪资，这部分较高的薪资不但包含报酬，而且还包含积极性的激励。所谓报酬乃是为了补偿学习技术所消耗的时间、体能和智慧；所谓激励是使员工愿意从事更艰难的工作，并使员工愿意学习和从事技术工作。

3. 工作的时间性

有些工作是长期的，有些工作是季节性或临时性的。对于后者无论其薪资是计时、计周、计月，通常都比正常受雇人的薪资高，如夏季露天游泳池的救生员、大型赛会临时雇佣人员。其原因如下：①这些人有可能过了季节或赛季就失业了，其失业期间将无收入；②这些受雇人在受雇期间可能没有社会安全保障，雇主无须为他们支付保险等经费；③这些受雇人可能没有福利享受，如住房公积金补贴、医疗社保补贴、休假等。

4. 工作的危险性

有些工作岗位具有危险性，影响人体健康；也有些工种具有令人难以忍受的温度、压力、光线等，如潜水教练员，从事这些工作的人员需要付出更多的体力。因此，他们的薪资应比在舒适的环境中工作的人的薪资高。这种高薪资的作用是补偿他们的体能、耐心和冒险的精神，从心理的观点来看，也是一种安慰和鼓励。

5. 福利及优惠权利

有些企业给予员工种种福利或赋予员工若干优惠，如供给员工廉价或免费的食宿，或允许员工以优惠价格购买其产品或服务。凡是没有福利或优惠的公司，就应该在薪资方面予以适当的弥补，只有这样，才能维持人力资源的稳定。

6. 风俗习惯

同工同酬为薪资的重要原则，但是传统上都认为新手的薪资不能比老员工多，此外还有学徒的薪资也往往不及一位熟练工。

（二）影响薪资的外在因素

1. 生活费用

生活费用是指一个人日常经济生活衣食住行的费用。决定生活费用的是物价，物价上涨，如不增加薪资，原有的生活水平就不能维持。所以，企业在制定薪资时，应考虑当时的生活程度，使雇用的人员能维持最低水平的生活。由于物价因生产供需及其他原因时有高低，因此在制定薪资时就要依据物价指数和资料，以维持员工生活的安定。

2. 企业负担薪资的能力

薪资和企业的生产力有关，如果企业所负担的薪资超出其负担能力，则企业不是停业就是破产解体。至于企业负担薪资的能力，就涉及企业如何将其纯利分配给股东及员工的原则，因此引出的问题是在纯利中应保留若干作为将来扩展业务之用。可否增加生产力？实际的问题是经营和生产方法的改变可否弥补增加工资的支出。所以，一个企业能否负担某些特殊的薪资要看这些薪资支付对全部费用支出的重要性。

3. 当地通行薪资

企业所在地区与同行业的环境，对于薪资的制定有种自然一致的趋势，顺从这种行情制定薪资，将不会招致员工或同行业的批评，从事薪资调查就是以求对当地环境的了解。不过，无论用什么作为决定通行薪资的依据，如果薪资的调整完全视其达到通行薪资的程度而定，则现行薪资水准绝对不会提高。如果要随着社会的进步，与时俱进，就必须突破这道防线，也就是至少要有某些企业率先将增加的薪资超出通行薪资的水准。

4. 劳动市场

劳力供应和商品相似，以稀为贵，尤其是具有专业技能的人员的多少，对薪资的影响很大。在休闲体育行业，有特殊专业运动技能的人特别吃香，薪资高。比如，健身房的持证高级教练员和私教比较稀缺，他们的薪资就比较高。

5. 劳力的潜在替身

薪资不但受现有劳力的影响，而且受劳动市场中潜在替身的影响。这些替身可能是机器，还有些替身可能是人，这些人愿意接受低工资，由于他们的存在，自然对薪资支付产生影响。

6. 产品需要的弹性

工资影响物价，工资也受顾客意愿的影响。健身操既可以在健身房练习，也可以在社区广场免费锻炼，当然，在健身房训练更专业、设备更好。但是，如果健身房教练工资太高，使顾客练操费用增大，负担加重，有些顾客就会放弃健身房，转到社区广场。如果工资、商品或服务的代价高到大多数顾客不愿支付的时候，顾客可能宁可不要这种服务。比如，登山俱乐部领队的工资过高，而高工资又转嫁到顾客身上，那么，顾客有可能退出登山俱乐部，自己去登山。

二、薪资调查

企业必须调查当地其他企业中相同或相似工作的薪额，与本企业的现行薪额比较，进而依据本企业的其他条件，调整薪资结构，以保持企业的竞争地位。一般而言，薪资调查是由企业人事主管负责。

选择调查对象牵涉两个问题，即应选择哪些企业及应调查几家企业。一般而言，选择适合薪资调查的企业应依以下原则。

（1）同行业中同一类型的其他企业。

（2）其他行业中有相似工作的企业。

（3）雇用同一类员工，可构成竞争对象的企业。

（4）工作环境、经营政策、薪资与信誉均合乎一般标准的企业。

（5）与本企业距离较近，且在同一劳力市场招揽员工的企业。

至于调查对象的数目，则受人力、物力、财力及时间的限制，通常调查 10 家企业即已足够。

三、薪资政策与薪资结构

考虑了影响薪资的内、外在因素，并根据薪资调查的资料，加以研究与分析之后，即可着手拟订本企业的薪资政策。

（一）本企业薪资水准与当地薪资水准的关系

经过薪资调查了解了各企业代表性工作的基本薪额、平均收入、最高及最低薪额及辅助收入项目，然后用统计方法取得每项资料的平均数或中位数，并绘于散布图上，由薪资的分配可求得薪资曲线图，然后将本企业现行薪资资料，与调查所得资料做一比较分析，如图 10－1 所示。

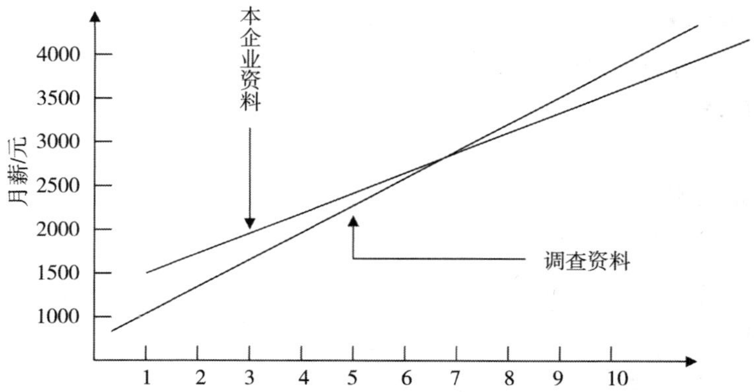

图 10－1　本企业与被调查企业现行薪资对比

将本企业同其他企业薪资曲线比较结果，其情况不外乎以下几种：①曲线与当地调查所得薪资曲线相仿；②曲线皆高于或低于调查所得；③有些曲线部分较低，然后与调查所得曲线相交并继续升高；④有些曲线部分较高，然后与调查所得曲线相交并继续下降。若已决定采用与当地薪资水准相当的政策，则在第一种情况中，不须有重大的改变，而在其他各种情况中，则须将基本曲线一部分或全部提高或降低。

企业方面所订的薪资水准，如完全比照当地其他企业所订的薪资水准，可使本企业在公平的基础上和其他企业竞争，避免员工或外界人士对薪资的不利批评，甚至优秀人才被其他企业挖墙脚。

相反地，有些企业采取低薪资政策，其结果对于招募及维持员工的工作能力，也无严重影响，其原因有以下几个：

（1）由于员工在该企业工作稳定，收入也稳定，工资虽较低也不愿离职。

（2）由于在薪资之外，尚有各种可观的福利及津贴。

（3）由于企业人事管理健全，员工相处和谐，认为在该企业内工作，精神上很愉快。

（二）公平合理，力求同工同酬

建立薪资制度必须公平合理，并尽可能地做到同工同酬，这方面就需要企业进行工作评价，使员工要享受某一等级的薪资就要具备相当此一薪资等级的各种条件，以鼓励员工从事较高技术的工作。如果企业的薪资报酬不以职位等级为依据，毫无标准，或依传统习惯，或对某些人有所偏袒，必将导致员工的不满及工作情绪的低落。

（三）决定补助薪资及奖励制度的范围与标准

所谓补助薪资就是包括加班津贴、休假津贴、夜班津贴、午餐津贴、法定节假日津贴、年终奖金、全勤奖金、团体保险、福利及其他补助等。由于这些补助薪资在薪资成本中所占的百分比不低，因此企业在拟订薪资政策时也应该对补助薪资范围与标准有所规定。

薪资制度决定之后，就要涉及薪资结构，首先需决定最低与最高的薪额，也就是薪额的范围；其次要决定的是薪额的分级，也就是薪资的差距，亦即所谓的薪率。

通常使用的薪率有两种：一种是单一薪率，一种是可变薪率。所谓单一薪率是固定薪额的薪级，每一职等只有一种薪额，凡属于同职等的工作人员皆获同一待遇，薪额的增加只能从一个薪级跳升至较高的薪级（如图 10－2 中的图 A）。至于可变薪率则不然，薪额的增加可在原薪级内晋升，亦即在一个薪级内有不同的薪额，员工可因年资与考绩而改变薪额（如图 10－2 中的图 B）。

单一薪率的最大优点是无须决定同职等内每一员工的薪额，而且在维持薪资记录与估计人工成本时，较为简单。服务工作已经有了高度的标准，每一员工确可胜任某一标准的服务工作时，可以采用此法。不过在另一方面，由于单一薪率不能依员工的工作绩效及年资计酬，对一般员工缺乏努力工作的激励作用，而且优秀员工因与普通员工或新员工同一待遇，常有不公平的感觉，所以许多企业愿意采用可变薪率作为补救。薪率决定了之后，就是设计薪额幅度的问题，所谓薪额幅度是低等与高等薪额的差距数。这方面有两个问题值得考虑，第一是决定薪额幅度的大小，第二是决定各职等间最低薪额的差异。

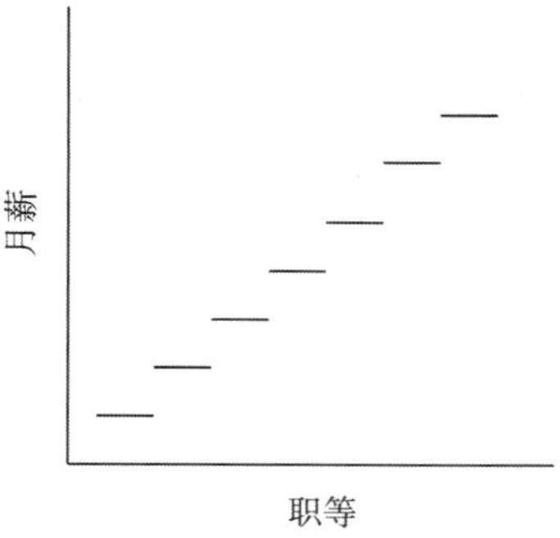

图A：单一薪率

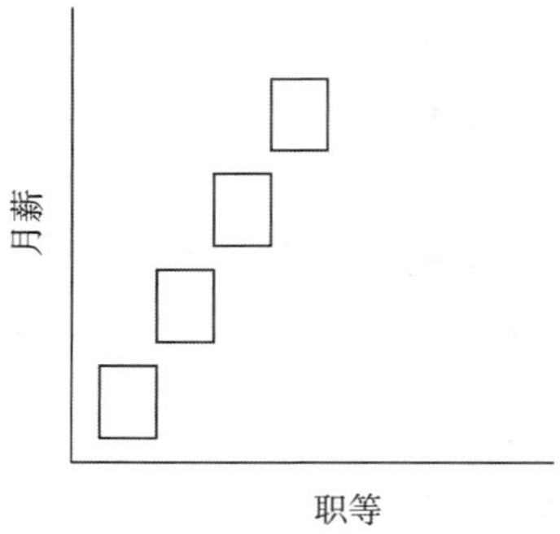

图B：可变薪率

图 10－2　单一薪率和可变薪率示意

第三节　休闲体育企业的激励机制

一、激发员工的积极性因素

（一）组织行为

把员工的劳动组织好，是一个很重要的问题。因为任何企业或企业的劳动过程都是由许多员工相互协调而组织起来的。在这个劳动过程中，各个员工要安排在最适当的工作岗位上，并要求他们严格按照工作要求进行操作。要使员工的积极性和技术充分地发挥出来，必须使员工各得其所，使员工自己感到：分配给他的这项工作是最适合于他的工作。激发员工的积极性，从根本上来说，就是要使他们树立强烈的责任感。正因为这样，光靠金钱的刺激是不能产生持久的和真正的积极性的。只有使员工树立高度的责任感，才能激发出员工劳动的积极性。

向员工提出的劳动要求，是能否激起员工劳动的积极性的重要问题。实际工作证明，一个人如果只要求低标准的工作，就不会有什么积极性。低标准的工作要求只能抑制员工的劳动积极性。但是，向员工提出高标准的劳动要求，就可以激发他努力地工作并尽可能发挥他的工作能力。

向员工提出高标准的要求，并不是意味着把标准提得越高越好。所谓高标准，指的是经过一定的努力可以达到的标准。如果企业所提的高标准是员工无论怎样努力都达不到的，那么，这样的高标准不但不能激发员工的积极性，反而会挫伤员工的工作热情，使员工转而消极，甚至产生与企业相对抗的对立情绪。给员工规定的高标准，必须是合情合理的。而要做到这一点，就必须对员工的劳动能力、技术状况进行系统的调查和统计，同时，邀请员工一起协商。员工只有感到企业规定的高标准是合情合理的，才会心甘情愿地为之奋斗。

这里要特别强调的是，在给员工提出高标准的劳动要求的同时，经理和各级管理人员也必须给自己的工作提出高标准的工作要求。因为经理和管理人员只有做出高标准的管理成绩，才能为员工全面地实行高标准的劳动提供最好的客观条件。如果管理人员的工作效率低，管理和组织水平差，企业向员工提出的高标准的劳动要求也是无法实现的。

为了使员工在劳动中产生主动的积极性，为了使员工能在劳动中自由地发挥技术，必须给员工提供便于他们工作的条件，其中最重要的是使员工充分了解各种劳动条件——了解他所操纵的机器的性能，了解他所服务的特点，了解他的同事的劳动情况和企业的成就，了解他所从事的同一工作的最高和最新成绩，等等。

以上所说的两个方面：提出高标准的工作要求及提供必要的知识和资料，是激发员工劳动积极性的外部客观条件。但是，仅仅这两个方面的条件，还不足以充分调动员工的积极性，还必须培养员工树立经营管理的思想，使他们参与企业的经营管理工作，让他们感到自己受到一定的管理是应该的，使他们明白自己处于被管理地位时应尽的责任。所有这些，只有让他们亲自参加经营管理，才能逐步树立起来。

当然，让员工参加经营管理，主要是为了激发员工的工作热情。正如前面所提到的，员工可以在参加经营管理中提高自己的责任感和自豪感。这些责任感和自豪感是激发员工积极性的内在动力。

虽然员工参加适当的经营管理是为了提高自身的责任感，但他们并不能代替原有的经理和管理人员。员工参加适当的经营管理后，其主要职责仍然是劳动。所以，员工参加经营管理的限度，完全取决于实际的效果。也就是说，员工参加经营管理是以提高员工的积极性为目的的。因此，员工参加经营管理的程度，要由各个企业的具体情况来决定。

（二）处理好员工的经济报酬与劳动态度的关系

给予员工的经济报酬并不是刺激员工的积极性的主动力。最好的经济报酬也不能替代责任感或良好的劳动组织。

但是，员工所得到的经济报酬确实是一个很重要的问题。它涉及企业同员工之间的关系状况。在现代社会中，因员工的经济报酬问题经常引起企业与员工之间的冲突；在有些情况下，这些冲突还演变成为极其复杂的社会问题，会严重地损害企业的利益。

在解决员工的工资问题的时候，必须认识到：从企业的角度来看，付给员工的工资和其他经济报酬是一种开支，因此，企业希望这项开支能固定下来；从员工的角度来看，他们所收到的工资是一种收入，因此，员工也希望这项收入能稳定下来。

（三）激励机制

1. 激励、奖励与绩效

经理在员工奖励方案中被赋予很大的信任，然而往往还是不能实现他的目标：激励团队。奖励是大家所公认的激励措施，然而，要使奖励发挥应有的作用，需要遵守以下一些基本规则。

（1）奖励必须是每个人都有能力争取到的。

（2）奖励必须要公开地授予。如果只有获奖者和他们的经理知道奖励的结果，那么奖励就失去了它的价值。

（3）最好的奖励方式是具有高名誉价值和低金钱价值，获奖者被授予一个证书或一座奖杯。另一个有效的方案即获奖者得到的奖励是一次与总经理或董事长共进午餐的机会，在吃饭时总经理或董事长将请获奖者谈谈他们的工作。

（4）现金奖励是一种激励性不强的激励方式。如果职员得到了现金红利的奖励，他们可能会过分依赖于金钱，并提前花费，而且只会把它当作综合工资的一部分。

（5）奖励方案应当是短期的，并且要与休闲体育项目服务周期相联系，如夏季游泳池项目，奖励周期应定为半个月，而半个月是更换池水的周期。

2. 激励与约束

任何一位领导，必须为某个组织不断设定新的目标，目标越高尚，领导者潜在的形象就越伟大。然而，仅有目标还不够，还要使目标带来行动，并产生效果，如果产生不了应有的效果，就不能算是一个有效的领导者。事实上，在多数情况下，领导者的成败是以效果来衡量的，而不是目标。

有位哲学家说得好："推动帆船前进的，不是帆，而是看不见的风，风从何来呢？"卓有成效的领导者，往往能使组织的目标和个人需要完美地结合起来，从而产生出推动目标的巨大动力，那么如何实现这样一个完美的结合呢？答案非常简单：恰如其分地运用激励与约束机制。然而这些显而易见的道理，要真正去实行比我们所想象的困难得多，只有有效地应用激励与约束的手段，才能激发每位员工都成为自己的管理者，也只有在这种情况下，你才能算是一个真正的领导者，否则你只能算是一个管理者。

可见，对激励与约束机制的应用水平不仅是领导艺术的标志，而且还是区别管理者与领导者的分水岭。

二、激励的十大法则

（一）我们需要自身激励来激励他人

除非你以身作则，并具有热情，否则决不能激励他人。你的态度和情绪直接影响着与你一起工作的员工。如果你情绪低落，你的员工也将受到影响而变得缺乏动力；相反，如果你满腔热情，你的员工必然也会充满活力。要想避免对员工的负面影响，你需要控制你的情感，隐藏你的消极情绪，发扬一种积极的情绪和态度，并把你的热情投入手头上的工作中。当因个人问题、疾病、家庭危机等情绪低落时，你应该避免把你临时缺乏激情的状态扩散到你的团队中。

（二）激励需要一个目标

除非一个人真正知道他身在何处，否则，他将无法知道该向哪一个方向努力。人们需要了解自己努力达到的目标是什么，并且真正愿意去实现它，才有可能受到激励。

（三）激励分为两个阶段

第一阶段是找到与团队目标相关的个人目标，第二阶段是向他们展示如何实现目标。关键在于找到与团队目标相关的个人目标。作为一个绩效经理，你的目标是激励你的员工，只有这样才能实现团队目标。

（四）激励机制一旦设立，永不放弃

这是一个不变的真理，也是许多经理所忽视的。他们认为只要在开始阶段激励了员工，员工就会永远受到激励。但事实上，随着时间的流逝，激励水平逐渐下降，一般在 3 ~ 6 个月时间内会下降到零。你需要认识到这一点，做一个专业的激励员，通过定期的团队会议，明确的沟通、认可和经常性的一对一反馈，源源不断地将你的激励灌输到团队之中。

（五）激励需要认可

根据马斯洛的需求层次，一旦基本需求得到满足，社会认可的需求就会提高。事实上，心理学家已经发现，人为了得到公众的认可甚至比为了金钱付出的还要多得多。人们渴望认可，并且一旦他们赢得了认可，必须明确、公开和迅速地给予承认。认可的授予必须是给予某种结果，而不是某种努力。

（六）参与激励

参与一个特殊的项目或者团队将具有很高的激励效果。为某一个事业而努力的团队成员会忠于团队的目标。

（七）看到自身的进步能够激励人

看到自己向目标奋进的道路上所取得的进步，人们会获得很高的激励，并得到成功的体验。未来的成功建立在一个个成功体验的基础上。

（八）只有人人都有优胜的可能，竞争才能激励员工

竞争频繁地应用于激励中，但是只有每一个人拥有平等获胜的机会时，才真正起作用。否则，竞争能够激励优秀员工，但同时也会降低其他员工的动力。这个问题可以通过依据目标百分比来测量竞争绩效而避免。

（九）每一个人的身上都存在着激励的火花

与通常的信念相反，每一个人身上都存在着激励的火花。每一个人都能得到激励，一些人可能比其他人更容易被激励。但是火花在哪儿？作为一名绩效经理你不得不寻找火花并进行培育，再将其贯彻到方案中。既然你的团队激励是一个首要的管理职责，如果你想获得成功，在团队每个成员的身上寻找火花已经成为一项重要的工作。

（十）团队归属激励

作为团队中的成员之一，肯定会为了团队的目标而工作。尤其是一个员工有了团队归属感，就必然会为了团队荣誉而奋发努力。

三、危机激励

每个企业都生存在环境中，环境中的诸多因素都会影响乃至干扰企业的正常运营。这些因素共同构成了企业经营过程中的风险因素。在竞争的舞台上，面对着众多的风险，有的企业成功了，有的企业却遭到失败，甚至从此一蹶不振，最后以破产而告终。成功固然可喜，失败也未必可悲，关键是要从中吸取经验和教训。

四、休闲体育企业的奖励方法

（一）现金奖励

（1）设超营业额奖。当员工在一定时期完成营业收入的定额任务时，及时给予奖励。

（2）通过收集顾客的反馈意见和上级主管部门的评议，根据服务质量和态度给予适当的奖励。

（二）荣誉奖励

（1）定期对员工工作态度和绩效进行评比，评出优秀员工，并对优秀员工授予奖励证书或纪念品。

（2）在企业全体员工大会上公开表扬。

（3）将获奖者的优秀业绩以红榜形式粘贴在企业墙报上，并在企业网站上发布。

（4）获奖者得到的奖励是一次与总经理或董事长共进午餐的机会，在吃饭时总经理或董事长将请获奖者谈谈他们的工作经验。

（5）获奖者与总经理或董事长等公司高层合影留念。

（三）物质奖励

（1）颁给获奖者实用、实惠的物质奖品。一般在中小企业采用这种方法。

（2）奖励给优秀员工迫切需要的东西，如电动车、热水器等。

（四）股权奖励

给优秀员工以一定份额的股权奖励，既表彰了先进，又让受表彰者对企业更加忠诚和尽心。

（五）其他奖励

（1）带薪休假旅游奖，旅游费用由企业承担。

（2）到外地或到企业总部培训学习兼参观、旅游。

第四节 休闲体育企业经营管理人才的培养

一、休闲体育企业经营管理人员必须具备的素质

所谓素质，是指一个人的品质、性格、学识、能力、体质等方面特性的总和。在休闲体育企业里，管理人员不仅担负着对企业经营活动进行计划、组织、指挥、控制等管理职能，而且从不同角度和方面负责或参与对各类非管理人员的选择、使用与培训工作。因此，管理人员的素质高低是决定休闲体育企业能否取得成功的一个重要因素。在现代市场经济条件下，休闲体育企业面临的内外环境日益复杂，对企业管理人员的要求也不断提高。在一定意义上，是否有卓越的企业管理人员和管理团队，直接决定着休闲体育企业的经营成败。显然，才智平庸、软弱无能者是无法担当起有效管理机构的重任的。所以，现代企业管理职能客观上要求管理人员具有相应的良好素质。换言之，管理人员的良好素质是提高管理不可或缺的重要条件。管理人员的素质要求指从事企业管理工作的人员应当具备的基本品质、素养和能力，它是选拔管理人员担任相应职务的依据和标准，也是决定管理人员工作效能的先决条件。对管理人员的素质分析是公司分析的重要组成部分。一般而言，休闲体育企业的管理人员应该具备如下素质。

（一）从事管理工作的愿望

休闲体育企业管理是组织、引导和影响他人为实现休闲体育企业目标而努力的专业性工作，胜任这一工作的前提条件是必须具有从事管理工作的愿望。只有那些具有影响他人的强烈愿望，并能从管理工作中获得乐趣、真正得到满足的人，才可能成为一个有效的管理人员；反之，倘若没有从事管理工作对他人施加影响的愿望，个人就不会花费时间和精力去探索管理活动的规律和方法，亦缺乏做好管理工作的动力，不可能致力于提高他人的工作效率，难以成为一个优秀的管理人员。

（二）专业技术能力

管理人员应当具备处理休闲体育专业技术问题的能力，包括掌握必要的专业知识，能够从事专业问题的分析研究，能够熟练掌握休闲体育专业技能、教学方法、专业器材的维护等。就管理对象的业务活动而言，管理人员虽然不一定直接从事具体的技术操作，但必须精通有关业务技术特点，否则就无法对业务活动出现的问题做出准确判断，也不可能从技术上给下级员工以正确指导，这会使管理人员的影响力和工作效能受到很大限制。除此之外，管理人员还要掌握专业管理能力。这是由于各项管理工作，不论是综合性管理抑或是职能管理，都有其特定的技术要求。如市场营销管理人员要求掌握制订营销计划和具体操作的基本方法，能够综合分析企业的营销和经营状况。因此，管理人员应当是所从事管理工作的

专家。

（三）良好的道德品质修养

管理人员能否有效影响和激发他人的工作动机，不仅取决于休闲体育企业赋予管理人员个人的职权大小，而且在很大程度上取决于管理人员个人的影响力。而构成影响力的主要因素是管理人员的道德品质修养，包括思想品德、工作作风、生活作风、性格气质等方面。管理人员只有具备能对他人起到榜样、楷模作用的道德品质修养，才能赢得下级员工的尊敬和信赖，建立起威信和威望，使之自觉地接受管理人员的影响，提高管理工作的效果；反之，管理人员如果不具有良好的道德品质修养，甚至低于一般规范，则非但无法正常行使职权，反而会抵消管理工作中其他推动力的作用，影响下级员工工作的积极性。

（四）人际关系协调能力

这是从事管理工作必须具备的基本能力。在休闲体育企业中，管理人员通常担负着带领和推动某一部门、环节的若干个人或群体共同从事经营活动的职责。因此，管理人员需要具有较强的组织能力，能够按照分工协作的要求合理分配人员，布置工作任务，调节工作进程，将计划目标转化为每个员工的实际行动，促进经营过程连续有序地稳步进行。不仅如此，为了充分发挥协作劳动的集体力量，适应企业内外联系日益复杂的要求，管理人员应成为有效的协调者，善于协调工作群体内部各个成员之间以及部门内各工作群体之间的关系，鼓励员工与群体发挥合作精神，创造和谐融洽的组织气氛；同时要善于处理与机构有直接或间接关系的各种社会集团及个人的关系，妥善化解矛盾，避免冲突和纠纷，最大限度地争取社会各界公众的理解、信任、合作与支持，为企业的发展创造良好的外部环境。

（五）综合能力

在现代市场经济条件下，休闲体育企业作为不断与外部环境进行信息、行为、物质与人才转换的开放系统，服务经营过程具有典型的同步性和动态性，即需要随时根据市场环境的变化做出反应和调整。与这一状况相适应，管理工作经常面对大量的新情况、新问题。在一定意义上，管理过程就是不断发现问题、解决问题的过程。为此，管理人员必须具备较强的解决问题的能力，要能够敏锐地发现问题之所在，迅速提出解决问题的各种措施和途径，善于讲求方式方法和处理技巧，使得问题得到及时、妥善的解决。在解决问题的过程中，决策能力具有至关重要的作用。现代管理中管理人员特别是高层管理人员面临的非程序性、非规范化问题越来越多，在没有先例可循的情况下，管理人员必须具有较高的决策能力，要善于在全面收集、整理信息的基础上，准确判断，大胆拍板，从各种备选方案中果断地选择最优方案，并将决策方案付诸实施。不同层次的管理人员所需要的能力构成也有所不同。一般来说，专业技术能力对基层管理人员显得比较重要，中层管理人员次之，高层管理人员则不需要太强的专业技术能力。基层管理人员日常管理工作中面对的大量问题是技术问题，必须有熟练的专业技术能力和深厚的专业基础知识才能胜任。综合能力对高层管理人员最重要，因为高层管理人员承担企业重大战略决策、协调内外环境平衡的职能，专业问题可以委托职能部门的参谋人员去解决，但是最终的决策必须由自己承担。人际关系协调能力对每个管理层次都很重要，但不同管理层次人际关系协调能力的类型有所不同。基层管理人员需要协调基层操作人员工作协作、配合方面的能力；中层管理人员既要协调上级和下级企业之间的关系，又要承担大量的横向协调职能；高层管理人员主要承担企业外部关系的协调职能，为企业营造一个良好的环境。

二、休闲体育企业经营管理人才的培养

休闲体育企业经营者主要来源是退役运动员、体育院校毕业生、退役舞蹈演员、爱好体育的个体户和社会青年、广告咨询公司从业者、媒体从业者、娱乐业从业者等。

我国休闲体育兴起比较晚，规模小，项目少，专业经营管理人才缺乏。美国体育产业发达，其培养高水平休闲体育经营管理人才主要通过 3 条途径：一是依托商学院培养顶尖层次体育经营人才，这种培养方式在课程设置上采用的是 MBA 课程加体育学课程的组合，培养目标是为跨国公司和大企业的运动行销部门输送专门体育经营人才；二是依托各大学的体育学院培养中高级体育经营人才；三是依托各大学的体育学院或社区学院培养专项体育经营人才。

我国有关部门也已经认识到高层次体育经营人才缺乏这个问题。国内一些体育院校开始招收体育产业方向硕士研究生；综合性大学和体育院校开办了“休闲体育”或“社会体育”本科专业，培养中级体育经营管理人才；国家体育总局和各省、市体育局举办各种类型培训班，培养包括体育经营管理者、体育经纪人、体育场馆管理员等在内的各种人才。

培养包括休闲体育在内的体育经营管理人才要注重质量，要考虑市场的需求，规模不要太大。必须让被培训者转变原有的就业观念，鼓励他们有创业的精神。在培养他们的能力上除了注重他们运用体育、经济类知识外，还要培养他们的市场意识、竞争意识、风险意识、自谋生存意识，使他们尽快适应市场的机制，寻求生存的能力，谋求进一步的发展壮大。

三、休闲体育企业一线员工必须具备的素质

休闲体育企业一线员工直接跟顾客面对面打交道，顾客对企业的印象很大程度上是通过一线员工的服务行为获取的，所以，一线员工的素质和能力显得十分重要。这里所说的一线员工包括服务员、教练员、领班、总监、部门经理等。

（一）良好的外表形象

休闲体育企业一线员工必须精力充沛、身体健康，多少具有运动员气质，身材较高，体形匀称，五官端正。仪表和仪容整洁得体，上班期间最好穿运动服和运动鞋或专业服装。态度热情真诚，心态平和。上岗前不吃葱、蒜、韭菜等异味食品，保持口腔清洁。不戴任何饰物（有时需陪顾客练习或指导顾客）。仪态规范，动作敏捷，举止端庄。

（二）善于交流与沟通

休闲体育服务行业是人与人面对面直接接触，沟通与交流不可避免。首先，休闲体育企

业一线员工要会使用规范的礼貌用语，它体现了说话人的涵养，表现了一线员工对顾客的尊敬和友善。规范的礼貌用语还可以营造一种温馨的气氛。其次，一线员工的语言表达必须清晰流畅，准确恰当，在交谈中，要把握好分寸，尊重顾客的内心感受。最后，一线员工绝对不允许使用粗话、脏话，不准用语言嘲笑顾客，不准针对顾客指桑骂槐。

（三）亲和力

亲和力是休闲体育企业一线员工应具备的基本素质。亲和力的重点在于对人的亲近，亲和力的形成在很大程度上来自性格，但通过后天的有意识训练是会进步的。亲和力具体表现形式有 5 个方面：微笑、倾听、活力、善待、谦逊。

（四）敏锐的注意力

人类的心理活动伴随着个人注意力的集中而产生。注意是指人对一定对象的心理指向和集中。休闲体育企业一线员工在注意和观察顾客的时候，其本人也是顾客注意和观察的对象，一线员工的注意力指向有可能成为顾客判断服务质量的依据。一线员工的准确观察是为顾客主动服务的基础，要努力培养准确、敏锐的注意力，要学会通过观察顾客外表、表情、举止等变化，及时、准确地推断出顾客的心理，判断顾客寻求帮助的意图，并迅速行动，满足顾客的需要。

（五）较强的自控能力

休闲体育企业一线员工应学会控制自己的情绪，调整自己的心境，尤其要理智地对待个性强的顾客。有时一线员工在处于激动状态下很难自制，表现为过激的动作和言辞；有时处于闷闷不乐的心境状态，对顾客爱答不理。这些都是错误的、自控能力差的表现。

（六）应变能力

休闲体育企业一线员工每天面对着不同年龄、性别、个性和需求的顾客，身处纷杂多样、时刻变化的服务情境，因此，一线员工的服务工作绝不可僵化死板。一线员工在遵守工作纪律和原则的基础上，应根据错综复杂的情况，针对顾客的各种特点，采取创造性的服务措施。

（七）掌握较熟练的休闲体育专业技能

这也是休闲体育企业对一线员工提出的特别要求。许多顾客在消费过程中会向一线员工提出陪练、咨询、技术指导等临时要求，这时熟练掌握休闲体育专业技能的一线员工就能马上发挥作用，及时充当教练员、陪练员、咨询员、保护人员等角色，营造一种良好的专业氛围，让顾客感到满意和满足。

第五节　休闲体育企业的安全管理

在休闲体育服务管理中一定要提高安全意识，防止意外事故的发生。休闲体育服务管理者还必须具备保险和法律方面的知识，一旦发生伤亡事故，要按照有关的法律规定认定事故责任，妥善处理赔偿事宜。

一、关于高危险性体育项目经营活动管理的国家政策

（一）国家体育总局等部门联合发布的《第一批高危险性体育项目目录公告》

为落实《全民健身条例》对高危险性体育项目经营活动管理的相关要求，保障人民群众参与高危险性体育项目的人身安全，根据《全民健身条例》第三十二条第四款的规定，经国务院批准，现将第一批高危险性体育项目目录公告如下：

一、游泳

二、高山滑雪、自由式滑雪、单板滑雪

三、潜水

四、攀岩

各高危险性体育项目经营单位和相关部门应按照《全民健身条例》的规定，做好高危险性体育项目经营的申报和管理工作。

本公告公布前已经开展目录所列高危险性体育项目经营的，经营单位应当在其经营场所醒目位置张贴本公告，对消费者进行提示，并于公告公布后6个月内按照相关规定办理许可手续。

消费者应增强自我保护意识，了解高危险性体育项目的特点，服从经营单位工作人员的劝诫和指导。

特此公告。

国家体育总局
人力资源社会保障部
国家工商行政管理总局
国家质量监督检验检疫总局
国家安全生产监督管理总局
2013年5月1日

（二）《经营高危险性体育项目许可管理办法》

《经营高危险性体育项目许可管理办法》是为了规范经营高危险性体育项目行政许可的实施，保障消费者人身安全而制定的。

2013年1月28日国家体育总局第3次局长办公会审议通过，2013年2月21日国家体育总局令第17号公布，自2013年5月1日起施行。

第一章　总则

第一条　为了规范经营高危险性体育项目行政许可的实施，保障消费者人身安全，促进体育市场健康发展，根据《中华人民共和国体育法》、《中华人民共和国行政许可法》、《全

民健身条例》等有关法律、法规，制定本办法。

第二条　本办法所称经营高危险性体育项目，是指以营利为目的，从事按照《全民健身条例》规定公布的高危险性体育项目的经营活动。

第三条　经营高危险性体育项目实施行政许可。

第四条　对经营高危险性体育项目实施行政许可，坚持以下原则：

保障消费者人身安全；

规范发展体育市场；

公开、公平、公正；

处罚与教育相结合；

经济效益与社会效益并重。

第五条　国家体育总局指导全国范围内经营高危险性体育项目行政许可工作，会同有关部门制定、调整高危险性体育项目目录，并经国务院批准后予以公布。

县级以上地方人民政府体育主管部门负责本行政区域的经营高危险性体育项目行政许可工作。

第二章　申请与审批

第六条　经营高危险性体育项目，应当具备下列条件：

（一）相关体育设施符合国家标准；

（二）具有达到规定数量、取得国家职业资格证书的社会体育指导人员和救助人员；

（三）具有安全生产岗位责任制、安全操作规程、突发事件应急预案、体育设备、设施、器材安全检查制度等安全保障制度和措施；

（四）法律、法规规定的其他条件。

第七条　申请经营高危险性体育项目，应当提交下列材料：

（一）申请书。申请书应当包括申请人的名称、住所，拟经营的高危险性体育项目，拟成立经营机构的名称、地址、经营场所等内容；

（二）体育设施符合相关国家标准的说明性材料；

（三）体育场所的所有权或使用权证明；

（四）社会体育指导人员、救助人员的职业资格证明；

（五）安全保障制度和措施；

（六）法律、法规规定的其他材料。

第八条　经营高危险性体育项目，应当向县级以上地方人民政府体育主管部门申请行政许可。

第九条　县级以上地方人民政府体育主管部门应当自收到申请之日起30日内进行实地核查，做出批准或者不予批准的决定。批准的，应当发给许可证；不予批准的，应当书面通知申请人并说明理由。

第十条　许可证应当载明以下事项：

（一）经营机构负责人姓名；

（二）经营机构名称；

（三）经营场所地址；

（四）许可经营的高危险性体育项目；

（五）社会体育指导人员和救助人员规定数量；

（六）许可期限。

第十一条 许可证有效期为五年，样式由国家体育总局统一制定。

第十二条 申请人在获得县级以上地方人民政府体育主管部门行政许可后，应当持许可证到相应的工商行政管理部门依法办理相关登记手续。

第十三条 许可证载明事项发生变更的，经营者应当向做出行政许可决定的体育主管部门申请办理变更手续。体育主管部门同意的，为其换发许可证。经营者持换发的许可证到相应的工商行政管理部门办理变更登记。

第十四条 许可证到期后需要继续经营的，经营者应提前30日到做出行政许可决定的体育主管部门申请办理续期手续。体育主管部门同意的，为其换发许可证。经营者持换发的许可证到相应的工商行政管理部门办理续期登记。

第十五条 有下列情况之一，做出行政许可决定的体育主管部门应当依法注销许可证：

（一）经营终止；

（二）许可证到期。

第十六条 已经许可、注销和依据本办法第二十八条吊销许可证的，做出行政许可决定的体育主管部门应当向社会公示。

第十七条 许可证遗失或者毁损的，应当向做出行政许可决定的体育主管部门申请补领或者更换。

第三章 监督检查

第十八条 上级体育主管部门应当加强对下级体育主管部门实施行政许可的监督检查，及时纠正行政许可实施中的违法行为。

县级以上地方人民政府体育主管部门应当对经营者从事行政许可事项的活动实施有效监督。

监督检查不得妨碍被许可人的正常经营。

第十九条 县级以上地方人民政府体育主管部门对经营高危险性体育项目进行检查时，体育执法人员人数不得少于两人，并出示有效的行政执法证件。未出示有效证件的，经营者有权拒绝检查。

第二十条 体育执法人员应当将监督检查的时间、地点、内容、发现的问题及其处理情况做出书面记录，并建立执法档案，将各项检查记录和处罚决定存档。

第二十一条 经营者应当将许可证、安全生产岗位责任制、安全操作规程、体育设备、设施、器材的使用说明及安全检查等制度、社会体育指导人员和救助人员名录及照片张贴于经营场所的醒目位置。

第二十二条　经营者应当就高危险性体育项目可能危及消费者安全的事项和对参与者年龄、身体、技术的特殊要求，在经营场所中做出真实说明和明确警示，并采取措施防止危害发生。

第二十三条　经营者应当按照相关规定做好体育设备、设施、器材的维护保养及定期检测，保证其能够安全、正常使用。

第二十四条　经营者应当保证经营期间具有不低于规定数量的社会体育指导人员和救助人员。社会体育指导人员和救助人员应当持证上岗，并佩戴能标明其身份的醒目标识。

第二十五条　经营者对体育执法人员依法履行监督检查职责，应当予以配合，不得拒绝、阻挠。

第二十六条　国家鼓励高危险性体育项目经营者依法投保有关责任保险，鼓励消费者依法投保意外伤害保险。

第四章　法律责任

第二十七条　未经县级以上地方人民政府体育主管部门批准，擅自经营高危险性体育项目的，由县级以上地方人民政府体育主管部门按照管理权限责令改正；有违法所得的，没收违法所得；违法所得不足 3 万元或者没有违法所得的，并处 3 万元以上 10 万元以下的罚款；违法所得 3 万元以上的，并处违法所得 2 倍以上 5 倍以下的罚款。

第二十八条　经营者取得许可证后，不再符合本办法规定条件仍经营该体育项目的，由县级以上地方人民政府体育主管部门按照管理权限责令限期改正；有违法所得的，没收违法所得；违法所得不足 3 万元或者没有违法所得的，并处 3 万元以上 10 万元以下的罚款；违法所得 3 万元以上的，并处违法所得 2 倍以上 5 倍以下的罚款；拒不改正的，由做出行政许可决定的体育主管部门吊销许可证。

第二十九条　违反本办法第二十一条、第二十二条、第二十三条、第二十四条规定，由县级以上地方人民政府体育主管部门责令限期改正，逾期未改正的，处 2 万元以下的罚款。

第三十条　违反本办法第二十五条规定，由县级以上地方人民政府体育主管部门责令改正，处 3 万元以下的罚款。

第三十一条　县级以上人民政府体育主管部门工作人员在实施行政许可过程中，玩忽职守、滥用职权、徇私舞弊的，依法给予处分；构成犯罪的，依法追究刑事责任。

第五章　附则

第三十二条　在高危险性体育项目目录公布前，已经开展目录中所列高危险性体育项目经营的，经营者应当在目录公布后的 6 个月内依照本办法申请行政许可。

第三十三条　具体实施办法由地方根据实际情况制定。

第三十四条　本办法自 2013 年 5 月 1 日起施行。

（三）《国家体育总局关于印发经营高危险性体育项目许可管理文件的通知》

各省、自治区、直辖市、计划单列市、新疆生产建设兵团体育局，有关直属单位：

2013 年 7 月 18 日和 2016 年 2 月 6 日，国务院两次修改《全民健身条例》第三十二条。2014 年 9 月 1 日和 2016 年 5 月 9 日，体育总局两次修改《经营高危险性体育项目许可管理办法》。

根据相关法规、部门规章，体育总局修改完善了经营高危险性体育项目许可管理文件，现印发给你们。在工作过程中遇到问题，请及时与国家体育总局联系。

国家体育总局

2017 年 3 月 17 日

二、户外运动的安全管理

根据国家体育总局登山运动管理中心的定义，户外运动是一组以自然环境为场地（非专用场地）的带有探险性质或体验探险的体育项目群。户外运动主要包括陆地、水上、空中三大类。从活动内容来说，户外运动主要包括登山、攀岩、远足、山地穿越、野营、溯溪、漂流、荒岛生存、山地自行车、山地越野、探洞、滑雪、攀冰、羽翼滑翔、独木舟、骑马等。

户外运动与其他体育运动项目对比有很多不同，其危险性较大就是一个最大的不同之处，如果不能保证安全，活动的作用和意义也就无从谈起了。因此，组织经营户外运动时的安全管理就显得特别重要。

（一）户外运动的安全管理教育措施

（1）预知可能发生的危险，并对预防措施进行详细的讲解。

（2）必须对管理人员和工作人员进行系统的培训。

（3）必须让参加者自己保护自己。如果参加者是未成年人，必须对其监护人讲明活动的情况和可能出现的问题，并得到认可，万一发生事故，监护人也将负有责任。

（二）户外运动的危险因素

由于不是日常的活动和环境，因此，户外运动的危险与日常可能发生的危险也有很大不同，户外运动必须明确活动日程、场所、内容、参加者状况，预计可能发生的危险。

（1）自然环境：雨雪、强风、雷电、洪水、泥石流、雪崩、火灾、地震和危险动植物等。

（2）生物：传染病、寄生虫病和食物中毒等疾病。

（3）受伤：滑倒、碰伤和摔伤等引起的外伤甚至骨折；野营点火时被烧伤导致的头面部伤害；驱虫药误入眼睛；户外运动和野餐使用刀具之类的利器时不小心割伤。

（4）社会性危险：来自人际关系的精神上的伤害，人为的或用具使用不当造成的伤害。

（5）人为事故：交通事故、高原事故等。

（6）组织者、领队的过失：活动计划本身危险、指导不力。

（7）野兽攻击。

（8）其他。

（三）户外运动的安全管理措施

（1）开展预防事故发生的各种训练：

第一种是应急措施训练：心肺复苏法、出血及骨折的急救等。

第二种是危险预测训练：在活动中及时发现并回避危险，形成一种自觉意识。

第三种是整体安全管理：危险、紧急状况的处理机制、后援机制等。

（2）当进行群体户外运动时，应针对活动项目、主题、内容等合理地选择场所。同时，需要派选专业人员对活动场所进行实地考察，包括当地的环境、气候、水文条件、近年来的灾害记录等，以确定当地的安全性。另外，需要合理规划户外活动场地，包括停车场、就餐地点、居住地点、活动地点等，从而保证安全性。

（3）禁止随意使用野果或饮用户外水，避免对人身安全造成影响。同时，需要携带医疗设备，便于处理突发事件。

（4）管理人员要做好活动计划：第一，每项户外项目必须要按照活动流程进行，严格把控活动人数，保证活动秩序。第二，严格规定休息时间，防止人员随意出行而引发安全隐患。第三，在进行活动时，必须要备好防护措施及安全设备，以降低对人体的伤害。第四，做好应急预案，以应对突发事件，保障人们的安全。

参考习题：

1. 人力资源管理的基本功能有哪几个方面？
2. 休闲体育企业人力资源管理有何特点？
3. 健全的薪资制度至少具备哪 3 种基本条件？影响薪资的内、外在因素是什么？
4. 薪资调查的原则是什么？如何理解薪资政策与薪资结构？
5. 如何激发休闲体育企业员工的积极性？
6. 休闲体育企业有哪几种奖励方法？
7. 休闲体育企业经营管理人员必须具备哪些素质和能力？
8. 休闲体育企业一线员工必须具备哪些素质和能力？
9. 政府对休闲体育的安全管理有哪些明文规定？
10. 户外运动必须抓好哪些安全管理措施？

第十一章　休闲体育企业设备的选购及维护

本章导航：

☆　了解休闲体育企业设备选购的原则
☆　明确选购休闲体育企业设备的基本程序
☆　掌握休闲体育设备的管理任务
☆　学会休闲体育企业设备管理的基本方法
☆　知晓休闲体育企业设备的维护与保养

休闲体育设备是开展休闲体育运营的物质基础。由于休闲体育项目多且杂，不可能逐个对休闲体育项目的设备的选购及维护进行详细的叙述。比较热门的休闲体育项目，如健身房、游泳、羽毛球、高尔夫球、户外运动、网球、台球、保龄球、乒乓球、篮球、跆拳道、气排球、沙滩排球、潜水、蹦极等项目的设备，是经营者较常涉及和选购的。这里着重介绍休闲体育设备选购及维护的基本原则和注意事项。

第一节　休闲体育企业设备的选购

休闲体育企业做出投资休闲体育项目决定时，必须将休闲体育设备的选购列入企业投资和管理的议事日程。一般而言，休闲体育设备的选购应遵循如下原则。

一、休闲体育设备选购的原则

（一）与投资项目的定位相匹配

休闲体育项目很多，而且同样的项目可以分成不同的档次，接待的消费群体也不同，因此，休闲体育企业经营者在选购时应根据企业对项目的定位决定设备的档次。五星级的香格里拉大酒店的健体中心搭配的健身器材必然是国际一流的名牌产品，而小社区私人承包的健身房只需要有安全保障的价廉物美的设备即可。此外，还要考虑选购的设备与项目环境、整体设计相匹配。

（二）质量第一

有些休闲体育项目的风险性是相当大的，如蹦极、户外运动、潜水、健身房的力量练习等，休闲体育企业经营者选购这些项目的设备时一定要保证质量过关，始终遵循质量第一的原则，切不可因为贪图便宜而选择“三无”产品或劣质产品。

（三）安全和卫生

休闲体育企业在购买设备时必须检查设备是否符合国际或国家的安全卫生标准。尤其是在选购一些风险性大的项目设备时，一定要考虑到安全问题，如牢固性、防护性等，同时还要考虑是否有防止事故发生的各种装置，如自动报警、自动断电、自动停车等装置。在卫生方面，要考虑设备的油漆中有害物质是否超标或使用时是否造成尘埃飞扬而污染环境，这些设备使用过程中是否有噪声过大现象。企业应当对某些设备要求附带消音、隔音装置或配以相应的除污附属设备。

（四）使用方便

顾客在使用和操纵休闲体育设备时应感到方便、简易、舒适。由于休闲体育项目的人员流动性大，更换次数多，所以，选购的设备应易于使用，易于整理，易于修复。假如这些设备是比较大型的设备，还要考虑是否容易组装、拆卸、更换。

（五）便于更新换代

现在科学技术飞速发展，产品更新换代非常快，休闲体育设备也不例外。因此，当购买时就要考虑到方便更新的问题。现在很多休闲体育设备采用模块式组装，也是出于方便更新换代的角度考虑。此外，许多动力式的休闲体育设备都是由计算机控制，选购时应考虑到计算机接口的可转换和适配性。

（六）节能环保

节能环保是21世纪人类文明生活的发展趋势，在休闲体育运营过程中同样要体现节能环保的原则。如健身房选购跑步机、动感单车等电动设备时应考虑到能耗问题，尽量选购耗电低的产品。户外运动企业购置运动设备和器材时要选择环保健康产品，保证设备不对人体和环境造成损害。

（七）高性价比

高性价比原则着重体现在两点：一是所购设备在同一款式和同样成本中其性能指标是否最优；二是看设备的各种性能指标是否能达到休闲体育企业的要求。此外，还要考虑设备费用是否恰当、合理。这些费用包括：买价，安装费用，修理、折旧和保险费用，筹款费用，经营成本等。

二、选购休闲体育设备的基本程序

选购休闲体育设备的基本程序是收集资料→订货→到货验收。

（一）收集资料

收集资料是指广泛收集国内外有关休闲体育设备资料。首先，查看企业内部设备资料，主要是指查看休闲体育企业现有设备资料，包括设备档案、资产账册和设备卡片等所包含的设备信息。其次，收集国内有关休闲体育设备资料，这些资料可以从总经销公司、制造厂门市部和各种交易会订货展销会获得。广泛收集休闲体育设备产品目录、样本和说明书，通过技术杂志、报纸广告获取所需设备的信息，对汇集的信息进行整理，汇编成册，有条件的可以存入计算机备查。最后，收集国外有关休闲体育设备资料，这些资料可以从国外科技刊物和技术资料，特别是情报资料中找到，要从中掌握设备的发展趋势和现有最先进的设备水平。利用外贸公司、银行、国家商业团体、科技情报机构和展览会等渠道获得设备情报。利用专利咨询机构检索专利资料可以了解先进设备的线索和动态。此外，还可以利用其他国内报刊对国外的设备资料报道获得有关资料。

（二）订　货

订货是选购休闲体育设备程序中很重要的一个环节。国内设备订货的主要内容包括签订合同和合同管理。在签订订货合同时要注意以下几点：①合同的内容必须以供需双方往来函电和洽商的结果为依据。②合同的文字必须准确，能明确表达供需双方意见，不得有漏洞。③合同必须符合国家的经济法令、政策和规定。④合同必须考虑可能发生的各种变动因素，并将防止和解决方法列入，以作为签约后情况发生变化时进行处理的依据。⑤签订合同的手续必须完整，内容必须填写清楚，包括供、收货双方主管部门和单位的通信地址、电报挂号、结算银行全称和账号、货物到达站、运输方式以及产品名称、型号、规格、数量、交货期、结算方式、签订日期等，不能漏填或误填，最后盖上双方财务上规定的合同印章，才能生效。⑥签订合同时务必注意责任条款明确。⑦对违反合同条款，但已到货的设备，应尽量保持其原样，以保存证据。如果保持原样有困难，最好的办法是尽快得到具有法律效用的证明，或请相应公证部门予以证明。⑧合同管理，就是对订货、协议书、订货中往来电函、订货凭证等进行妥善管理，以便在订货过程中和掌握合同执行情况时考查，并作为仲裁供需双方可能发生矛盾的依据。国外设备订货的往返函电、附加协议、商谈纪要、预付款单据，都应视作合同的附件进行登记，并归类管理。

国外设备订货应注意的事项更多，其中着重注意如下几点：①询价与报价。所谓询价，即列出拟订购设备的名称、规格、型号、数量、包装、交货日期等条件，向供应商询问价格和问时，可同时选择几个国家、不同地区的厂商分别询价，然后加以比较，选择条件最为适当的厂家作为谈判的对象。所谓报价，即由买方向供应商发出拟订购设备的询函，请卖方正式提出报价单。报价方式在正常情况下有以下几种：A. 稳固报价，亦称确定报价。即报价人在一定时间内不可变更或撤回的报价。B. 不受约束的报价，即报价人对询价人所报之价格毫无责任，也不受任何约束，可以随时任意调整其价格。因此这种报价，实际上只是一种“价格通知”，仅能做参考。C. 卖方确认后有效的报价，即卖方报出的价格，经卖方再次确认后方有效。这种报价方式比较普遍。D. 有权先售的报价，即卖方可以同时向两个以上买方报价，如果其中一方先接受，则对后接受者不再生效。这种报价方式对卖方较为有利。E. 还报价，即进口商价，虽然各种交易条件合适，但外商报价过高，买方要求对方减价，这就是所谓“还价”或“出价”。还报价是一种新的“要约”，应在确实的有效期内进行。②签订合同。合同由买卖双方或经双方授权的代理人签订。合同必须经过询价和报价的过程，由买卖双方达成协议方有效。签订合同有下列几种方式：A. 签约方式，即买方在购买之前，先就订购设备的规格及有关条件提出合同、草稿，经双方洽谈达成协议后签字，成为正式合同。金额较大又较贵重的设备订货多采取此种方式。B. 确认接受方式，即由买卖双方中的任何一方提出“要约”，由另一方确认予以接受。“要约”凡由买方提出者称为“订单”，由卖方提出者称为“订货确认书”。C. 换文方式，即由买卖双方通过书信或电报往来达成协议。③国外设备订货合同的注意事项。在签订合同时，对国外订货协议的各项条款应严格审查、逐一研究，注意做到如下几点：A. 设备应采用通用的标准名称，用中文与外文对照书写。B. 要注意设备的规格和质量是否适合国情，对质量检验方法及发生质量与合同不符时的证明方法和处理方法应有明确规定。C. 标明价格与付款条件。价格按基础不同，有船边交货价格（FAS）、船上交货价格（FOB）、包括运费在内的价格（C & F）、包括保险费及运费在内的价格（CIF ）。付款条件，有信用证、付款交单、承兑交单。D. 对设备的包装与装运条件要具体说明。如包装有集装箱、木箱、货柜等，装运码头也需加以指定。对于特殊或精密设备、仪器等，需要注明特殊的包装与装运要求。E. 合同中要确定交货地点与延误交货的处理办法等。同时，要注意签发信用证的日期，以使之与交货期配合。F. 合同要确定运输的方法。如船运或空运，一次装运或分批装运，否则需要指定航线或船舶。G. 合同中要有保险条款。若是采用船边交货价格（FAS ）、船上交货价格（FOB）、包括运费在内的价格（C & F），一般由买方投保，若是包括保险费及运费在内的价格（CIF ），由卖方投保。H. 要选定国际公证商检机构进行设备质量的检验。在合同上要注明检验以装船或卸船为基准，并指定检验的单位或公司，确定检验的标准和方法。I. 合同要说明发生产品质量不良情况时如何赔偿、如何调解双方纠纷的方法及仲裁的地点。J. 与设备有关的图纸资料、备品配件和附件、专用工具、监测和评断仪器、特殊冷却润滑油料等，以及聘请卖方专家指导、委托卖方培训人员和其他技术服务等事项，应在订购设备的同时购买或引进，并在合同上注明，不得遗漏。

（三）到货验收

设备到货后，供需双方与有关部门要及时开箱验收检查。如果发现问题，要向有关方面查询或向责任单位索赔。验收步骤：首先检查包装情况，慎重探明应采取的拆箱方法，严防开箱时损坏设备与附件。然后，根据装箱清单清点到货是否齐全，外观质量是否完好无损，填写开箱记录单。接着，检查随机的备品附件、工具、元件资料是否齐全，要造册登记，专人保管。最后，核对设备的基础图、电气线路图、设备所占的空间，在原定厂房施工图上标注施工范围。

第二节 休闲体育企业设备的管理任务

休闲体育企业设备管理是休闲体育企业围绕着设备物质运动形态和效用发挥而进行的各种管理工作，包括对设备的选择、购置、维修、保养以及更新改造等。由于休闲体育企业是纯粹的服务业，其宗旨是要尽可能获取顾客的最大满意。而现代科学技术提供的最新休闲体育设备，成为休闲体育企业豪华、舒适和提供一流服务的物质基础，是提高服务质量的保证。完美的设备和功能加上完美的服务，也是休闲体育企业定价的重要的依据之一。休闲体育设备管理还是决定企业运营安全、工作效率、利润、声誉的重要因素。

一、休闲体育企业设备的构成

休闲体育企业设备很多，概括起来可分为八大类：

（1）户外基地型设施集中区、企业规划活动区域内设施、房屋建筑物设施等，它是休闲体育企业的主体。

（2）场地设施，主要指休闲体育项目用场地设施，如游泳池、网球场、羽毛球场、高尔夫球场等。

（3）机械设备，如健身器材、保龄球球道、蹦极设备等。

（4）电器设备，包括音响、电视、高尔夫模拟练习器等。

（5）管道线路设备。这些设备部分和房屋建筑融为一体，其余大多自成系统，用于各部门、各环节及企业和外界之间的联系，如电话系统、上下水道系统、报警系统、冷暖管道系统、计算机系统、闭路电视系统、电报和电传系统等。

（6）运输设备，主要指车辆。

（7）家具设备，包括桌椅、衣柜等。

（8）服务配套设备，如桑拿浴室、商务洽谈区、吧台等。

二、休闲体育企业设备管理的任务

休闲体育企业设备管理的任务就是要使休闲体育企业设备发挥最佳使用效率，为企业创造最优经济效益。休闲体育企业设备管理的任务主要是如下几个方面。

（一）制定合理的管理制度，专人负责，明确岗位职责

由于休闲体育设备管理具有涉及面广、协作性强的特点，一般是采用分级归口、专人负责、分工协作的管理办法。因此，必须制定设备管理制度，明确岗位职责，做好设备的看管、操作及维护工作，使在用设备台台完好，在修设备及时修好，提高设备利用率，降低物化劳动消耗，获得良好的经济效益。

（二）熟悉设备的基本结构和原理，熟练掌握维护技能，做好设备维修和保养工作

若大型休闲体育企业配备专职工程技术人员，应充分发挥工程技术人员的作用，严格执行各项管理制度和技术操作规程，将设备管理和技术管理结合起来。若小型休闲体育企业没有配备专职工程技术人员，企业应安排某个员工具体负责设备的维护，做好维修保养和必要的更新改造，保证业务经营活动正常运作。

（三）对设备进行更新和改造，避免企业设备老化，让顾客保持新鲜感

为了充分发挥设备的综合效益和避免休闲体育企业设备老化，并不断提高和完善企业形象，使企业永葆青春，提高竞争能力，应对休闲体育企业设备进行更新和改造。一般应 2～3 年进行一次中修，3～5 年进行一次大修。

（四）加强在设备使用过程中的技术经济分析，提高设备使用率

休闲体育企业设备使用过程中的技术状况、完好程度和使用效果如何，都直接影响企业经济效益。因此，要认真搞好设备使用过程中的技术经济分析，提高设备使用率，同时要积累技术资料，不断提高管理水平。

（五）提高员工主人翁意识，培养员工成为设备管理的能手，保证业务正常开展

休闲体育企业在经营过程中可能会遇到各种各样的问题或突发事件，当遇到的问题跟设备有关时，当班员工必须具备处理问题的能力。因此，企业必须提高员工的主人翁意识，敦促员工掌握维修设备的基本技能，培养员工对设备管理的能力，尤其要训练员工随机应对各种跟设备有关的复杂情况的能力。

三、休闲体育企业设备管理的基本程序

休闲体育企业的设备管理与其他企业的设备管理一样，按设备管理中的不同阶段，其设备管理可分为四个基本程序：设备的更新规划、设备的定期检修、设备的技术改造—设备的更新、报废。

1. 设备的更新规划

它是指从选型、订购到日常管理的运行程序，具体包括：

（1）设备的更新规划。

（2）设备选型。

（3）设备订购。

（4）入库保管。

（5）设备的安装调试。

（6）设备的移交、入账及建档。

（7）培训计划。

（8）日常管理。

2. 设备的定期检修

设备的定期检修具体包括：

（1）一级保养。

（2）二级保养。

（3）设备大修（包括局部大修）。

3. 设备的技术改造

设备在运行一段时间以后，会发现某些系统和设备配套不合理等状况，需要在设备原有性能基础上进行技术、效率、安全、环保和节能等技术改造工作。

4. 设备的更新、报废

设备的更新、报废手续应同时办理。设备的报废原则为：

（1）国家指定的淘汰产品。

（2）已超过使用期限、损坏严重、修理费用昂贵的设备。

（3）因受自然灾害或事故损坏，且修理费接近或超过原设备价值的设备。

（4）虽能运转，但有严重隐患，且修理费用昂贵的设备。

（5）无法修复的设备。

设备的报废，应由使用部门提出申请，由工程部会同有关技术单位进行技术鉴定确认后，方可办理报废手续。价位较高的设备，应经总经理批准。

四、休闲体育企业设备管理的基本方法

休闲体育企业经营的项目种类繁多，使用的设备各式各样。高档次经营场所，如高尔夫俱乐部、五星级酒店康乐会所，集中了现代科学技术提供的最新设备，这些设备成为实现休闲体育企业豪华、舒适和一流服务的保证。要管理好这些现代化设备，除了需要具有较高专门技术、技能的工程技术人员和技术工人外，还必须有一套严格的管理方法和科学的检修、保养计划及细致周全的岗位责任制。设备的正确使用和维修保养，是保证设备完好的两个不可分割的环节。也就是说，要科学管理企业的设备，仅仅靠工程部的检修和保养是不够的，还必须对使用这些设备的各个部门制定出相应的操作规程和管理制度。因此，设备管理是休闲体育企业各部门相互关联的综合管理，而工程部的职能首先是管理，其次才是检修。工程部必须制定人为损坏设备的经济责任制和合理的报修、检修程序。对重要设备的使用，还应制定严格的设备交接班制度。即使是中低档的休闲体育场所，对设备的管理同样需要进行。休闲体育企业的设备管理方法主要包括以下几个方面。

（一）建立设备技术档案，做好分类编号

休闲体育企业的设备种类多，使用范围广，更新周期各不相同，为了便于统一管理，降低物化劳动消耗，各种设备采购、配置完成后，要由工程技术人员和财务人员共同建立设备技术档案，做好分类编号工作。这样，财务人员负责设备使用过程中的经济技术评价，工程

技术人员负责维修保养，才能管好、用好设备。

分类编号的方法一般要按设备类型分类，单项同类设备分组，同时区别不同的使用部门，采用三节编码法：第一节，表示设备种类；第二节，表示使用部门；第三节，表示设备编号。例如，休闲体育企业健美部的跑步机编号，可写成 A2－3－16（A——电动器械类，2——跑步机组，3——健美部门，16——设备号码）。这样便于清产核资和检查。在分类编号的基础上，建立设备技术档案，将设备的品种、名称、数量、价值、使用部门和使用技术说明等技术资料统一分类归档，这就为管好、用好、设备提供了基础数据。

（二）分类归口，制定维修保养规程，执行岗位责任制

各种设备在建立技术档案以后，要按部门分级，按种类归口，划片包干，将设备日常管理和使用层层落实，直到班组和个人，同时，要制定各种设备的维修保养规程，建立维修保养制度，使用部门负责日常维护，工程技术人员负责日常保养，财务人员检查使用效果。各种设备落实到班组和个人后，要执行岗位责任制，才能始终保持设备完好，保证顾客需要和业务经营活动的正常开展。

（三）随时考核设备使用效果，提高设备利用率

休闲体育企业的设备管理与各种设备技术性能的发挥如何，对业务经营活动的开展和企业经营效益有着十分重要的作用。因此，必须随时考核设备管理状况和使用效果，其主要考核内容有：设备完好率、设备维修的经济性、设备有效作业率等。

（四）做好设备的更新工作，把握设备最优更新期

休闲体育企业的设备在使用期间，由于有形磨损和无形磨损，到了一定期限，必然需要更新和改造，它是由设备的寿命周期决定的，设备的寿命有 3 种形式：①自然寿命。自然寿命是指设备从投入使用，到报废无法使用所经历的整个时期。它是由设备在使用过程中的物质磨损造成的。②技术寿命。技术寿命是指设备从投入使用，到因无形磨损被淘汰所经历的时间。它是由科学技术进步，出现了技术上更先进、经济上更合理、外观上更好的设备而造成的。③经济寿命。经济寿命是指设备投入使用，到由于设备老化，维修费用增加，继续使用经济上不合算而需要更新改造所经历的时间。在综合考虑上述 3 个因素后，确定设备的最优更新改造期。如果仅单纯从更新设备角度考虑，只要重新选择和购置新的设备就可以完成设备更新任务了。

（五）精心设计设备的改造方案，确保改造按时保质完成

休闲体育企业的设备改造主要是改造健身房、高尔夫球场、游泳池、人工攀岩、滑雪场、滑冰场、滑草场、配套的桑拿浴室等建筑物，属于基建范围，一般由建筑部门来完成。休闲体育企业必须经过精心论证，提出改造方案。通过公开招标，选择最适合的基建公司承包。承包单位完成改造任务后，企业要根据合同规定的标准严格验收。凡是不符合标准的工程项目和更换的设备，都必须根据合同规定的办法解决。

第三节 休闲体育企业设备的维护与保养

一、休闲体育企业设备的维护与保养的意义

设备的维护与保养是设备管理的重要组成部分。休闲体育企业设备维护与保养的好坏，直接决定着休闲体育企业设备的使用质量与使用寿命，也决定着休闲体育企业设备的运行成本和企业的整体经济效益。休闲体育企业设备维护与保养的目的，主要是使设备的使用性能良好，延长修理间隔期，延长设备的使用寿命，提高设备工作效率，降低成本，减少消耗，更好地为休闲体育企业的经营服务。休闲体育企业中需要进行重点维护与保养的设备：健身房的大型力量器械、跑步机、动感单车；保龄球设备；蹦极设备；摩托艇；赛车；自行车；空域运动的滑翔机、滑翔伞、跳伞、热气球等。

二、休闲体育企业设备维护与保养基本要求

（一）运行使用人员要做到“三好”

（1）管好：管理好设备以及设备附件、仪器仪表、安全防护装置，使之完好无损。不擅离岗位，设备发生事故要及时上报。

（2）用好：严格执行操作规程，严禁超负荷运行，保持操作机构灵敏可靠。

（3）养好：严格按照设备保养规定，做好设备的日常保养和定期保养工作，班前班后做好清洁、检查或必要的润滑调整修复工作，以保持性能良好。

（二）运行使用人员还要做到“四会”

（1）会使用：熟悉设备原理、结构、性能和使用范围，严格遵守操作规程。

（2）会保养：保持设备清洁，按日常保养要求精心保养，发现异常情况及时处理。

（3）会检查：熟悉设备开机前后和运行的检查项目内容，设备运行中要随时观察有无异常情况。

（4）会排除故障：能正确判断故障征兆和原因，掌握故障排除方法。对排除不了的疑难问题及时报检报修。

（三）服务人员要做到会“两介绍”

（1）向顾客介绍设备使用方法并给予示范。

（2）向顾客介绍使用设备安全注意事项并交代询问和联系方式。

（四）运行操作要遵循“五项纪律”

（1）凭操作证上岗操作设备。

（2）保持设备整洁、精心保养。

（3）严格履行交接班制度和操作规程。

（4）设备的附件、工具齐全无损。

（5）随时观察设备运行情况，发现故障应立即检查报告。

（五）大型设备要做到“四定”

（1）定人操作运行。

（2）定人检查维修。

（3）定操作规程。

（4）定维护与保养细则。

三、休闲体育企业设备维护程序

休闲体育企业设备维护分为日常维护、定期维护和区域维护。三者是互相依存、交叉进行的。日常维护是每天进行的，定期维护是在日常维护基础上进行的。

（一）日常维护

日常维护是经常化、制度化地对设备进行维护，是全部维护工作的基础。休闲体育企业常用大型设备的日常维护的一般程序如下：

1. 班前维护

（1）检查电源以及电气控制装置安全可靠，各操纵机构正常良好。

（2）安全保护装置齐全有效。

（3）擦拭设备，有运转滑动部件的应检查润滑情况。

（4）认真检查上一班次的交班记录，然后填写交班记录。

2. 运行中维护

（1）严格按操作规程操作。

（2）集中精力工作，注意观察设备运转情况和仪器仪表，通过声音、气味观察有无异常情况。

（3）杜绝设备带病运转的现象，如有故障应停机检查及时排除，并做好故障排除记录。

3. 班后维护

（1）保持设备清洁，工作场地整齐，场面无污迹垃圾。

（2）保证设备上的全部仪器仪表、传动机构、油路系统、冷却系统和安全保护系统完好无损，灵敏可靠，指示准确。

（3）非连班运行的设备，在完成保养后，设备应回复到非工作状态，切断电源。

（4）认真填写运行记录和交班记录。

（二）定期维护

定期维护是在日常维护基础上规定在一段时间（时间长短根据不同设备而定）后对设备从更深层次上进行维护，以便消除事故隐患，减少设备磨损，保证设备长期正常运行。定期维护的主要内容有：

（1）彻底清洁设备外表和内部，疏通管道、油路。

（2）拆卸、检查设备的规定保养部位。

（3）清除设备的电机、接触器、继电器等的灰尘油污，并保证它们的接线完整无破损。

（4）润滑机械传动装置，紧固零件和调整机械间隙，必要时更换零件。

（5）对调整、小修、更换零件部件要逐一记录，对疑难和尚未解决的问题记录并上报技术主管人员，及时采取措施解决。

（6）由主管人员检查验收定期维护结果。

（三）区域维护

休闲体育企业设备除了大型公共设备之外，还有一部分小型设备分布在各接待营业部门使用。同时，各接待营业部门还有照明系统、音响系统、供排水系统的维护工作。如果以接待部门划分设备维护区域，那么区域维护就是与接待部门划分的区域性设备维护组织方案相适应的一种维护方式。

1. 区域的划分和维护小组的编组原则

（1）区域的划分要以接待部门为界限，特别要注意对跨部门系统的责任界限，给予详细说明，以防止故障出现后互相推卸责任。

（2）根据具体区域的设备种类不同比例来分配不同工种，根据人员素质的特点，合理搭配，合理组合，并指派区域维护小组负责人。

2. 区域维护小组的工作职责

（1）区域维护小组业务和行政上受工程技术部领导，负责区域内设备的维护、计划小修工作。小组工作指标（区域设备维修部分）的完成情况应接受区域部门的考核评分。

（2）记录、整理和反馈责任区域设备的表格数据。

（3）配合企业设备大修的技术队伍完成设备大修工作。

3. 区域维护小组的工作内容

（1）每班要认真执行区域巡回检查和点检制度，科学安排巡检路线，当场做好记录。

（2）负责区域设备的电器、照明、管道、水暖设备和机械附属装置等的维护修理。

（3）指导和督促接待部门的服务员做好客用设备的“四会”“三好”“两介绍”。

（4）及时处理责任区域内的故障并填写故障处理情况记录单。

（5）确保责任区域设备完好率不少于95%。

（6）对突发性故障的赴修反应时间（接到通知至入现场时间）不大于3分钟。

（7）积极开展预防维修活动，做好责任区域设备的普查、检测工作，通过对易损件故障分析找出本区域内易损件种类和规律，预备制作好成套更换件。

（8）客用设备现场故障处理必须使用成套的备用更换件，保证现场处理时间不大于15分钟。更换下来的损坏件必须在第二天修好备用。

四、休闲体育企业设备保养方法

（一）三级保养方法

三级保养方法就是根据设备保养工作量的大小及难易程度，把设备保养划分为三个类别，并规定其相应的作业范围。

三级保养是指设备的日常保养、一级保养和二级保养。

1. 日常保养

（1）日常保养的部位较少，大部分在设备的外部。保养方法包括清洁、润滑、紧固易动的螺丝，检查零部件的完整。

（2）负责保养的人员是机器设备的操作工人，班中设备发生故障，要及时排除，并认真做好交接班记录。

（3）保养时间应该是每天进行例行保养。

（4）日常保养的具体工作包括：第一，检查设备的操纵机构、变速机构及安全防护、保险装置是否灵敏可靠；第二，检查设备润滑情况，并定时、定点地加注定质、定量的润滑油；第三，检查设备容易松动、脱离的部位是否正常，附件、工具是否齐全；第四，检查设备腐蚀、砸碰、拉动和漏油、漏气、漏电等情况，搞好清洁卫生。

2. 一级保养

（1）保养的方法是对设备进行普遍的扭紧、清洁、润滑，并做部分调整。

（2）负责保养的人员是以机器设备的操作工人为主，维修工人为辅。

（3）保养时间一般在每月或设备连续运转500小时后保养1次，一般停机8小时。

（4）一级保养的具体工作包括：第一，根据设备使用情况，对部分零件进行清洗；第二，对设备的某些配合间隙进行适当调整；第三，清除设备表面黄袍、油污，检查调整润滑油路，保证畅通不泄漏；第四，清扫电器箱、电动机、电器装置，做到固定整齐、安全防护装置牢靠；第五，清洗附件和冷却装置。

3. 二级保养

（1）保养方法是对设备进行内部清洁、润滑、局部解体检查修理。

（2）负责保养的人员是以维修工人为主，机器设备的操作工人为辅。

（3）保养时间按一班制计算是1年进行1次或累计运转2500小时后进行1次二级保养，停机时间为32小时。所以，二级保养也叫年保。

（4）二级保养的具体工作包括：第一，根据设备使用情况对设备进行部分解体检查；第二，对各种传动箱、液压箱、冷却箱清洗换油，油质和油量要符合要求，保证正常润滑；第三，修复和更换易损件；第四，检修电器箱、电动机、整修线路；第五，检查、调整、恢复精度和校正水平。

每一次保养之后（不包括日常保养）要填写保养卡，并将保养卡装入设备档案中，同时要在设备登记卡一、二级保养记录上记录此次保养的日期和主要内容等。

（二）建立计划保养制度

设备的计划保养制度是按照设备的使用说明书中所要求的维护保养项目和时间要求，科学地安排保养时间和内容，并将每次保养列入计划，落实到每个员工的工作日程上，一环扣一环，管理方法比较严谨，并与设备管理的其他方法一起，构成休闲体育企业设备管理的大系统。其管理方法主要有以下5个步骤：

1. 以设备说明书和使用手册为依据，建立每台设备的维护保养要求

在设备登记卡上，有一栏维护保养要求，每登记一台新设备，设备管理员就应在此栏写明该设备说明书中要求的每周、每月、每季、每半年和每一年的维护保养要求。如果是进口设备，则应及时将这一部分文字翻译过来，作为日后制订维护保养计划的依据。

2. 利用日、周保养记录，落实日、周保养要求

设备维护保养要求中的每日和每周对设备的保养工作要由设备的使用部门承担。设备操作人员要把这项工作担负起来。但由于设备操作人员往往缺乏对设备保养要求的了解，缺乏坚持自觉保养的意识，所以对主要设备，管理部门要坚持下发和收集该设备日、周保养记录，督促这两种保养工作的落实。

3. 根据设备保养需要，做出年保养计划

为了进一步落实设备的月、季、半年、一年的保养要求，首先要把它们纳入计划。因此，在制订年维护保养计划时，要根据设备登记卡中所要求的设备月、季、年保养要求，列出设备计划检修工作安排大表，并在表中标明计划检修的时间安排，检修后也要做出相应的记号，以便掌握情况。

4. 利用工作单落实计划检修工作

填写完设备计划检修工作安排大表只是做完了保养计划。因为此计划是按周安排保养工作的，所以落实每项保养工作可在每周针对表中所列项目，由设备管理员下达设备计划检修工作单。工作单中详细写明检修内容并有检修所用材料、工时和检修情况记录。在检修后，把工作单中的一份交还设备管理部门，另一份自己留底。

5. 使用计划检修工时费用统计表，计算计划检修所用工时和费用

休闲体育企业可根据自己的需要，在每个月末进行一次计划检修工时费用统计，统计时可以企业所属部门为单位，一可了解各部门设备保养的好坏程度，二可为部门核算做好准备，三可与其他统计结果一起构成一致的统计结果。

参考习题：

1. 休闲体育企业设备选购的原则有几条？休闲体育企业设备选购有哪些基本程序？
2. 休闲体育企业设备可分为几大类？休闲体育企业设备管理的任务包括哪几个方面？
3. 休闲体育企业设备管理需要经过哪几个基本程序？
4. 休闲体育企业设备管理有哪几种基本方法？
5. 休闲体育企业设备的维护与保养有何意义？
6. 休闲体育企业设备保养方法有哪些？
7. 休闲体育企业设备维护与保养的基本要求是什么？
8. 如何执行并控制好休闲体育企业设备维护的程序？

第十二章　健身俱乐部经营管理特征

本章导航：

☆　了解 2021 年全球和中国健身趋势

☆　明确健身俱乐部的组织结构和分工职责

☆　掌握健身俱乐部的定价

☆　知晓私人教练的含义和私教工作室的运营特点

☆　明白国内专业健身权威认证

第一节　2021 年全球和中国健身趋势调查

一、2021 年全球健身趋势调查

2020 年 12 月，ACSM（American College of Sports Medicine，美国运动医学会，是国际健身行业四大认证机构之一）推出的一年一度的《全球健身趋势调查报告 2021 版》问世了。2021 年全球健身趋势如下：

（一）在线训练（online training）

在线训练是为在家里或旅途中进行运动所设计的，其通过互联网技术为团队或个人传送锻炼方案。

（二）可穿戴技术（wearable technology）

可穿戴技术包括体适能追踪器、智能手表、心率监测设备和 GPS 跟踪设备。这些设备可以跟踪记录心率、热量和静坐时间等信息。

（三）自重训练（body weight training）

自重训练是以体重作为训练阻力、非稳定、多平面动作的一类训练。自重训练经常使用少量的训练器材，这使该方法能够低成本有效地进行。

（四）户外运动（outdoor activities）

健身专业人士为他们的顾客提供更多的户外活动，例如团体性步行、骑行或有组织的团体性远足。这些活动持续时间可长可短。参与者可能有组织地在当地一个公园、远足区域或

自行车道上碰面。

（五）高强度间歇训练（high－intensity interval training）

高强度间歇训练通常包括短时高强度运动和短时间歇。虽然市面上的高强度间歇训练有很多种，但共同之处在于高强度部分的运动强度均超过最大强度的90%。

（六）虚拟现实健身训练（virtual reality fitness training）

虚拟现实技术（VR）的健身训练是团体健身活动与科技的融合，该技术提供的锻炼旨在轻松便捷地满足顾客的日程安排和需求。通常，虚拟锻炼是对着健身房中大屏幕进行的。

（七）运动即良医（exercise is medicine）

运动即良医是一项全球性健康倡议，其旨在鼓励医护和其他医疗工作人员在制订治疗方案时增加体育活动，并将他们的患者推荐给运动专业人员。运动即良医认为体适能专业人员是社会健康团队的一部分。

（八）自由负重力量训练（training with free weights）

自由负重力量训练使用杠铃、哑铃和壶铃来提高和保持肌肉能力。训练中，根据不同的训练目标选择不同的次数、组数、节奏、重量和练习。

（九）老年人健身计划（Fftness programs for older adults）

老年人健身计划是迎合“婴儿潮”出生的一代人的健身需要。老年人可能比年轻人拥有更好的支付能力，健身俱乐部可以从这个增长的市场中获利。人们寿命更长，工作期限更长，保持健康和活动状态也更长。

（十）私教训练（personal training）

这项趋势随着私教训练在网络、健身俱乐部、家庭和工作场所的普及而延续。私教训练指教练和顾客一对一地制订训练计划以满足顾客的需求和目标，通常包括体适能测试和目标设置。

（十一）健康指导（health/wellness coaching）

健康指导是指在健康促进和生活方式治疗课程中增加行为科学。健康指导采用一对一的方式为顾客提供支持、目标设定、指导和鼓励。健康指导人员关注顾客的价值、需求、期望、短期和长期的目标。

（十二）移动设备运动 App（mobile device movement App）

可以安装 iPhone、iPad 和安卓等移动设备上的运动 App，可提供开始和结束锻炼的音频和视频提示。有些 App 还有追踪记录和其他功能。

（十三）雇用认证健身专业人士（employing certified fitness professionals）

雇主重视雇用经业界公认的教育或认证项目认证的健康/健身专业人士。越来越多的培训项目已被国家认证机构认可，因此雇主在判断认证资质时变得越来越容易。

（十四）功能性健身（functional fitness）

功能性健身是指运用力量训练来提高平衡、协调、力量和耐力，以改善日常生活的活动。功能性健身的练习往往采用日常生活中实际使用的活动。

（十五）瑜伽（yoga）

瑜伽拥有多种不同的形式，包括爆发力瑜伽、热环境瑜伽等。

（十六）减重运动（exercise for weight loss）

减重运动是指将所有减重课程与一个合理的运动课程进行整合的健身方法。该方法有时结合膳食干预、食物制作培训等内容。

（十七）团体训练（group training）

团体训练指导员通过专门设计的多人团体训练（ >5 名练习者，也可以是团体形式的私人训练）来教授、带领和激励练习者。团体训练课是为不同体适能水平的人员所设计的有效的、能激发动机的训练课。指导员在训练课中会使用引导或带领技巧来帮助练习者达到他们的健身目标。团体训练课涉及的类型和设备较多，包括健美操、舞蹈和动感单车。

（十八）生活方式医学（lifestyle medicine）

生活方式医学是以循环医学为基础，帮助个人和家庭采取和维持健康的、有助于提高生活质量的健康行为。目标患者行为的实例包括但不限于戒烟、改善饮食、增加体育活动和减少酒精摄入适度饮酒。生活方式医学作为医疗护理保健、疾病预防和健康促进的基础，可以促进健康行为。

（十九）健身专业人士的许可（licensure for fitness professionals）

某些国家的一些职业受许可的管制。例如，没有许可证，一些人不能自称为医生或护士，在某些州（或省、市），不能自称为物理治疗师或营养师。在健身产业领域有一种趋势，对健身专业人士的执业许可规定会更多，如私人教练。

（二十）灵活性和肌腱膜设备（flexibility and muscle aponeurosis equipment）

这些设备包括按摩深层组织的滚轴、肌腱膜放松器和扳机点放松器。这些器材用于按摩、放松肌肉紧张和痉挛、增加血液循环、缓解肌肉不适、协调恢复正常活动。这些器材的应用部位为腰部、髋部、大肌肉群（如腘绳肌、臀肌）。为了达到不同的效果，这些器材的材料不同，有的是泡沫，有的是硬橡胶。

二、2021 年中国健身趋势调查

（1）减重运动。

（2）健康饮食。

（3）运动与健康从业人士培训与认证。

（4）青少年体育。

（5）有氧健身。

（6）核心训练。

（7）私人训练。

（8）功能性健身。

（9）健康指导。

（10）健身专业人士的许可。

（11）运动损伤预防与康复。

（12）自由负重力量训练。

（13）户外运动。

（14）运动即良医。

（15）雇用认证健身专业人士。

（16）自重训练。

（17）健身结果测量。

（18）生活方式医学。

（19）小团体私人训练。

（20）移动设备运动 App 。

第二节 健身俱乐部的组织结构和分工职责

一、健身俱乐部的组织结构

如图 12－1 所示，通常情况下，健身俱乐部内部组织机构分为 3 个部门：前台、市场部、教练部。每个部门设一位主管或部门经理。前台下设 6 个小组：客服专员、前台接待员、结算员、健体吧专员、维修人员、保洁员；市场部下设 4 个小组：会籍顾问、企划员、传媒攻关员、渠道推广员；教练部下辖 4 个小组：私人教练、力量区教练、带操瑜伽教练、游泳教练。

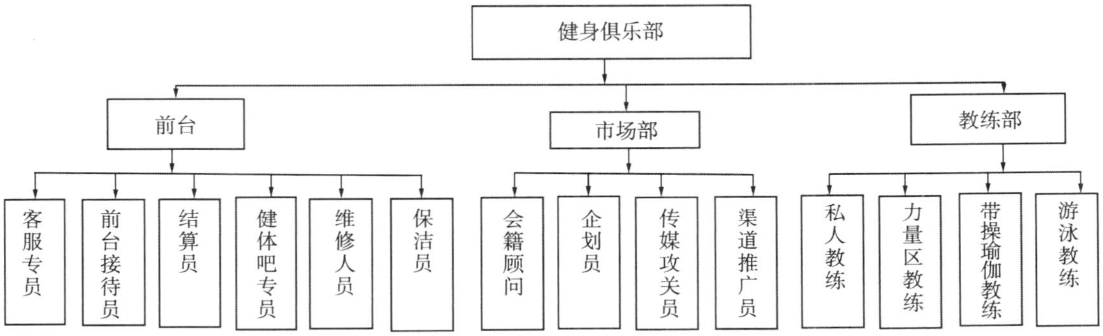

图 12－1 健身俱乐部的组织结构

二、健身俱乐部各个岗位职责

（一）前台主管的岗位职责

（1）向健身俱乐部店长（经理）负责，接受店长（经理）指派的任务。

（2）负责前台、健体吧、客服、结算、保洁、维修的全面管理工作。

（3）严格按照操作程序要求下属员工进行前台预约、登记、接待、总机转接、结算、销售、卫生、维修等工作。

（4）合理安排前台部门的人力资源。完成本部门事务性管理工作。

（5）严格按照电脑管理系统操作程序，要求员工及时将信息录入电脑管理系统。

（6）做好部门间与部门内部的协调工作。

（7）配合健身俱乐部培训计划做好部门培训工作。

（8）熟悉顾客和会员并保持良好的客际关系，善于处理投诉。

（9）负责每日销售统计，按财务制度对账目进行审核和交接。

（10）督导下属热情为意向顾客办理入会手续。

（二）客服专员的岗位职责

（1）随时接受公司委任之任何工作。

（2）做好顾客资料收集和存档工作。

（3）协助会籍顾问引领准顾客参观店面，介绍产品，信息登记，办理签单。

（4）熟悉各种办卡业务，及时热情为顾客办理入会手续。

（5）解决持卡会员相应问题，做好售后服务。

（6）做好顾客渠道开发、顾客维护、顾客回访。

（7）热情、耐心接受会员和顾客的投诉，并及时向主管报告。

（8）早班检查常备物品。如纯净水、健身卡、收据、合约书、饮料、健身包、毛巾等是否充足，不足应及时补充，每天在16:30前完成。

（9）准确发放钥匙并确认会员卡是否处于正常使用状态。

（10）按俱乐部规定播发音乐：在9:30—18:00播放轻快音乐，在18:00以后播放有节奏感的音乐。严格控制好俱乐部前台音响设备的使用，在21:00后播发轻快音乐，22:00把所有音像设备关闭。

（11）在教练部课程开始前10分钟，全场广播两次即将开设的课程。

（12）在营业结束前半小时，全场广播两次预打烊。

（13）下班之前核对钥匙是否齐全，是否有会员遗留的东西、发错的卡等，并做好记录，上交主管。

（14）为第二天的正常营业做好准备工作。

（三）前台接待员的岗位职责

（1）对来访顾客做好接待、登记、引导工作，及时通知被访人员。对无关人员、上门推销和无理取闹者应拒之门外。

（2）接听电话，按要求转接电话或记录信息，确保及时准确。

（3）保持公司整洁卫生，展示公司良好形象。

（4）监督员工每日考勤情况。负责每月统计公司员工的考勤情况，考勤资料存档。

（5）负责公司快递、信件、包裹的收发工作。

（6）负责办公用品的登记存档和盘点工作，对办公用品的领用、发放、出入库做好登记。

（7）不定时检查用品库存，及时做好后勤保障工作。

（8）负责复印、传真和打印等设备的使用与管理工作，合理使用，降低材料消耗。

（9）负责整理、分类、保管公司常用表格并依据实际使用情况进行增补。

（10）做好会前准备、会议记录和会后内容整理工作。

（11）做好材料收集、档案管理等工作。

（12）协助上级完成公司行政事务工作及部门内部日常事务工作。

（13）协助前台主管做好公司各部门之间的协调工作，积极完成上级交办的临时事务。

（四）结算员的岗位职责

（1）负责办理顾客的办卡和健身消费的结算业务，包括 VIP 卡、年卡、半年卡、季卡、月卡、散客、私教顾客的缴费。

（2）将当天的营业额及时登记并输入管理系统。

（3）遇到财务和结算问题时应及时跟店长（经理）、主管、客服专员、前台接待员联系，妥善处理。

（4）每日下班前应对当日账目进行核对并上报。

（5）应定期将营业状况向上级报告，提供账目数据给俱乐部店长（经理）作为经营决策参考。

（五）健体吧专员的岗位职责

（1）与教练员商议，负责会员和顾客的全面营养方案的个性化制定。

（2）负责销售蛋白粉等营养品，这些营养品有助于提升健身健美的效果。

（3）为会员和顾客提供科学、合理的补水建议。

（六）市场部（会籍）主管的岗位职责

（1）全面负责健身俱乐部的市场营销推广工作。

（2）负责拉近产品与顾客的心理距离和物理距离。

（3）跟踪健身俱乐部市场的发展动向以及当地市场动态。

（4）制定会员卡销售目标。

（5）为会籍顾问制定会员卡业绩目标并进行定期考核。

（6）激励会籍顾问努力工作，为俱乐部创造最大效益。

（七）会籍顾问的岗位职责

（1）遵守俱乐部和本部门的销售流程及有关规章制度，服从管理，积极维护俱乐部的形象。

（2）负责会员卡的销售工作，并认真填写每日工作记录和有关销售报表，做好店内销售、店外销售、电话销售、线上销售与陌生拜访工作，努力完成每月和每年的业绩目标。

（3）熟悉俱乐部各项业务和卡种，积极接待参观的顾客，全程陪同顾客来访，按照销售程序引领顾客参观俱乐部并提供相关会员卡咨询服务工作。

（4）做好会员资料的管理及跟踪服务工作，与会员保持良好的关系，定期与会员联系，及时解答会员提出的问题并提供相应的服务，如预约教练、通知会员俱乐部组织的大小活动等，在能力范围内解决担忧。

（5）做好俱乐部潜在顾客的发掘、销售渠道的开发及维护工作等。

（6）在销售过程中遇到问题要及时上报，积极为俱乐部经营管理工作提出合理化建议。

（7）协助会籍主管，积极参加对外宣传、推广、销售活动。

（8）积极参加俱乐部及部门组织的各种培训。

（9）做好会籍办公室及接待室的卫生保洁工作，爱护俱乐部各种设备。

（10）完成上级领导交办的其他工作。

（八）企划员的岗位职责

（1）品牌视觉管理，达到品牌视觉一致。

（2）销售环境改善，建立销售环境体系。

（3）营销工具包装，获取最高营销效率。

（4）组织会员定期内部活动，如工作坊、生日会、会员兴趣小组、节假日活动、旅游等。

（5）控制成本也是企划组活动非常重要的一项内容。

（九）传媒公关员的岗位职责

（1）负责传统媒体关系的维护，不定期地与媒体进行情感互动交流。

（2）组织媒体会员活动日等媒体活动。

（3）举办新课发布会。

（4）与广告公司合作，其中，软广比硬广更容易让人接受。

（5）大型年度活动策划执行。

（十）渠道推广员的岗位职责

（1）负责市场通路拓展、异业合作，它的核心工作是以店面为中心，建立“核心商户伙伴联盟圈”。具体做法就是发展 4 ~6 家核心合作伙伴，每个行业挑选一家。核心伙伴以月为单位轮流举办活动，共享资源，通过平台不断引入新的加入者。

（2）在网络推广方面，主要是负责网络及新媒体的推广，包括微信、微博、抖音、快手等。

（3）应特别重视员工个人自媒体经营和培训的模板建设。

（4）对员工进行企业文化培训，达成文化层面上的认同，在有个人风格的同时还要与公司总体形象保持统一，公司官微平台定期提供可以直接转发的内容，要有适当的频率。

（十一）教练部主管的岗位职责

（1）对俱乐部负责，制定教练员相关工作方案及工作目标，并敦促实施。

（2）及时向上级相关部门汇报教练员的工作，起到连接公司与员工的沟通作用。

（3）领导并监督全体教练员，确保正常的工作秩序，遵守俱乐部工作手册。

（4）负责全体教练员的培训，负责私教推广工作，并对私人教练部业绩状况负有直接责任。

（5）负责定期跟踪教练员的技术培训、考核及工作情况，掌握所有教练员的会员档案和相应资源，并及时向上级部门汇报相关情况。

（6）及时指正教练员的日常工作差错，如遇不能解决的问题，须及时上报上级相关部门。

（7）负责私人教练部考勤安排，并对出现的特殊情况做调整。

（8）教练部主管为俱乐部一切健身器材的责任人，应将健身器材建档入库，组织安排专人进行日常管理与维护，如发现异常，及时上报俱乐部。

（十二）私人教练的岗位职责

（1）为会员提供个性化、高质量、高效率的全方位健康指导。

（2）帮助会员明确锻炼目标。

（3）为会员提供健康评估和科学的健身咨询等。

（4）维护会员的人身安全，保证会员在练习过程中不受伤。

（5）熟练掌握各种健身设备、器械、器材的使用方法，能够正确指导会员使用器材进行训练。

（6）具备一定的心理学知识，能够为会员疏解心理问题。

（十三）健美操、舞蹈、瑜伽教练的岗位职责

（1）负责健美操、舞蹈、瑜伽课程的教学计划和备课教案的制订。

（2）亲自授课，给会员展示高质量的示范动作并伴随着生动的讲解。

（3）助教老师的遴选和培训。

（4）负责教室内器械的检查、维护、报修、清理工作。

（5）周边商品的推广销售，如专业服装、护具、饰品等。

（6）观察会员学习情况，告知他们提高技能的相关措施。

第三节　健身俱乐部的定价

一、健身俱乐部定价的影响因素

（一）内部因素

（1）俱乐部的投资回报。根据俱乐部的总投资、预期回报率、会员发展预测来确定年卡基本价格。

（2）根据俱乐部的特色，如教练团队的优秀、特殊设施等确定价格。

（3）依照 STP（市场细分—目标市场—市场定位）理论，决定俱乐部市场定位，继而定价。

（二）外部因素

（1）国内政治、经济、社会发展形势。

（2）当地经济发展状况，当地居民收入和消费水平。

（3）同等俱乐部的价位参考，通过调研同等规模、服务水平的俱乐部的价格来确定价格。

二、健身俱乐部常见的价格体系

国内的价格体系分为会员制和办卡制两种，俱乐部目前普遍采取办卡制。

（一）会员制

必须交纳一定的入会费，同时对入会的身份有所限制。

（二）办卡制

国内近年通行的会员制实际上还是办卡制，其中健身卡的常见分类有以下五种。

（1）按时间分类：月卡、季卡、半年卡、年卡、两年卡、五年卡、记次卡、时段卡、周末年卡等。

（2）按服务档次、待遇和服务期限分类：金卡、银卡、翡翠卡、钻石卡等。

（3）按关联人群优惠组合套餐分类：家庭年卡、情侣年卡、商务卡、团体卡等。

（4）按场地使用峰期分类：高峰期卡、非高峰期卡、单号卡、双号卡等。

（5）按选择项目组合分类：双项卡、单项卡、全卡、通用卡（指所有连锁店通用）等。

三、健身俱乐部的预售策略

（一）制订完善的预售方案

（1）设定适当的预售目标。

（2）选择预售日期。

（3）确定预售团队构成和人员数量。

（4）估计预售成本。

（5）预售的宣传推广策略。

（6）预售方式。

（二）为预售选择合适的宣传媒体

（1）抖音、快手、西瓜等短视频平台。

（2）微信、微博等各种网络交际平台。

（3）传单、户外广告等。

（4）网络平台。

（5）电视、广播等电子媒体。

（6）报纸与相关印刷制品等平面媒体。

（7）口碑传播。通过健身俱乐部会员的传播。

（三）选择合适的预售方式

1. 布展营销推广

健身俱乐部在布展宣传时选择地点一般会在人员集中且高档次消费的场所，如商场、写字楼、公寓等。布展展示的内容，包括健身俱乐部的平面广告图片以及发送文字资料等印刷品。可以采用展板、易拉宝等。促销人员必须经过严格的培训，着装统一，且对俱乐部的情况了如指掌。布展的整体效果要充分体现健身俱乐部高品质、有特色的形象特点。

2. “面对面”销售

健身俱乐部在前期推广中，惯用会籍推广的有效方法，即“面对面”销售。这种预售方式对会籍顾问提出非常高的要求。会籍顾问必须以阳光、端庄、整洁的面貌迎接顾客和潜在会员，以娴熟的专业知识和专业素养耐心地说服顾客，解答顾客提出的各种问题，满足顾客的疑问和好奇心。在“面对面”销售过程中，会籍顾问的亲和力、口才、专业性、热情以及接待技巧有助于促销取得成功。

3. 营业推广

营业推广是服务行业传统的促销方式。但是，面对现代风格的健身俱乐部的预售，创新后的营业推广仍然富有成效。主要形式有：①让顾客免费体验，领略设备的舒适度，感受健身俱乐部的气氛。②直接跟教练员、会籍顾问、前台接待员、私教等接触，让顾客亲身感受健身俱乐部一线人员的素质和能力，可以提升顾客或潜在会员的信任度。③通过热情引导顾客参观健身俱乐部，让顾客身临其境，逐渐拉近与顾客之间的距离，这样的参观会对他们决定加入健身俱乐部产生直接的影响。

四、健身俱乐部定价应注意的问题

（1）根据俱乐部的硬件、软件条件及市场情况确定俱乐部的核心顾客群体。

（2）在俱乐部运营中要坚持市场定价的连贯性，要先知先觉而不要跟在别人之后。

（3）不进行价格竞争，立足开拓市场。

（4）集中力量巩固现有会员，不要对现有会员随意提价。

第四节　私人教练和私教工作室

一、私人教练

（一）私人教练的定义

私人教练（此处特指“健身私人教练员”，英文 fitness personal trainer）是指具有某种健身认证资质和执教经验，在健身俱乐部或健身房或私教工作室，一对一指导订制的顾客进行运动健身的教练员。

私人教练必须根据每个顾客的具体情况制订严密的训练计划，并在较长一段时间内进行跟踪指导，使顾客的健康状况能够按照既定的方向得到改善，使体适能水平得到提高。私人教练必须兼任两个角色：运动健身指导者和健康顾问。

（二）私人教练的职责

1. 运动健康计划推广

运动健康计划推广主要推广运动促进健康的作用、什么样的人适宜从事什么样的运动、运动健身计划的重要意义、本俱乐部的特色及健身项目。

2. 顾客健康状况的诊断与评价

顾客健康状况的诊断与评价包括健康史调查、生活方式调查与评估、健康理念调查与评估、体适能测量与评价、运动动机测量与评价。

3. 运动健身方法指导

运动健身方法指导包括最新流行运动健身方式的掌握、运动方式的选择、运动负荷的控制、运动频度的控制、间歇时间的控制、运动损伤的预防、运动营养的指导，还必须掌握力量训练方法、跑步机、功率自行车等设备设施的使用方法。

4. 健康心理咨询

健康心理咨询是指在提供健身指导服务的同时，还能为会员的健康问题排忧解惑，使会员得到心理上满足的一种特殊服务形式。

二、私教工作室

（一）私教工作室的定义

私教工作室是以私人教练一对一的私教课程或小团体私教课程服务为基础，旨在为帮助会员达到理想的健身效果而进行全方位、专业的私人订制服务的小型机构。其基本服务类型有一对一私教服务、一对多小团体训练指导，还有团体操课，不过，团体操课相对较少。除此之外，还有私人教练上门服务、私教拓展训练等。

（二）私教工作室的构成要素

私教工作室一般由两大板块构成：一是软件部分，主要指教练人员配置；二是硬件部分，一般指场地、设施和环境。

软件一般是指私教工作室配备的教练，也是经营者本人和一些非常有能力、优秀的健身工作者，人数一般为3~6人。这些人员必须要具备丰富的从教经验和3年以上的工作经历，私教工作室里面的私教并不是只要拥有壮硕的身材和熟悉掌握健身器械的功能就可以算合格，他们必须要懂得最基本的运动解剖学、运动生理学、体育保健学、运动营养学、运动生物化学、教育心理学等，以及相关的专业知识。每位私教都有他自己所擅长的课程，比如运动康复课程、常规的增肌减脂课程、MFT综合格斗课程、拉伸放松特色课程等。在实际工作中每个教练完成各自的教学内容。

硬件也就是场地、设施和环境，一般场地面积为100~300 m^2，主要分为器械区、有氧区、团体操课区、私教区和休息区，音乐也是必不可少的一部分。器械区主要摆放针对大肌肉群练习，比如胸部、肩部、背部、腿部、腹部大肌肉群练习的器械，一般数量为6~8台；有氧区主要就是跑步机或者椭圆机，一般数量是3~4台；团体操课区的面积为16~20 m^2，容纳5~7人，一般作为小团体私教课，比如瘦身训练营、塑形小团体，通过专业的教练进行指导训练；私教区的面积相对来说要大一些，一般为60~80 m^2，并不包括放置健身工具的面积，在它周围摆放着很多小器械，比如女士哑铃、BOSU球、瑜伽球、VIPR能量筒，壶铃和跳绳等；休息区的面积一般在30 m^2左右，放上几张舒适的桌椅，可容纳8~10人一起聊天休息，再加上暖色的灯光照射，袅袅听动的音乐，让整个私教工作室显得温馨、亲切。

（三）私教工作室的特点

1. 个性化和私密性，迎合个人偏好，体现时代特征

当前社会是“个性化”十足的社会，人人追求个性化发展和个性展现。私教工作室最显著的特点是个性化。个性化的特点体现在个性化环境、个性化指导和服务、个性化时间；私教工作室最大的优势体现在高私密性、灵活预约时段、会员模式等。会员的私教诉求通常是瘦身减脂、增肌塑形、产前训练、产后康复、改善亚健康等，私教可以根据会员的要求，制订安全、科学、有效的训练方案来帮助他们达到目的，并且可以上门服务。私教工作室对于会员来说最受欢迎的一点是私密性，当前社会上大多数人健身的最大目的是瘦身减脂，其

实就是减肥，这类人群是不太乐意暴露在健身房密集的人群中锻炼的。而私教工作室就提供了这么一个私密的空间，没有嘈杂的环境，会员在做动作时更加自然，一对一的训练效果更好。

2. 投资小、成本低、收益乐观，满足经营者的商业需求

私教工作室投资小、成本低、收益乐观，私教工作室一般都在 100 ~ 300 m^2，降低了成本和投资风险，管理起来要更加省事。私教工作室提供更加专业、具有针对性的健身指导，在吸引顾客的同时可以形成一个固定消费群体。私教工作室提供的私教是一种更加注重学员个性特点的指导方式，针对每位顾客设计出私人订制的训练方案。

3. 预约制度的灵活性，满足了会员的时间管理和支配高效的需求

私教多采用一对一指导的模式和预约制度，私教工作室比起健身房在时间上更有灵活性。私教工作室可以在不同的时间段接待不同需求的会员，提供方便、高效、给力的指导和服务。由于当前的生活节奏较快，顾客的时间观念也在不断地增强，对于时间的管理和支配是非常高效的，因此，越来越多的顾客对于时间的要求越来越具体，私教工作室提供的时间安排较自由灵活，当时间预约好后，教练会提前把场地、器械整理好，为会员节约了时间、提高了服务效率。

4. 课时费价格偏高

私教工作室大都采用一对一私人订制指导，课时费价格在 300 ~ 600 元/小时，不同的城市消费水平是不一样的，课时费价格也有所不同。由于私教投入的边际成本远远大于大班教学，即使课时费价格偏高也在情理之中。

5. 健身氛围不够浓烈

私教工作室的会员数量少，自然而然私教工作室的健身氛围不够浓烈，这对于那些期待一个很好的健身氛围的会员来说是一个缺憾。

（四）私教工作室的定位

在成立私教工作室之前一定要把自己的经营范围定位好，明确服务对象，只有把服务对象定位好才能更好地开发课程，从而形成良性循环。私教工作室的教练人员必须掌握全面的健身健美的理论知识，具备专业的健身健美的教学能力，能够真切地让会员感受到训练的效果，而不是纯粹依靠销售，专业过硬的教学技能是私教工作室教练员的核心竞争优势。除了教练能力之外，沟通能力、心理疏导、营销能力、服务态度和责任心也是不可或缺的。

第五节 “互联网 +”健身俱乐部的管理

一、“互联网 +”健身俱乐部的定义

“互联网 +”健身俱乐部实质是指利用互联网技术对传统健身产业深度发展，改变和创

新原有商业模式的市场需求，是活跃于健身市场的新兴力量。“互联网＋”健身俱乐部主要通过线上平台模式进行，与传统模式相比，付费模式便捷，健身方式碎片化、轻量化，是具有数字化管理工具的新型健身俱乐部。

随着社会健身需求的提升，将更多的新增基础健身用户吸引到健身俱乐部，并开展健身运动，是目前“互联网＋”健身俱乐部实现商业模式创新的重点，“互联网＋”健身俱乐部这一新兴业态存在着互动性强、成本低等特性，所以在培育基础健身用户的同时，也可以在经营上和传统健身俱乐部有效区别开，填补面向中低端的健身市场。

二、“互联网＋”健身俱乐部的类型

（一）门面导向型“互联网＋”健身俱乐部

该类型健身俱乐部通常是以门店建设作为拓展市场的主力军，通过覆盖大量的实体店，达到平台规模化和品牌效应。其主要代表是 LK 运动。LK 运动是我国“互联网＋”健身行业中拥有门店数量最多的一个品牌，通过多门店在健身人群中建立品牌感，提升市场形象和可信度。围绕门店场景，打造连接线上线下的健身中枢空间。LK 健身在商业模式创新上首推“微健身”概念，走“小而美”的路径。建立众包平台，LK 从产品延伸至平台，联合更多的社会资源打造成为健身领域的“领头羊”。

（二）内容导向型“互联网＋”健身俱乐部

该类型健身俱乐部是将课程内容设计、健身服务产品打造作为拓展市场的主要发力点，以自身独特的品牌化课程来吸引更多的潜在受众。其主要代表是 CJXX。通过完善个性化的团体课程，形成口碑传播推动力，CJXX 吸引顾客、拓展市场的抓手就在于其按次付费的购课模式和品牌化的课程体系，依靠品牌团课课程，切中浅层健身爱好者这一市场。在其商业模式中，形成了“以箱代房”的健身仓，创新盈利模式，将传统健身俱乐部的“会员制”改为线上、线下相结合的“新零售”模式，以服务赢取用户，提高顾客复购率。

（三）用户导向型“互联网＋”健身俱乐部

该类型健身俱乐部是在线健身平台的实体化探索产物，早期通过线上积累足够多的用户，将其导流至门店，通过提升平台健身体验来提高线上、线下的融合程度。其主要代表是 Keep。Keep 通过开发线下实体健身门店，根据会员的健身需求，丰富自身平台服务模式，为用户运动健身提供更加直观的体验。在线下，打通更多的体育资源，拓宽盈利渠道，提供与线上课程相区别的具有体验感和强社交性的线下健身课程与服务。同时，构建运动数据化中心，以内容为核心，培养顾客黏性；试建品牌电商，转化流量给健身俱乐部带来收益；布局 O2O 健身空间，实现线上与线下“体验的串联”。

第六节　国内专业健身权威认证

一、健身教练国家资格认证

健身教练国家资格认证简称“国职”，由人力资源和社会保障部批准，国家体育总局颁发，是各大健身俱乐部所承认的国家级资质证书。国家职业资格证书是正规、权威和具法律效应、法律保护的健身教练必备上岗证，是健身教练求职、任职的资格凭证。要考取健身教练国家职业资格证书，必须到国家体育总局授权的体育行业特有职业培训试点单位（正式挂牌、有培训机构编号）进行培训。

二、中国健美协会专业健身教练技术等级制度（试行）

第一条　为进一步加强我国专业健身教练队伍的建设与管理，适应体育健身消费市场的发展需求，根据《中华人民共和国体育法》和《中国健美协会章程》，制定本制度。

第一章　等级划分及技术要求

第二条　本制度所称专业健身教练是指从事健美健身教学指导、技能传授、健康咨询等服务工作的人员。

第三条　专业健身教练技术等级分为初级专业健身教练、中级专业健身教练、高级专业健身教练、国家级专业健身教练。

第四条　各级别标准要求：

（一）初级专业健身教练：掌握健身练习方法和教学法则，并具备健身指导经验。

（二）中级专业健身教练：熟练掌握健身练习方法和教学法则，初步掌握营养学、康复学等相关学科内容，具备一定的健身教学经验。

（三）高级专业健身教练：熟知多种健身方法和教学法则并可对学员进行有针对性的教学指导，自身训练技术达到一定水平，具备丰富的健身教学经验。

（四）国家级专业健身教练：熟练且系统地掌握各项训练教学法则及人体机能规律，自身训练技术达到较高水平，具备丰富的健身教学经验。

第二章　培训资格及认证条件

第五条　专业健身教练技术等级培训及考核由中国健美协会培训委员会及中国健美协会授权的“CBBA专业健身教练培训基地”组织实施。学员经培训及考核达到相应级别的技术标准后由中国健美协会颁发“CBBA专业健身教练技术等级证书”。

第六条　符合各级别认证条件或欲晋升等级认证者，均可申请参加中国健美协会授权的专业健身教练技术等级培训。申请者应满足相应级别的认证条件之一，并参加相应级别的培训与考核。

一、初级专业健身教练：

（一）年满18周岁，有从事专业健身教练职业意愿；

（二）希望提升训练效果的健身场馆会员；

（三）有一定健身健美基础的身体健康的爱好者。

二、中级专业健身教练：

（一）取得中国健美协会三级健身指导员称号者；

（二）取得初级专业健身教练称号者；

（三）中等专业学校或职业高中以上学历；

（四）普通高等院校（继续教育）在读学生；

（五）参加地市级健美健身竞赛获奖者；

（六）有从事健身教练工作意愿者。

三、高级专业健身教练：

（一）取得中国健美协会二级健身指导员称号者；

（二）取得中级专业健身教练称号者；

（三）体育院校三年级（含）以上在读生；

（四）获国家体育总局颁发的健美健身项目运动员技术等级称号者；

（五）获省级健美协会主办的健美健身比赛前6名者；

（六）取得在中国健美协会注册的具有独立法人资质的健美健身专业培训机构颁发的培训合格证书者。

四、国家级专业健身教练：

（一）取得中国健美协会一级健身指导员称号者；

（二）取得高级专业健身教练称号者；

（三）体育院校本科以上学历者；

（四）获得国家体育总局颁发的健美健身项目二级及以上运动员技术等级称号者；

（五）获中国健美协会主办的全国健美健身比赛前8名者。

第七条　对持有国家认可的相关培训机构所颁发的健身教练证书的学员，在满足所申报级别的认证条件并通过考核者，也可获得由中国健美协会颁发的专业健身教练技术等级证书。

第三章　注册管理

第八条　中国健美协会培训及赛事系统官方网站：www.chinabba.cn 对专业健身教练实施统一注册及管理。

第九条　培训工作由中国健美协会培训委员会负责，采用中国健美协会审定的统一服装、教材。

第十条　本制度经中国健美协会会员代表大会审议通过后施行。中国健美协会《健身指导员技术等级制度》（社体运协字〔2010〕32号）自行废止。

第十一条　本办法由中国健美协会负责解释。

中国健美协会

2020 年 5 月 18 日

参考习题：

1. 2021 年全球健身趋势 20 强是什么？
2. 2021 年中国健身趋势 20 强是什么？
3. 健身俱乐部有什么样的组织结构框架？
4. 健身俱乐部各个岗位的分工职责是什么？
5. 健身俱乐部是如何定价的？
6. 什么是私人教练？私教工作室的运营有何特点？
7. 国内专业健身权威认证有哪几个？

第十三章　户外运动俱乐部经营管理特征

本章导航：

☆　了解户外运动的起源与发展

☆　明确户外运动的概念和特征

☆　弄清户外运动的分类

☆　掌握户外运动俱乐部经营管理要点

☆　知晓冰雪运动运营特征

第一节　户外运动

户外运动，源于 18 世纪末的阿尔卑斯地区的登山运动，风靡欧美近两个世纪。户外运动不是一种简单的体育运动，也不同于传统的旅游方式，而是一种把旅游、运动、文化、休闲、时尚、人际交流紧密集合起来的生活方式。1857 年，世界上最早的户外运动俱乐部诞生在德国，这个以登山、徒步为主要运动项目的民间组织是现代户外运动俱乐部的雏形。

户外运动于 20 世纪 80 年代被引入我国，其转入民间化和社会化是在 20 世纪 90 年代中期。从 1989 年我国第一个户外运动俱乐部在云南诞生，到 2020 年国内户外运动俱乐部已经发展到了将近 1 万家，总体数量规模还在不断扩大，越来越多的户外运动爱好者加入这个行列。

一、户外运动的概念

国家体育总局登山运动管理中心对户外运动的定义：户外运动是以一组自然环境为场地（非专用场地）的带有探险性质或体验探险的体育项目群。2005 年，国家体育总局将“山地户外运动”设立为我国正式开展的第 101 个体育项目。

二、户外运动的特征

（一）以自然环境为运动场地，具有回归自然、返璞归真的特征

顾名思义，户外运动的目的地是在户外的山地、江河湖溪、森林等自然环境中。在当今由钢筋水泥搭建起来的城市里，市民是多么渴望回归自然，返璞归真，寻找天然氧吧，呼吸

新鲜空气，体验不寻常的人生。

（二）具有不同程度的探险性和挑战性

户外运动源自登山和攀岩，从事登山和攀岩不仅需要强健的体魄，更需要强烈的探险精神、敢于挑战恶劣环境的勇气。延伸到今天的户外运动，涉及的项目越来越多，带给人们内心的那种挑战自我的体验十分深刻。

（三）具有高风险性

户外运动在带给参与者惊险、刺激体验的同时，也同时注定了户外运动具有高风险性的特征。户外运动俱乐部所面临的风险包含户外活动组织中所面临的人员伤亡、器物损失风险等。然而，正是户外运动的高风险性与强刺激体验交织在一起，让参与者接踵而来，疯狂走一回。

（四）对身体、意志、专业技能等方面有全面的要求

通常情况下，户外运动的目的地和环境是比较恶劣的，而且充满风险，因此，对参与者的身体、意志、专业技能都有全面的要求。

（五）能促进新陈代谢，改善身体机能

经常参加户外运动，在野外呼吸到新鲜的空气，从而增强心肺功能；户外运动还对促进体内新陈代谢、消除大脑持续紧张有帮助作用，同时也有助于提高耐力、力量、协调性等身体素质。

（六）崇尚团结互助的团队精神

开展户外运动，通常选择的路径和目的地是荒郊野岭，会遇到很多困难，此时就特别需要俱乐部会员之间团结互助，发扬团队精神，攻坚克难。

三、户外运动的分类

（一）按照户外运动地理资源分类

1. 山地项目

山地项目主要是依托山地、沙漠资源，利用山地和沙漠的险、峻、恶、高、远、难等特点开展的户外运动，代表性项目有登山、攀岩、探险、溯溪、速降、夜营、远足、郊游、骑行、越野徒步、高山速降、山涧徒步、负重行军、高山探险、定向运动、野外生存、拓展运动、沙漠徒步、山地自行车、山地穿越、洞穴探险、悬崖下降、负重户外行军、峡谷运动、骑马、荒岛生存等。

2. 水上项目

水上项目其实包括“水上”“水中”和“水下”的含义，可以在江、河、湖、海中进行，笼统的水上项目包括漂流、冲浪、帆船帆板、独木舟、划龙舟、风筝冲浪、悬崖跳水、航海、潜泳、江河湖横渡、海底探险、水下狩猎等。

3. 冰雪项目

冰雪项目主要是以冰雪为基本条件开发、开展的户外运动，冰雪项目有滑雪、滑冰、雪橇、冰帆、冰雪雕塑、攀冰、山地滑雪等。

4. 空中项目

空中项目是指利用辽阔的天空开展的户外运动，空中项目主要有热气球、高空跳伞、滑翔、蹦极、翼装飞行、滑翔机、空中飞行表演、空中巡游、滑索、荡秋千等。

（二）按照户外运动价值和功能分类

1. 追求放飞式健身的户外运动

不局限于室内体育馆或体育场等有限空间，而是喜欢徜徉于户外广阔的天地开展健身运动，无拘无束，放飞身心和自我。例如：登山、远足、郊游、骑行、越野徒步等。

2. 追求刺激性挑战的户外运动

不断挑战极限，寻求刺激，把不可能变成可能。例如：高山速降、翼装飞行、悬崖下降、荒岛生存等。

3. 追求好奇性探险的户外运动

对尚不可知的人类生存空间充满好奇并有一探究竟的冲动，尤其是那些神秘的洞穴、水底。衍生而来的就是洞穴探险、海底探险、峡谷运动。

4. 追求专业型探索的户外运动

结合本职工作需要而开展的户外运动。例如：地质考察、采集矿石、调查民俗、采访奇闻、考察古迹、摄影写生、打猎、采集中药材等。

5. 追求娱乐性休闲的户外运动

融入户外大自然中享受休闲时光，安排一些消遣性、娱乐性的活动，例如：钓鱼捉蟹、捉蟮逮鼠、捉虫捕蝶、烧烤烹调、采集花草等。

6. 追求发展型培训的户外运动

通过开展户外运动培训，全面提升人的素质。典型的项目是拓展运动、高空跳伞等。

第二节　户外运动俱乐部经营管理要点

一、政府对开展户外运动给予政策支持

2001 年起，国家体育总局登山运动管理中心在国家体育总局的领导和支持下，成立了户外运动部，专门负责户外运动的竞赛和行业规范。其后，中国登山协会出台了《登山户外运动俱乐部及相关从业机构资质认证标准》《登山户外运动俱乐部及相关从业机构技术等级标准》《高山向导管理暂行规定》《户外运动员注册与交流管理办法（试行）》。国家体育总局登山运动管理中心和中国登山协会共同对登山和户外运动指导员进行培训和考核、颁发

证书。此后又陆续出台了登山和户外运动竞赛规则，建立了分站赛和积分赛制度，逐步形成了登山和户外运动指导员、裁判员和专业管理人员的骨干队伍。现在，管理部门正在加大户外运动技术培训和资质认证的力度，对从业人员和机构进行规范化管理。2016 年 11 月 8 日，经国务院同意，国家体育总局、国家发展改革委、工业和信息化部、财政部、国土资源部（现自然资源部）、住房和城乡建设部、交通运输部和国家旅游局（现文化和旅游部）8 部门联合出台《山地户外运动产业发展规划》，为我国山地户外运动产业发展指明了方向。

按照户外运动广义的概念，户外运动已逐步向更加宽泛的休闲旅游领域扩散，融合了运动、旅游、时尚、休闲、健康等多种元素。是体育运动还是体育旅游抑或是特种旅游竟然变得概念模糊，导致无法合理划分俱乐部的上级行政管理部门。现在，户外运动往往由体育局和旅游局共同管理，有关户外运动文件的出台也是由国家体育总局和国家旅游局（现是文化和旅游部）联合其他相关部门共同颁布的，2016 年出台的《山地户外运动产业发展规划》就是典型的例子。

二、户外运动俱乐部分类和资质认证

依照注册情况，户外运动俱乐部被分为：公司型俱乐部（在工商部门注册）、社团型俱乐部（在民政部门注册）、依靠型俱乐部（在登山协会注册）、事业型俱乐部（隶属于学校或事业单位的群众性社团，在单位登记）、自发型俱乐部（没有注册）。其中，以公司型俱乐部、依靠型俱乐部所占比重列前。在上海，还有一些俱乐部是以咨询公司名义注册，或者以旅行社特种旅游名义获得经营许可。

资质认证是指由国家认可的认证机构证明一个组织的产品、服务、管理体系符合相关标准、技术规范或其强制性要求的合格评定活动。在工商部门注册的公司型俱乐部每年必须到当地工商部门进行资质认证；在民政部门注册的社团型俱乐部每年必须到民政部门进行资质认证。

三、户外运动俱乐部的收费管理

在组织活动过程中，多数户外运动俱乐部的收费是以会员 AA 制为主，也有采用“AA 制 + 管理费”的形式。会员 AA 制的收费方式主要是强调活动费用透明，会员能够详细了解活动费用的支出情况，会员比较容易接受。“AA 制 + 管理费”是户外运动俱乐部一次性收取全部活动费用。

四、户外运动俱乐部的经营内容

户外运动俱乐部的经营为容主要有如下 8 个方面：①组织户外运动；②组织户外旅游；③组织专业户外运动类竞赛；④户外运动相关培训；⑤受托开展企业户外运动拓展；⑥户外运动服装销售；⑦户外运动器材和装备销售；⑧其他。

五、户外运动俱乐部的经营管理特点

（一）明确户外运动和户外运动俱乐部管理所隶属的政府职能部门

目前，国家体育总局登山运动管理中心是负责户外运动管理的政府职能部门，下设户外运动办公室，另外还有中国登山协会下设的户外运动部，各地市体育局及登山协会的相关机构等。而文化和旅游部也有某些管理权限。

（二）鼓励户外运动俱乐部行业自律管理

2009 年 8 月 25 日，上海 30 多家户外运动俱乐部联合签署《上海市户外运动俱乐部及相关从业机构行业自律公约（讨论稿）》。这是上海首份户外运动俱乐部行业自律公约，由上海市登山运动协会起草，从建立上海户外运动规范的发展模式、内部管理、活动组织规范、安全管理、环保管理 5 个方面提出了 25 条自律公约。

（三）户外运动俱乐部管理有一定难度

由于户外运动具有非常明显的民间性、大众性和组织形式多样性等特点，从而使相关管理存在一定难度，尤其是自发性的组织形式致使管理存在漏洞。

（四）户外运动俱乐部的组织形式和营销渠道

户外运动俱乐部的组织形式主要是采用会员制结合网络平台运作，按照会员等级开展不同形式和级别的户外活动。20 世纪末，在国内出现了一种新型的户外运动组织形式——户外运动俱乐部网站，它借助于建立在互联网之上的自身网站，构建出相应的户外运动旅游群体，着重于旅游者个人的自发性以及旅游群体的互助性，强调虚拟与现实活动的和谐统一，在其中起到核心组织作用的是俱乐部。当前，微信群成了国内户外运动一种新的组织形式。

户外运动俱乐部的营销渠道主要集中在如下几种：①发微信群、朋友圈推广；②通过抖音、快手等短视频平台传播；③与报纸、广播、电视传统媒体合作；④组织赛事；⑤口碑宣传推广；⑥在俱乐部内开展营业推广；⑦在专业户外运动杂志上登广告；⑧散发广告单；⑨与外地户外运动俱乐部、旅行社、康养机构、学校、社区物业合作；⑩其他。

（五）户外运动的露营地、基地和目的地正在被纳入当地经济、旅游业、文化创意、体育产业发展规划的范畴

越来越多的县、镇政府把户外运动作为拉动当地经济发展的一个引擎，将户外运动的露营地、基地和目的地纳入当地经济、旅游业、文化创意、体育产业发展规划的范畴。主要表现在：户外运动融入地方总体规划之中，周密安排，统筹布局；跟当地特色产业捆绑在一起；与其他产业融合发展；户外运动发展富有可持续性。

（六）户外运动正在被越来越多的抖音、快手、西瓜视频等短视频平台主播作为主题内容

抖音、快手、西瓜视频等短视频平台应该对以户外运动为主题内容的主播有所监管，尤

其是在安全、环保、社会影响力、带货、商业化方面有一定的规定和制约。

（七）重视户外运动风险因素识别和风险管理

户外运动属于高风险项目，管理部门应该经常深入俱乐部检查其安全管理情况，引导并督促户外运动俱乐部经常开展安全教育工作，指导俱乐部为参与者办理人身意外伤害保险，防患于未然。必须对突发的、非预期的特殊事件给俱乐部造成的人员、财物的风险进行控制。假如出现事故可以进行风险转移，减少俱乐部的损失。

户外运动俱乐部安全保障措施主要有如下几点：①帮助会员购买安全保险；②提供和维护户外专业探险设备；③注重领队的专业资质；④定期组织会员开展安全教育培训；⑤组织召开活动行前会；⑥建立突发事件预防制度。

第三节　冰雪运动运营特征

2022 年冬奥会由北京联合张家口共同举办，我国发布了《关于以 2022 年北京冬奥会为契机大力发展冰雪运动的意见》，提出了“带动三亿人参与冰雪”和“北冰南展东扩西进”等一系列政策部署，旨在抓住举办冬奥会的绝佳机会，努力实现冰雪运动在竞技和群众两端的协同发展，夯实我国冰雪运动的整体实力，提升我国冰雪运动的运营水平。2017—2018 年冰雪季，我国参与冰雪运动和冰雪旅游人数达到 1.97 亿人次，较 2016—2017 年增长 16%，冰雪运动产业和冰雪旅游收入约合 3300 亿元，同比增长 22%，未来冰雪运动产业和冰雪旅游有更大的发展空间。2019 年 10 月 17 日于国家会议中心开幕的国际冬季运动博览会现场发布的《中国冰雪产业发展研究报告》显示，2022 年我国冰雪运动产值将达到 8000 亿元，2025 年将达到 1 万亿元，占整个中国体育产业总产值的 1/5。

一、冰雪运动、冰雪运动产业的概念

冰雪运动是指在相应装备和用具的帮助下，在天然或人工冰雪场上进行各种运动的统称，分为冰上运动和雪上运动。随着科技的快速发展，传统的冰雪运动受天气和地理位置制约这一状况发生改变，特别是人工制冷冰场和人造雪场的出现，使冰雪运动不再限于冬季和北方，这也为冰雪运动的逐渐普及奠定基础。

冰雪运动产业主要是围绕冰雪运动进行市场的开发、整合、推广与营销，从行业来看，涵盖体育、旅游、文化、教育等领域的生产与服务。按照国家统计局的产业分类，冰雪产业包括五大板块，分别是冰雪旅游、冰雪赛事、冰雪运动与培训、冰雪营销、冰雪装备。若结合产业的上下游链条供给端，又可将冰雪产业的具体内容大致划分为从事冰雪装备生产的上游生产端，从事本体产业的冰雪旅游、冰雪赛事和冰雪培训的中间主体端，从事冰雪营销的中下游开发端。

二、冰雪运动的分类

（一）按照冬奥会项目设置分类

花样滑冰、雪车、滑板滑雪、自由式滑雪、北欧两项、速度滑冰、速度滑雪、跳台滑雪、高山滑雪、现代冬季两项、雪橇、越野滑雪、短道速滑、冰橇、冰壶。

（二）按照商业化运营分类

（1）节庆类：冰雪文化节、冰雪旅游节、冰雪嘉年华、冰雕节、冰雪马拉松、赏冰乐雪季等。

（2）业余技能类：滑冰、滑雪、花样滑冰、速度滑冰、速度滑雪等。

（3）游乐类：雪地拔河、滑雪橇、雪地足球、冰上龙舟、冰上自行车等。

三、发展冰雪运动的契机和政府的政策支持

2022 年北京冬奥会对于中国冰雪产业的发展起到极大的推动作用，这一点从政策上看更是如此。从国家层面来看，冰雪运动产业政策日趋完善，产业发展路径日趋清晰，这些产业政策分散出现在不同的规划和文件中。如 2016 年 8 月出台的《冰雪运动发展规划（2016—2025 年）》；2016 年 11 月，国家体育总局等 23 部门联合出台的《群众冬季运动推广普及计划（2016—2020 年）》；2016 年 11 月，国家体育总局等 7 部门发布的《全国冰雪场地设施建设规划（2016—2022 年）》；2018 年 9 月，国家体育总局颁布的《“带动三亿人参与冰雪运动”实施纲要（2018—2022 年）》；2019 年 6 月，工信部等 9 部委联合发布的《冰雪装备器材产业发展行动计划（2019—2022 年）》等。特别是 2019 年 3 月，中办和国办印发了《关于以 2022 年北京冬奥会为契机大力发展冰雪运动的意见》这一重要文件，为冰雪运动产业未来发展指明了方向。

四、冰雪运动的运营

冰雪运动普及程度是冰雪运动产业持续发展的重要保证。冰雪运动产业发展的客观条件包括自然环境、基础设施等；主观条件包括民众的参与程度、对冰雪的认知与情感、冰雪体验、冰雪教育与网络培训体系、志愿者的力量等。

冰雪运动运营最典型的理想业态是形成“生产—销售—培训—度假—赛事”这一显著的产业链。着重抓好冰雪旅游、冰雪赛事、冰雪运动与培训这三大本体产业重点业务，重视冰雪装备的创新设计和生产，从狠抓冰雪运动气氛入手突破冰雪运动营销瓶颈。与此同时，需要强调的是，冰雪运动产业实现可持续和高质量发展，离不开技术创新和商业模式创新的融合。

五、我国冰雪运动产业存在的问题

（一）冰雪运动产业开发缺乏整体战略规划

我国的冰雪运动产业开发存在产品同质化、结构雷同化等问题，各地的冰雪运动项目差异性不大，重复建设严重，布局也不尽合理，严重浪费了资源，影响了当地冰雪运动产业和冰雪旅游的整体形象。

（二）冰雪运动旅游产品文化内涵不突出

我国大部分滑雪场都属于浅层次、低水平开发经营，科技含量低，文化内涵不突出。由于在历史上有延续性，在文化上有相近性，在其产品的开发上就容易趋于雷同。

（三）冰雪运动场地基础设施还比较薄弱

一个成熟的冰雪运动产业和冰雪旅游产品应当是各要素的合理配置，为顾客创造舒适便捷的运动旅游环境。世界闻名的滑雪旅游度假区，都有铁路、航空、公路便捷的交通网络支撑，尽可能地缩短顾客在交通工具上的时间。我国大多数滑雪场的旅游交通“瓶颈”问题比较严重，许多景点的路况很差，景点之间形不成环路，顾客在运动旅游中的交通成本和滞留时间都过高。另外，部分小型雪场的服务功能低，滑雪场全景图、雪道介绍牌和各种引导标识不健全，停车场、游客中心等硬件设施陈旧落后，安全防护设施欠缺。

参考习题：

1. 户外运动是如何发展起来的？
2. 什么是户外运动？户外运动有何特征？
3. 户外运动是怎样分类的？
4. 户外运动俱乐部经营管理有哪些特点？
5. 什么叫冰雪运动？冰雪运动是如何分类的？
6. 我国冰雪运动运营存在哪些问题？如何改进？

第十四章　体育旅游精品线路和精品赛事

本章导航：

☆　明确体育旅游的概念

☆　知晓我国体育旅游的总目标

☆　了解首批国家体育旅游示范基地和国家体育旅游精品赛事

☆　认识房车产业发展的意义

☆　掌握房车和房车产业链的概念

☆　弄清制约中国房车产业链发展的因素

第一节　体育旅游概述

一、体育旅游含义

体育旅游是体育与旅游相互融合交叉的部分，它体现了体育的社会性与旅游的社会性。体育旅游属于社会体育的一个产业分支，也是旅游的重要组成部分，是特种旅游的一种，是人类社会生活中的一种新兴旅游活动。其概念有广义和狭义之分。从广义上讲，体育旅游是指旅游者离开习惯居住地，在旅游中所从事的各种娱乐身心、锻炼身体、竞技竞赛、刺激冒险、康复保健、体育观赏及体育文化交流活动等与旅游地、旅游企业、体育企业及社会之间关系的总和；从狭义上讲，体育旅游则是为了满足和适应旅游者的各种专项体育需求，以体育资源和一定的体育设施为条件，以旅游商品的形式，为旅游者在旅游过程中提供融健身、娱乐、休闲、交际等于一体的服务，使旅游者的身心得到和谐发展，丰富社会文化生活的一种社会活动。

二、国家政策扶持“体育旅游”——总目标

国家旅游局、国家体育总局于2016年12月联合发布的《关于大力发展体育旅游的指导意见》明确提出，到2020年，在全国建成100个具有重要影响力的体育旅游目的地，建成100家国家级体育旅游示范基地，推出100项体育旅游精品赛事，打造100条体育旅游精品线路，培育100家具有较高知名度和市场竞争力的体育旅游企业与知名品牌，体育旅游总人数达到10亿人次，占旅游总人数的15%，体育旅游总消费规模突破1万亿元。

第二节　首批国家体育旅游示范基地和国家体育旅游精品赛事（2017年7月）

一、国家体育旅游示范基地名单（30）

北京奥林匹克公园
天津蓟洲国际滑雪场
河北张家口市万龙滑雪场
山西运城市芮城圣天湖景区
内蒙古越野e族阿拉善梦想沙漠汽车航空乐园景区
吉林北大壶体育旅游经济开发区
黑龙江亚布力滑雪旅游度假区
江苏蠡湖国家体育旅游示范基地
江苏红山体育度假村
浙江宁波东钱湖旅游度假区
安徽宣城市徽杭古道景区
福建白水洋体育旅游示范基地
江西庐山西海风景名胜区
山东青岛奥林匹克帆船中心
山东海阳国家沙滩体育运动示范基地
河南焦作云台山景区
湖北荆门爱飞客小镇
湖南益阳奥林匹克公园
广东清远古龙峡原生态旅游区
广西百里柳江体育旅游示范基地
海南三亚蜈支洲岛旅游区
重庆武隆喀斯特旅游区
四川成都西岭雪山景区
贵州兴义市万峰林生态体育公园景区
云南迪庆梅里雪山
陕西渭南市大荔县同州湖景区
甘肃冶力关国家AAAA级体育旅游风景区
宁夏沙坡头国家体育旅游示范基地

新疆丝绸之路国际度假区
新疆生产建设兵团军燕沙漠生态旅游景区沙漠越野基地

二、国家体育旅游精品赛事名单（33）

北京国际长跑节
天津海河国际龙舟比赛（海河龙舟节）
河北中国廊坊·第什里风筝节暨全国风筝锦标赛
山西大同环古城全民健步走活动
内蒙古（国际）马术节
辽宁大连国际马拉松赛
吉林长春净月潭“瓦萨”国际滑雪节
黑龙江中国·哈尔滨“华艺杯”体育舞蹈（国际标准舞）国际公开赛
上海 F1 中国大奖赛
江苏无锡马拉松
江苏不止骑·中国 24H 单车环太湖认证赛
浙江横店马拉松
安徽中国黄山（黟县）国际山地车节
福建厦门国际马拉松赛
江西环鄱阳湖国际自行车大赛
山东泰山国际登山比赛
河南安阳航空运动文化旅游节
湖北武汉国际渡江节
湖南走红军走过的路·徒步穿越大湘西
广东广州马拉松赛
广西 F1 摩托艇世界锦标赛中国柳州大奖赛
海南环海南岛国际公路自行车赛
重庆中国·重庆万盛“黑山谷杯”国际羽毛球挑战赛暨中国羽毛球协会积分赛
四川中国·甘孜环贡嘎山百公里国际户外山地运动挑战赛
贵州国际山地旅游暨户外运动大会
云南七彩云南格兰芬多国际自行车节
中国西藏登山大会
陕西西安城墙国际马拉松赛
甘肃兰州国际马拉松赛
青海环青海湖国际公路自行车赛
宁夏全国大漠健身运动大赛

新疆中国环塔（国际）拉力赛

新疆生产建设兵团阿拉尔市“塔克拉玛干·沙漠之门”越野挑战赛

第三节　房车产业发展与房车产业链

一、房车概述

（一）房车的概念

房车是集衣、食、住、行于一身，兼具“房”与“车”两大功能，但其属性还是车，是一种可移动、具有居家必备的基本设施的车种。房车又称旅居车或休旅车，房车分自走车（自行型）、拖挂车两大类，小的几平方米，大的几十平方米，包括卫生间、厨房、餐厅、卧室、客厅等基本生活空间，还包括冷暖空调、冰箱、电视、音响、自行车等室内外生活设施。

（二）发展房车产业的重要意义

符合我国产业结构优化调整政策的走向，促进制造业、旅游产业、体育产业等融合发展；以房车旅游为代表的旅游创新将是一大趋势；满足中老年人旅游、休闲和户外运动的需求。当前中国大力发展房车产业符合国家产业政策，对促进我国汽车制造业、旅游产业、体育产业、娱乐产业等行业的发展都具有重要的推动作用。

2009 年 12 月，国务院发布的《关于加快发展旅游业的意见》，把旅游房车纳入国家鼓励类产业目录。2011 年，《中国旅游业“十二五”旅游发展规划纲要》提出要积极鼓励发展自驾车旅游，加快完善自驾车营地、房车宿营地等与休闲旅游新需求相适应的设施和服务。2016 年 11 月 7 日，国家旅游局、国家发展改革委、工业和信息化部、公安部、财政部、国土资源部、环境保护部、住房和城乡建设部、交通运输部、国家工商总局、国家体育总局等印发《关于促进自驾车旅居车旅游发展的若干意见》（以下简称《意见》）。该《意见》分指导思想、基本原则、发展目标、主要任务和强化保障 5 部分。发展目标是：到 2020 年，重点建成一批公共服务完善的自驾车旅居车旅游目的地，推出一批精品自驾车旅居车旅游线路，培育一批自驾游和营地连锁品牌企业，增强旅居车产品与使用管理技术保障能力，形成网络化的营地服务体系和完整的自驾车旅居车旅游产业链条，建成各类自驾车旅居车营地 2000 个，相关政策环境明显优化，产业规模快速壮大，发展质量和综合效益大幅度提升，初步构建起自驾车旅居车旅游产业体系。主要任务是：加强规划指导；完善公共服务体系；加快自驾车旅居车营地建设；提升自驾车旅居车租赁服务；提高自驾车旅居车旅游经营服务水平；加强对自驾车旅居车旅游的科学管理；大力发展自驾车旅居车及营地设施制造业；推广自驾车旅居车生活新方式。

2017 年，工信部公布我国房车厂家数量为 117 家，车型数为 414 款，2017 年增长了近 58%。正如《意见》中所提到的：系统谋划自驾车旅居车旅游线路和营地网络，促进线路和营地合理布局、选址科学、结构优化。全面推进自驾游公共服务、汽车租赁、自驾车旅居车旅游装备制造等保障体系和关联配套建设，推动全产业链协调发展。

二、房车产业结构分析

房车产业并不仅仅是房车制造、销售以及房车营地这么简单的内容，它涉及许多项目，其产业链延伸至更多更远的产品和领域。我们不妨先了解国外房车产业发展最好的美国是如何定义房车产业的。美国户外休闲业是个大产业，房车营地是其中的子系统。美国房车工业协会估计：户外休闲业年产值达到 2150 亿美元，约占美国 GDP 的 1%。该产业集群包括房车制造、销售、租赁、修理、二手房车买卖、露营地开发经营管理等环节。其产业链延伸到房车生产线、葡萄酒酿造等工业旅游、景区、汽车租赁、户外康体娱乐产品等多个方面。参考美国对房车产业结构的界定，提出房车产业的内部结构和子行业（图 14－1）。

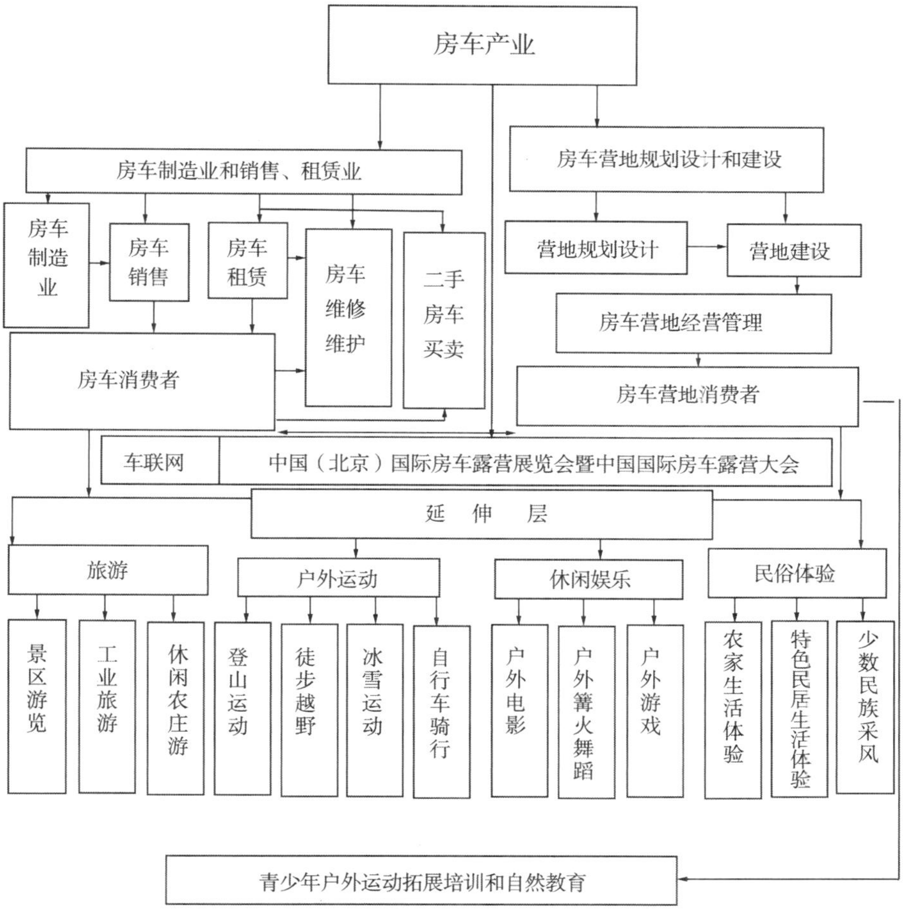

图 14－1 房车产业的内部结构和子行业

（一）房车制造业

房车制造业是房车产业中最重要的一个分支行业。房车车型分为：自行 A 型、自行 B 型、自行 C 型、拖挂 A 型大（6m）、拖挂 A 型中（3～6m）、拖挂 A 型小（3m）、拖挂 B 型、拖挂 C 型、拖挂 D 型、商务房车、家用房车、豪华房车、旅行房车、越野房车、移动别墅等。

我国房车制造业起步比较晚。2001 年，中天高科首次在国内完成了房车的工业化生产制造，结束了中国无本土房车产业的历史。2003 年，中国房车开始进入小高峰，但保有量仍比较低。华晨、长城、宇通、江铃等公司都开始涉足房车。江淮汽车、东风股份和上汽集团在 2011 年也都先后推出了可以改装成房车的多功能商用车。目前，国产房车品牌大约在 30 个，知名度比较高的房车品牌有上汽大通、中欧房车、中天、中意、福特全顺等，中国房车产业已由初期发展阶段向快速发展阶段迈进，中国房车产销、保有量都将保持 50%～100% 的高速增长，2016 年，中国房车保有量超过 5 万辆。2020 年，中国房车保有量将超过 100 万辆，年产能将达到 35 万辆。最近 5 年，国外进口房车也纷纷抢占中国市场，有 20 个左右的国外房车品牌在中国销售，GMC（商务之星）、福特、奔驰（斯宾特、威霆、唯雅诺）等品牌推出了价格在 100 万～200 万元的房车，其中很多豪华设施都是标配，充分体现了房和车结合的概念。

（二）房车营地规划设计、建设、经营管理

受国家政策扶持激励，国内各省市纷纷推出房车营地项目。据国家旅游局相关负责人表示，2015 年中国房车营地保有量 415 个；2016 年已经建设 503 个房车营地，总投资 352 亿元；2020 年中国房车营地保有量将达到 2000 个。

1. 房车营地规划设计

2014 年起，国内出现了兴建房车营地热。房车旅游和房车基地的顾客主要是中产阶级，这个阶层的人往往集中在东部和中部地区，主要聚集在京津冀、长三角、珠三角、辽东半岛、胶东半岛、海南、福建等区域及主要城市，所以，房车营地建设应首先考虑在这些区域规划布局。

值得注意的是，就像买服装赶时髦一样，许多房车基地项目没有进行全面统一的合理规划和设计，盲目上马，属于“头脑发热项目”，最终极有可能变成一大块废地。虽然说我国辽远广阔，地大物博，但是存在着明显的经济发展不平衡的问题，区域贫富差距很大。各个省、区、市在制定房车基地建设方案时，一定要依照国家产业政策、国家旅游发展规划、国家体育产业发展规划，因地制宜，制定相应的房车基地发展规划。在选址、布局、数量、规模上进行科学、合理的规划设计。

2. 房车营地建设

房车营地建设必须严格按照规划和设计方案进行，本着生态优先原则。国外的房车营地建设主要为以下 6 种形式：山地型营地、海岛型营地、湖畔型营地、海滨型营地、森林型营

地、乡村型营地。房车营地是属于景区、娱乐、生活、服务为一体的综合性旅游度假场所。补给和休息构成了房车营地最基本的特点。房车营地通常包括几大区域：生活区、娱乐区、商务区、运动休闲区等，营地内各种设施齐全，有独立的饮水和污水处理系统，配备生活用电。生活区域内有包括淋浴、卫生间在内的现代化设备，并提供洗衣、熨衣、煤气等服务设施；营地内设有超市、邮局、诊所、酒吧、餐馆、健身房等，完全可以满足游客日常生活的需要。在娱乐和运动区域内，开辟有足球场、网球场、篮球场、游泳池、高尔夫球场、儿童游乐园等多种运动场地和多功能厅，供游客使用。

需要注意的是，国外汽车营地的文化背景、消费理念和生活习惯都与国内有着本质的区别和差异，因此我们不能盲目地照搬和模仿。我国在房车营地规划、设计、建设过程中，必须按照我国新颁布的《中国汽车露营营地建设标准》执行，要有中国特色。

3. 房车营地经营管理

房车营地经营管理是房车产业中最重要的一个方面，将面对着不断增长的消费人群，涉及旅游、户外运动、休闲娱乐、民俗体验四大领域，有着延续拓展的业务空间。房车营地的商业体系主要分为5种，包括住宿、露营、娱乐活动、日常生活和房车销售，但究竟采用哪一种体系，各营地尚需市场考察，因地制宜。现在所有的营地都不是单纯为了房车，而是主题酒店、木屋、房车、青年旅社等综合性场所，多以酒店为主，其他为辅。

（三）车联网和房车露营展览会

1. 车联网

车联网指以车内网、车际网和车载移动互联网为基础，按照约定的通信协议和数据交互标准，在车与车、车与路、车与行人、车与互联网等之间进行无线通信和信息交换的大系统网络，是能够实现智能化交通管理、智能动态信息服务和车辆智能化控制的一体化网络，是物联网技术在交通系统领域的典型应用。而Telematics，即车载信息服务系统，是指通过车机前端，把用户与各种服务资源整合在一起的服务系统，是狭义的车联网。车联网除了包含Telematics之外，还包括智能交通系统。

2. 中国（北京）国际房车露营展览会

中国（北京）国际房车露营展览会于2010年8月创办，每年春秋两季在北京房车博览中心举行。展会主办方中国汽车工业协会房车委员会、21世纪房车、房车世界，展会承办单位北京露营者房车展览有限公司。自举办至今，无论是参展企业、展品范围、展会观众、露营爱好者以及展会现场交易额都呈明显上升态势。展商对房车露营展览会给予了高度评价，众多厂商表示，展会给他们创造了一个全球制造商和专业买家的理想贸易平台。截至2019年3月17日，已经成功举办了18届。

3. 中国汽车（房车）露营大会

中国汽车（房车）露营大会始于2010年，是由国家体育总局汽车摩托车运动管理中心、中国房车露营联盟等体育主管部门发起的具备专业性、权威性和行业指导性的汽车房车露营盛会。大会集房车车友、房车爱好者、露营爱好者交流娱乐，房车生产、销售企业、露营用品相关企业，露营地、景区、景点展示、探讨、度假、合作于一体，供国内有限的房车车主、房车爱好者交流各自旅行及使用经验。前4届露营大会分别在北京八达岭、内蒙古包头市达茂旗、湖北松滋洈水、广西贵港桂平成功举行，经过9年的精心培育，中国汽车（房车）露营大会已经成为业界极具影响力和品牌效应的盛会。

4. 中国国际露营大会

中国国际露营大会是在国家体育总局和国家旅游局共同举办的中国国际体育旅游博览会的基础上，升级打造的一个以全民健身为主题的集体育健身、户外运动、休闲旅游、民族文化为一体的全民健身活动大会。展会借助中国国际露营大会产业平台，积极响应“一带一路”倡议，秉承“举办一个展会，带动一个产业集群的共同发展”的宗旨，通过展览展示、产业论坛、赛事活动、专业研讨等活动形式，将房车露营、户外运动、休闲旅游等元素有机结合，全力打造一个以房车露营为主题的产业品牌展会。

三、中国房车产业链分析

（一）产业链的含义

产业链是产业经济学中的一个概念，是各个产业部门之间基于一定的技术经济关联，并依据特定的逻辑关系和时空布局关系客观形成的链条式关联关系形态。产业链是一个包含价值链、企业链、供需链和空间链4个维度的概念。这4个维度在相互对接的均衡过程中形成了产业链，这种“对接机制”是产业链形成的内模式，作为一种客观规律，它像一只无形之手调控着产业链的形成。产业链的本质是用于描述一个具有某种内在联系的企业群结构，它是一个相对宏观的概念，存在两维属性：结构属性和价值属性。产业链中大量存在着上下游关系和相互价值的交换，上游环节向下游环节输送产品或服务，下游环节向上游环节反馈信息。从产业链的内涵分析，产业链是产业层次、产业关联程度、资源加工深度、满足需求程度的表达。产业链分为接通产业链和延伸产业链。接通产业链是指将一定地域空间范围内断续的产业部门（通常是产业链的断环和孤环形式）借助某种产业合作形式串联起来。延伸产业链则是将一条既已存在的产业链尽可能地向上、下游拓展延伸。产业链向上游延伸一般使得产业链进入基础产业环节和技术研发环节，向下游延伸则进入市场拓展环节。产业链的实质就是不同产业的企业之间的关联，而这种关联的实质则是各产业中的企业之间的供给与需求的关系。

企业的价值创造是通过一系列活动构成的，这些活动可分为基本活动和辅助活动两类。基本活动包括内部后勤、生产作业、外部后勤、市场和销售、服务等；而辅助活动则包括采购、技术开发、人力资源管理和企业基础设施等。这些互不相同但又相互关联的生产经营活动，构成了一个创造价值的动态过程，即价值链。价值链在经济活动中是无处不在的，上、下游关联的企业与企业之间存在行业价值链，比如：房车制造企业与房车销售企业、房车租赁企业、房车维修企业之间就存在着明显的价值链。企业内部各业务单元的联系构成了企业的价值链，比如：房车基地企业内的停车场业务、餐饮业务、娱乐业务、住宿业务、洗车业务等之间也同样属于价值链。企业内部各业务单元之间也存在着价值链，比如：负责房车基地建设的工程队企业内部的泥土业务单元、木工业务单元、水电业务单元等之间也存在价值链的关系。

（二）中国房车产业链的属性

依据房车产业的内部结构和子行业构成，即结构属性和空间链维度分析，房车产业链的主链轴是房车制造业—房车销售业和租赁业—房车营地规划设计、建设—房车营地经营管理等，属于延伸产业链。同时，房车产业又与相关产业某些环节重叠延展，与旅游产业比如景观、景点等方面叠加式组合，与户外运动产业比如越野汽车比赛、汽车拉练活动，与文化产业比如名人故居观光，与娱乐产业比如户外电影、户外篝火晚会等，形成一个立体式的、交叉状的产业网络系统。此外，还可以利用新媒体比如微信、微博、抖音、今日头条、豆瓣和知乎等进行房车品牌和房车营地的营销推广，成立房车旅游官微，定期向粉丝推送房车旅游产品，与粉丝进行互动，增加活跃度，黏住用户。据中国房车露营联盟的调查，有钱有闲的中老年人群，如45～75岁的群体，成为目前房车产业链的消费主体。

车联网是“互联网+”与汽车行业结合的新产物，属于接通产业链范畴。广义的车联网包括车载信息服务系统和智能交通系统两部分。已经于2019年3月12—17日召开的第18届中国（北京）国际房车露营展览会和中国汽车（房车）露营大会，也是接通产业链，起到牵线搭桥、调整供需、行业展示的作用。

房车营地的延伸产业链很长，房车营地作为生态友好型的新型业态，除了可以整合带动餐饮、住宿、商贸、交通、体育、教育等行业外，还可以有效拉动制造业、物流业，利用营地独特风光发展如婚纱摄影等现代服务业，同时实现土地的可持续性利用，把地方闲置的林地、杂地、湿地、水域盘活，形成一、二、三产业有机互动、融合发展的全产业链条，将房车营地打造成为全产业链整合的平台，为地方经济带来新的增长点。房车营地还可以将不同区域的人文、历史、民俗、饮食、建筑等文化方面的差异化相结合，满足不同游客的多元化、深层次体验，展示西方成熟时尚的生活方式，引进创新传承多元文化，将房车营地打造成为文化旅游创新的平台。

当前国内掀起了打造特色小镇的热潮，随着特色小镇在探索新产品、新业态、新模式的道路上不断拓展，房车旅游与农业、林业、文化、健康、体育、教育等产业和新型城镇化、美丽乡村建设以及农村精准扶贫的融合式发展，将进一步放大自驾车旅居车旅游的辐射带动作用。特色小镇将成为房车产业发展的有效载体。房车将驶入特色小镇，整个房车产业将进入发展快车道。

（三）制约中国房车产业链发展的因素

1. 中国房车产业的法律法规相对滞后，国家标准和规范欠缺

我国现行的关于房车的法律法规相对滞后，且缺乏明确的细则。尽管套用目前已有的相关法规、规定，拖挂式房车取得合法牌照上高速行驶是可以的，但由于政策不够明确，办理

时所需的手续非常烦琐。另外，国内自行式房车上牌依据汽车标准，6m 以上房车只能上黄牌，且驾驶员必须持 A1 驾照才能驾驶。该政策就令许多房车发烧友望而却步。总体上看，国家关于房车上牌规定、高速路收费标准、驾驶房车所需驾照等方面，还缺乏明确的、全套的、完整的行业管理规范，制约了顾客购买和使用房车。而房车产业相关的国家标准和规范欠缺，致使房车生产和营地建设运营管理水平参差不齐，影响了行业的整体形象及健康发展。房车上路面临着多道门槛；房车营地建设缺乏统一规划，其商业模式、土地使用性质都是待解难题。此外，充电、加水、垃圾排放和处理等基础设施缺乏，房车生产成本居高不下，房车租赁业发展略显滞后，房车营地消费成本偏高等这些都是制约因素。

2. 对房车旅游消费的宣传推广力度很小，缺少一个引导房车产业全面发展的力量

到目前为止，中国房车旅游消费还属于小众冷门类消费，社会关注度很小。顾客对于房车的了解还极为有限，很多有消费能力的顾客不知道如何购买、保养房车，对房车营地也知之甚少。总体上房车消费人群偏窄偏小。目前，已经成立的房车行业协会有中国汽车工业协会房车委员会、中国旅游车船协会自驾与露营房车分会、中国汽车摩托车运动联合会汽车露营分会等，希望有一个房车行业协会或相应的社会组织站出来，引领中国房车产业大踏步向前迈进。

3. 房车产业链建构有缺陷，其中某个环节出现问题，就有可能造成整个产业链脱节

当前，中国房车市场产业链建设不完善。国内房车生产商对进口技术和部件依赖度很高，零部件配套几近空白。房车产业的产品及服务仍有欠缺，营地的规划建设还缺乏稳定成熟的模式，客观上影响了顾客对房车文化的认知，不利于产业化进程。最近几年，各省、区、市的房车营地建设争先恐后上马，预计到 2020 年，房车营地将达到 2000 个。而形成鲜明反差的是房车数量明显偏少。即使目前 200 多个的房车营地仍然显得供过于求，很多房车营地只能通过吸引自驾车，用其他项目盈利。当前我国高铁的飞速发展，从替代角度看无形中也会对房车产业的发展造成一些不利的影响。

参考习题：

1. 什么是体育旅游？我国体育旅游总目标是什么？
2. 为什么我国要开展国家体育旅游示范基地和国家体育旅游精品赛事的评选？
3. 什么叫房车？什么叫房车产业链？
4. 房车产业发展有何意义？
5. 中国房车产业链发展的制约因素有哪些？

第十五章 休闲体育经营管理案例分析

本章导航：

☆ 认识案例教学的意义

☆ 领会每个案例所反映的实质问题

☆ 掌握休闲体育经营管理案例分析方法

☆ 学会编写休闲体育企业经营管理案例

案例是实践活动中发生的带有普遍性、代表性的典型事例，它反映一个问题、一件工作、一个事件发生、发展和演变的过程，通过对这些典型事例的分析，提出解决问题的办法和思路。案例分析就是通过对一个含有问题在内的具体真实情境的描述，引导学员对这个特殊情境进行讨论，给学员的行为以启发的一种研究方法和教学手段。在休闲体育经营管理的学习过程中，对一些典型案例进行分析是促进学习和提高教学的有效方法，其操作流程为“以例激趣—以例说理—以例导行”。

案例 1：“健康猫”事件

2018 年 8 月 27 日，广州市公安局新闻办公室在微博发布通报：根据群众举报和公安机关调查，广州市公安局天河区分局依法对广州大象健康科技有限公司（“健扆猫”平台）涉嫌非法吸收公众存款进行立案侦查，抓获该公司法定代表人杨某力（男，40 岁，安徽人）等 9 名犯罪嫌疑人。该公司以支持退役运动员创业和美国上市等理由坑骗体育生，让不少学生没步入社会就负债累累，性质十分恶劣。“健康猫”平台高管杨某力等 7 名嫌疑人因涉嫌集资诈骗罪，已于 2018 年 9 月 30 日被广州天河区人民检察院批准逮捕。警方将适时向社会公众通报案件进展。

“健康猫”于 2015 年 3 月上线，官方宣传以“科技共享的商业模式”支持退役运动员和高校体育毕业生创新创业。在成立初期，主要以健身行业私教 O2O 教学服务起家，在平台上开课的私教，多是体育系的大学生。而其中，私教约课服务成了骗局焦点。

私教约课是一个将专业体育人士和健身小白对接的板块，体育专业人士凭借相关的体育证书就可以注册私教，在“健康猫”上开课，而注册学员则能够自行选择课程付费学习。

因为需要具备相关等级证书，体院学生、教师是该平台最主要的私教来源，但是这一原本应该用于筛选专业人员的门槛，却暗地里对外开放了，并吸引了不少人参与进来。

为了获取用户，“健康猫”曾前往全国各大体育院校进行宣讲。据媒体报道，2015 年，大象科技 CEO 杨桦力和其他负责人跑到各地体育院校进行宣讲。“健康猫”会根据每位学员的课时费用，为每一位在“健康猫”注册做私教的成员提供一定比例的补贴，幅度从 1.5%、5%到 10%不等，并会根据不同时段进行调整。也就是说，私教们除了可以拿到学员上交的课时费之外，还能额外获得平台的授课补贴。正是这份补贴的诱惑，让他们趋之若鹜，毫不顾忌；未料最终成为一个大坑，让他们深陷其中。

“健康猫”上线后，公布了提供教练预约和课程预订这一增值服务，即私教用户可以通过授课赚取课时费以及课时补贴。操作流程与叫车软件等类似，私教用户设立课程（包括私教课及团课）后，普通用户就在 App 上选课，私教用户接单后对普通用户进行授课，普通用户付费评价后，金额和相关补贴就会进入私教用户的“钱包”。根据正常流程，私教用户可以按照周期在“健康猫”钱包中将授课金及补贴分别转入银行卡。

私教每邀请一个新人成为私教，都可以获得津贴。“主要就是投钱，在平台上我的身份是一个私教，给人家提供课程，然后我自己再注册一些小号码，购买我自己的课程，实际上是没有上课的。如果你有足够多学员的话，平台会给一定的补贴。”唐先生解释，“这个补贴是动态的，每个月都不一样，今年6 月份的补贴是10%。也就是说，如果一节课100 块钱的话，你这个可以拿到 110 块。”有私教表示，排课最多的时候是从早上 7 点到傍晚 6 点，一节课甚至达到 200 个学员。

为了获取更高的回报，有些人开始将自己的积蓄，甚至从各种渠道借款投入“健康猫”里。来自某体育学院的学生小刘表示，自己是 2018 年 5 月初加入“健康猫”的，在 5 月 8 日获得过一次 10 万元的回款，随后他选择继续投钱，前后一共投了 140 万元。然而从 2018 年 5 月底开始，私教已无法从平台上提取补贴，投入的课时费也无法提现。

据公开资料显示，2015 年 6 月 1 日之后，“健康猫”给私教用户的补贴从 15%降低至 5%，2017 年一度降低至 1.5%，而提现周期也从 3 天最终延长至 10 天，但从 2018 年 2 月开始，“健康猫”对私教用户的补贴一度回升至 15%，之后又相继回落到 10%和 8%左右。

多名爆料人承认，只要在用户端注册好一系列的“小号”，就可以向私教号进行订课刷单，“100%私教都是在刷单”。

在深圳龙岗某企业从事设计工作的唐先生，受友人推介，加入了私教平台。按照平台的说法，学生们上传身份证及二级运动员证书，或者学生证，就可以在平台上注册私教，在网上对学员授课。唐先生说，在实际运用中，平台监管并不严。“有验证过程，我在网上花了 500 块钱买了一个私教的号，我怀疑卖号的也是他们内部的人，但我没有这方面的证据。我们自己去弄个证书的话，平台是通不过的，但是我通过比如淘宝一些渠道，去买号的话是能通过的。”看中高额的回报，唐先生给自己的课时充值数额越来越多。截至 2018 年 5 月份，他的 App 里个人账户课时费充值金额达到了 70 万元。可从 2018 年 5 月份起，这些钱全部提现不了，唐先生联系过平台负责人，也没有得到任何说法。

多位注册“健康猫”App私教的用户介绍，自从注册以来，基本上都没有上过课，很多私教都是自己给自己的课刷单，然后平台返还课时费和补贴。由于补贴的回报很高，因此，私教们充值的数额也越来越多。根据官方数据，平台共有约25万名私教入驻。“但其实，根本没有这个数，问题暴露以后，站出来的人只有1万人左右。”

“健康猫”于2018年1月底在广州花园酒店开了一场有上千人参加的豪华年会，其实，这是杨某力所进行的“内部洗脑”。会上不仅邀请了律师来给股东、员工和私教们讲“2019年到美国纳斯达克上市前景”，而且宣布了某银行提供20亿元战略授信的“好消息”。“其实，这20亿元根本不是授信给公司，而是以信用卡和创业贷款的方式授信给公司私教。但私教们都误以为这是公司获得的授信，以为公司不缺钱，很多私教还继续往里投钱，帮‘健康猫’躲过了一次危机。”上述资深员工说。后来有的私教发现办的信用卡迟迟没下来，情况不对劲向该银行询问时，得到的答复是“我们早就跟‘健康猫’终止合作了”。直至2018年6月，“健康猫”还在继续包装“2019年到美国纳斯达克上市”的幌子，并邀请某知名会计师事务所来公司进行财务审计，成功制造出“C轮融资”。大象公司当时宣称，此轮融资主要由北京、上海、广州、福建、广西、山东等地的国内10多家体育产业公司、30多位奥运冠军、世界冠军等参投，共融资5亿元，将用于未来进军境外资本市场。“和B轮融资操作手法一样，一共13家公司组团投资，实际到账应该只有2亿多元，其实全都是私教投钱。”一名私教告诉记者，他从没见过任何投资机构给“健康猫”投资，所谓的“冠军入股”其实也是假的，只是噱头罢了。

深圳受害者杨女士表示，自己借用在读体校弟弟的身份，拉全家人投入共计118万，其中30万元更是借款，而这一切，都随着“健康猫”的倒下，可能血本无归了。

杨女士和唐先生均表示，“健康猫”的私教们，除了退役运动员和体院老师，大部分都是体育系的在校大学生，尤以北上广为多。原本只是想找份兼职减轻家里的负担，却被忽悠加杠杆刷单，借贷、透支信用卡、借亲戚等，负债累累。金额普遍达数十万元之巨。

2018年5月开始，“健康猫”不断出现无法提现的紧张气氛；2018年6月大象公司宣布完成C轮5亿元的融资，试图稳住私教提现挤兑的节奏，终究未能如愿。紧接着，“健康猫”发出封盘公告，以“提现系统出现问题”为由，禁止私教提现补贴和课时费，这一停，3个月都没恢复。换而言之，刷单买的课时以及相关钱财，全部都被冻结在平台里，成为“待兑现”的课时。

2018年8月起，部分“健康猫”私教相继向广州警方报案，认为大象公司存在诈骗行为。据多名私教表示，自己花钱为自己充课时的刷单行为是被大象公司默认的。“是公司人员让我们刷单。”杨女士直言，公司人员对私教说需要业绩与大量的营业额让企业冲击上市，还会在群里达下指标任务。

“到2018年6月底时，钱已经不能及时到账一个多月了，还叫我们‘加仓’，‘加仓’就是再把业绩做起来。”来自广州的申小姐有同样的反映。她保存了大量的微信、QQ群相关聊天记录和公司公告，质疑刷单行为就是公司的授意。

“健康猫”2018年6月份的公告显示，私教们的课时费会“转为自动代约”，即私教们无法提现的钱自动投入课程约单中，继续完成业务。2018年8月10日，大象公司发表公告称，已以“健康猫”部分私教用户“利用刷单软件、伙同他人等方式，在公司推广期间，利用公司补贴政策，恶意套现”为由，向广州市天河公安分局报案。“健康猫”还表示，此次公司被套现10多亿元，而前期大量套现走人的私教却在网上攻击公司。

不惜举债刷单做大平台交易量的私教们，最终却被平台用“刷单是非法”的法律武器威胁。私教们纷纷出来投诉，“健康猫”出来否认曾经鼓励刷单，还要求他们签订和解协议。所谓“和解协议”，就是让私教承认刷单行为，扣除全部补贴和70%本金。“健康猫”表示，如私教不签“和解协议”，就将把数据提供给警方。

而半个月不到，2018年8月27日，“健康猫”终于被警方定性为“涉嫌非法吸收公众存款”。

“我知道报道出来后会有不少人认为我们是因为贪心，或者明知道有着各种各样的问题还往下跳，但其实一开始，我们的本意就是投资，投资有错吗?”杨女士表示，该公司外表光鲜，号称与国内多个平台组织、奥运冠军保持着良好的关系，而且还开展线上、线下业务，“他们还有一个跑步机的项目。‘领养’跑步机之后，跑步还能有收益，谁不心动? 但是我们还没来得及去体验，平台就出问题了。”

“健康猫”平台高管杨某力等7名嫌疑人因涉嫌集资诈骗罪，已于2018年9月30日被天河区人民检察院批准逮捕。警方现已冻结涉案账号23个，冻结涉案资金220余万元，查封汽车1辆，扣押汽车1辆。

广州天河警方正全力开展平台涉案数据分析、资金流向等侦办工作，将适时向社会公众通报案件进展。警方同时提醒受害市民群众通过合理合法途径反映情况和诉求，不得组织参与各类妨害社会管理秩序、危害公共安全的违法犯罪活动。

讨论题：体育院校大学生创业者应该从“健康猫”事件中吸取什么教训?

案例2：北京体育俱乐部的经营之道

北京作为全国政治、经济、文化的中心，作为2008年奥运会的承办城市，其经济发展水平、城市建设、人均收入、文化娱乐支出均排在全国前列。2002年北京市人均GDP达到3355美元，标志着北京市正迈入社会现代化阶段。北京居民恩格尔系数（食品支出占消费性支出的比重）为33.8%，在天津、上海、广州、深圳等10大城市中最低，与之对应的是居民人均教育文化体育娱乐服务、交通和通信、医疗保健、居住四项支出合计居十城市首位，在2002年居民人均文化、体育娱乐服务支出403.9元，这一系列数字意味着体育健身娱乐市场庞大的消费潜力。体育健身娱乐业正逐渐形成高档、中档、低档多层次，健身、娱乐、休闲多主题，外资、内资、合资多元化的健身娱乐网络体系。一些特色俱乐部脱颖而出，在回应着市场需求，引领着市场消费。准确的市场定位、成功的市场运作让更多的居民懂得科学健身，参与消费。活跃在京城的各家俱乐部的盈利水平、盈利能力如何？笔者采取分层随机抽样法，对北京市的不同档次的俱乐部进行了走访，根据调查的情况，主要从盈亏平衡分析的角度，对其经济效益展开分析。

一、盈亏状况

商业体育俱乐部经济效益主要由盈利来衡量。盈利是收入减去成本的余额。问卷调查的结果表明，有 39.4% 的俱乐部盈利，有 30.3% 的俱乐部处于亏损状态，也就是说，有 60.6% 的俱乐部目前是不盈利的。调查结果还显示，2001 年度投资额在 50 万元以下的俱乐部多数持平或盈利，但普遍情况是盈利额都很小；投资额为 50 万 ~ 1000 万元的俱乐部盈亏趋势不明显；投资额在 2000 万元以上的俱乐部的盈亏走势呈现出两极化。

二、从盈亏平衡点分析

在调查中，盈利或亏损的具体额度在一般商业体育俱乐部被视为商业秘密不愿透露，因此不能获得俱乐部的总资产报酬率和销售利润率这些衡量俱乐部盈利能力的指标。由于多数体育俱乐部的固定成本比重较大，以盈亏平衡点对不同规模的俱乐部的盈利情况分析比较合理。

盈亏平衡点分析又称保本点分析，指的是利润为零时的成本、收入之间的关系。收入 = 成本 + 利润，如果利润为零，则有收入 = 成本 = 固定成本 + 变动成本，而收入 = 销售量价格，变动成本 = 企业变动成本销售量，这样由销售量价格 = 固定成本 + 企业变动成本销售量，可以推导出盈亏平衡点的计算公式为：

盈亏平衡点（销售量） = 固定成本/每计量企业的贡献差数

公式中，固定成本指器械设备、管理人员工资、广告费用等固定性支出，变动成本指小时工资、销售佣金等，贡献差数是指每销售企业的价格减去每企业变动成本后剩余的钱数，这一部分钱被用于抵消固定成本的费用。

投资规模较小的商业体育俱乐部集中为普通社区的小型健身房和一些户外运动商业体育俱乐部。经常采购价位较低的器械和辅助设施，提供的服务项目较少，相比之下，固定成本比重较小，因而会员数在盈亏平衡点之上比较容易。另外，这一层面的顾客选择健身较容易受价格的影响，小型商业体育俱乐部的会员人数达到盈亏平衡点后，采取的策略是通过降低收费标准或不同时段的差别收费来吸引更多顾客，获得盈利。就北京目前的大众消费市场而言，小型商业体育俱乐部经营灵活，价位较低，适合人们的当前需求，因而 2001 年度投资额在 50 万元以下的俱乐部多数持平或盈利；从长远角度看，由于没有经营特色，行业规则的遵守性差，不利于推动俱乐部的良性发展。中等规模的商业体育俱乐部定位于中等收入者，根据性别、年龄、项目等开始细分市场，突出经营特色，并注重提升服务，由于顾客的不确定性，这类俱乐部多数不盈利。中等规模的商业体育俱乐部的盈利点是通过准确定位和独特经营来获得会员的光顾。投资额在2000万元以上的大型商业体育俱乐部一般是高档健身俱乐部或综合型俱乐部及高尔夫俱乐部，这类俱乐部固定成本比重非常高，投资回收期长，市场启动慢，有较高的风险，故其营销策略非常重要。由于这一类型的俱乐部多数每年会费都在几万元甚至几十万元，能够到这里消费的会员人数毕竟是有限的，因而其盈利点在高价位和提供的增值服务上，使到这里消费的会员能够享受到尊贵的服务，能够体现社会地位和身份，能够开阔视野结交名流。事实上，目前3种规模的俱乐部都面临着会员人数较少的不饱和状况，由于有效需求和有效供给的矛盾和较低的成本效益比，使得多数俱乐部没有盈利。

三、盈利低原因分析

上述对商业体育俱乐部的盈亏平衡点分析，只是分析盈亏现状的一个视角。全面地分析，应该从更广、更多的视角进一步剖析。北京市商业体育俱乐部规模不等，档次悬殊，盈亏各异。总体来看，整个健身休闲业的盈利水平较低，既有客观方面的原因，又有主观方面的原因。

（一）客观方面的原因

1. 市场机制的客观规律

一方面，健身休闲业在我国刚刚起步，在市场中表现出的是经营者缺少对健身休闲市场的深度认知，盲目投资，结果为了解健身休闲业的规律交出一笔价格不菲的学费。另一方面便是市场发育滞后，尽管北京市民的收入、学识、健身意识都位居全国前列，但中青年人的闲暇时间、消费习惯、文化传承等诸多因素，也在制约着他们成为俱乐部会员。

2. 市场不规范，竞争无序

商业体育俱乐部的良性运行必须共同遵循市场游戏规则。“没有规矩，不成方圆。”对于新兴的健身行业，缺少的恰是完善的规则和对规则的默契。对商业体育俱乐部的评定标准、资质认定刚刚开始实行，甚至一些商业体育俱乐部根本不知道自身还需要资质的认定。规则性的东西少，行业保护就少，尤其是一些低档俱乐部，为吸引更多的顾客，恣意降价，形成无序竞争。

3. 经营照葫芦画瓢，缺少特色

国内一些中高档的俱乐部以同类国外知名俱乐部为样本，实行拷贝。一些低档俱乐部又以国内知名俱乐部做模特，进行素描。甚至更糟的是，不是青出于蓝胜于蓝，而是东施效颦。到各家俱乐部走一走，或上网浏览其经营项目、价格策略、营销策略总觉着似曾相识，属于某个俱乐部个性的东西少而又少。

（二）主观方面的原因

1. 经营理念不明确

商业体育俱乐部的经营理念是文化，是品牌，是盈利还是为回报社会？不同经营理念指导下的俱乐部的经营效果有着天壤之别。问题在于俱乐部经营者理念不清，结果是眉须齐抓，效果不佳。

2. 市场定位、市场细分和市场策略的错位

面对消费市场，俱乐部的经营应该有针对性，有的放矢，目标明确。多数商业体育俱乐部的经营是粗线条的，由于市场定位不明确，广告宣传没有针对性，市场策略前后不连续，难以形成固定的消费群体。

3. 制定价格与吸纳会员的矛盾

价格是影响顾客到俱乐部消费的一个关键因素。价格的变动对顾客数量的影响取决于价格弹性，消费市场对价格变动的回应，有时很微妙，降价对新老顾客的影响往往不一样，因而价格策略运用不娴熟会顾此失彼。

四、探索与思考

从盈亏平衡点的分析来看，投资规模不同的俱乐部将采取不同的经营策略来获得盈利，关键是处理好价格和吸收会员数量的关系。

北京市商业体育俱乐部的发展潜力巨大，盈利水平不高，主要原因是行业发展初期，商业体育俱乐部消费市场的全面启动需要时间，北京市商业体育俱乐部应该通过多种途径培育消费市场。

降低成本的潜力在改善经营管理，吸纳会员的关键也是改善经营管理，因此商业体育俱乐部要突出俱乐部特色，改善经营管理，提高经营效率，取得顾客的忠诚度。

商业体育俱乐部的发展初期市场不规范，政府应出台相应的法律法规，规范市场，在俱乐部的发展初期，提供政策性倾斜，启动和培育消费市场。

讨论题：采用盈亏平衡点分析北京市体育俱乐部的经营效益的意义何在?

案例3：北京青鸟健身有限公司经营连锁加盟业务

青鸟健身是中国首家获得批准可以经营连锁加盟业务的健身企业。北京青鸟健身有限公司成立于2001年6月18日，是目前北京最大的商业健身中心之一。青鸟健身中心实行会员制，旨在为高端人士提供国际化的健身服务，现有会员近2万名。经营则采用国际先进的连锁化模式，会员可以到任何一家青鸟健身连锁店享受五星级的健身服务。青鸟健身自成立以来，就坚持走国际化的路线，全部训练器械直接从美国或欧洲进口，拥有青鸟健身与亚洲体适能专业人员学院（AFPI）在北京培训的第一批职业私人教练，多位来自国外的资深健美操教练则为青鸟健身中心注入了新的活力。但是，上述并非青鸟健身的真正精髓所在。2001年，青鸟健身独家引进“体适能测评系统”，利用从国外进口的价值数百万元的人体成分分析仪，全方位测定一个人的健康状况，然后根据得出的数据，制订有针对性的训练计划，从

而帮助人们达到健康、塑形的目的。这就迈出了“科技健身”的第一步。随后的3年里，青鸟健身通过体适能测评系统共收集了18000余份资料，分类汇总，建立了自己的完整而庞大的数据库，从而分析得出中国人的体质特点、骨骼成分、肌肉类型、饮食习惯等国内最完备的第一手权威的资料。同时，由于国内外健身界众多优秀人才的加盟，青鸟健身建立了自己的人才储备库，形成了自己的管理团队，并结合国际先进健身理念总结出适合中国国情的健身行业经营管理体系。根深才能叶茂，经过多年的积累与积淀，青鸟健身决定整合资源，花费了大量的时间精力和巨额研究费用，利用自身的行业优势、资源优势，结合西方健身科学研究的最新成果，组织资深的健身健美、中医针灸、心理医疗、运动生理各方面的专业人士组成团队，创建了具有中国特色的青鸟科学运动系列知识体系。这一知识体系的创立，是有着极其深远意义的。

成立以来，青鸟健身先后开办了多家分店，经营体系已经成熟，在具备了连锁加盟的必备要素，即知名度、质量、效益、发展潜力等条件后，于2003年8月23日正式推出连锁加盟业务。2003年10月青鸟健身与北京首都创业集团有限公司正式签约，共同打造青鸟健身亚运村第五大道店，这是青鸟健身的第一家连锁加盟店，该店2004年6月18日隆重开业。青鸟健身以“创造身与心的健康”为最高准则和质量方针，不断创新、追求卓越。青鸟健身与加盟者之间的关系是共同的事业，并不是共同经营。投资者在加盟青鸟健身时就得到了以下3个支持：

（1）品牌支持：由于自身的努力，青鸟健身在中国健身市场具有较高的知名度，在目标顾客群中声誉较高。同时青鸟健身的全国广告计划已经启动，加盟商加盟青鸟健身后将会共享青鸟健身的品牌资源。

（2）管理系统支持：青鸟健身设计的POS系统、OA系统、会籍销售及会员管理系统、私教培训系统、客服管理系统、网络信息系统、财务管理系统、人事管理系统可以用来支持加盟者，使加盟者迅速掌握所有经营秘诀来开创自己的事业。

（3）后期技术支持：连锁加盟并不是简单地出售几本手册，这样就会把自己的品牌做垮掉，所以青鸟健身在后斯上给加盟者提供的技术支持是相当巨大的。青鸟健身具有完善的培训系统，加盟商在加盟后会得到青鸟健身总部在会籍销售体系、私教训练体系、会员服务体系等方面提供全方位的培训指导。

讨论题：健身房经营连锁加盟业务应重点抓好哪些方面？

案例4：桂林市户外运动俱乐部发展现状

一、桂林市户外运动俱乐部的组织管理

（一）桂林市户外运动俱乐部基本信息

俱乐部的基本信息包括管理人员的数量、经营年限、注册资金、会员数量等几方面的内

容，本研究从以上几方面内容对俱乐部的基本信息进行调查。据对桂林市户外运动俱乐部管理人员的统计，有 16 家俱乐部的管理人员在 10 人以下，占调查总数的 72.73%；有 6 家俱乐部的管理人员在 10 人以上，占调查总数的 27.27%。从俱乐部管理人员数量上来看桂林市户外运动俱乐部属于小型企业。

桂林市各户外运动俱乐部所经营的年限大多在 3～6 年，占调查总数的 50%，说明户外运动俱乐部在桂林的发展时间较短。

户外运动俱乐部注资金额的多少在一定程度上体现了户外运动俱乐部的经营规模，根据注资金额的大小，户外运动俱乐部规模可进行以下区分：20 万元以内的为小型户外运动俱乐部；20 万～40 万元的为中型户外运动俱乐部；40 万元以上的为大型户外运动俱乐部。在所调查的桂林市户外运动俱乐部中，主要以 40 万元以下的中、小型户外运动俱乐部为主，占调查总数的 66.7%，其余的为 40 万元以上的大型户外运动俱乐部，占调查总数的 33.3%。

桂林市户外运动俱乐部的会员多集中在400（包含400）名以下，共有 18 家，占调查总数的 81.82%；其中会员 200～400 名的俱乐部有 11 家，占调查总数的 50%；会员在 200 名以下的有 7 家，占调查总数的 31.82%；会员在 400 名以上的俱乐部仅占 18.18%。这说明桂林市户外运动俱乐部规模较小，81.82% 的俱乐部属于中、小规模的户外运动俱乐部。

桂林市户外运动俱乐部会员的年龄以 26～40 岁年龄段为主，有 16 家的俱乐部会员的主要年龄段在 26～40 岁，占调查总数的 72.73%。这一年龄段的消费人群，正处于事业和收入相对稳定的阶段，健康意识强，同时有足够的闲暇时间和一定的物质保障作为基础，有时尚的消费观念和较强的消费能力，并且有较高的健康意识和喜欢追求现代化的生活方式，注重享受和娱乐。这说明了桂林市的户外运动俱乐部的目标市场的定位是以 26～40 岁人群为主。

（二）桂林市户外运动俱乐部的性质和资质

1. 桂林市户外运动俱乐部资本的来源类型

桂林市户外运动俱乐部主要有两种资本投入形式：一是私人独资俱乐部，有 14 家；二为股份制俱乐部，有 8 家。在对俱乐部负责人的走访中得知，股份制俱乐部是朋友、合作伙伴之间进行合作投资，主要有两种资本管理形式：一是共同投资，共同管理；二是一人投资，另一人进行管理（主要为领队或教练员），收入共同分配。其中私人单独投资的俱乐部占了大部分。由此可见，桂林市户外运动俱乐部资本性质主要是以资金投入较少的私营小企业为主，属于小型的企业组织。

2. 桂林市户外运动俱乐部的资质认证

自 2001 年起，登山运动管理中心在国家体育总局的领导和支持下，成立了户外运动部，专门负责户外运动的竞赛和行业规范，出台了《登山户外运动俱乐部及相关从业机构资质认证标准》和《登山户外运动俱乐部及相关从业机构技术等级标准》，并对户外运动指导员进行培训和考核、颁发证书。

对桂林市22家俱乐部的资质情况进行调查发现，只有3家户外运动俱乐部通过国家登山协会或其他权威机构的资格认证，占调查总数的13.64%；86.36%的户外运动俱乐部仅在行政管理部门登记注册或备案，这说明大部分俱乐部不具备组织开展户外运动的资格。

3. 桂林市户外运动俱乐部管理权归属

2005年4月，山地户外运动被设立为我国正式开展的体育项目，隶属于登山项目下属分项，其业务工作由国家体育总局登山运动管理中心管理。受现行中国体育体制的影响，目前户外运动俱乐部管理系统主要包括政府管理系统、社会管理系统两个部分，两个管理系统结合共同形成了户外运动俱乐部管理整体系统。桂林市户外运动俱乐部行政管理权归属主要从在行政管理部门登记注册和向行政管理部门交纳管理费用这两种情况进行调查。

桂林有18家户外运动俱乐部在工商、税务局登记注册，占调查总数的81.82%；其中这18家户外运动俱乐部中有6家在体育局也进行登记注册，占调查总数的27.27%，有1家在旅游局进行登记注册，占调查总数的4.55%；有4家户外运动俱乐部在民政局登记注册，占调查总数的18.18%；其中这4家户外运动俱乐部中有1家俱乐部在体育局进行登记注册，占调查总数的4.55%；有8家户外运动俱乐部在两个不同的行政部门注册登记过，占调查总数的36.36%。这说明不同的行政部门都参与对户外运动俱乐部的管理，出现重叠管理的现象，形成了管理主体混乱的局面。

4. 专业技术人员资质

户外运动俱乐部的专业技术人员包括领队和专门的救援人员。从调查数据得知，桂林市户外运动俱乐部的户外运动专业技术人员共有126名，其中领队62名，其中仅12名领队获得过国家相关教练员专业技术资格认证，占所有领队的19.35%，且大多集中在规模相对较大的户外运动俱乐部，规模较小的俱乐部基本没有。从某种意义上讲，桂林市大部分户外运动俱乐部的领队都没有经过正规的户外运动相关知识及技能的专业培训，即“无证上岗”而且这一现象相对普遍。俱乐部领队资质水平的高低将成为制约俱乐部组织开展户外运动活动质量的重要因素。

二、桂林市户外运动俱乐部的活动组织形式

（一）户外运动俱乐部对会员的优惠服务内容

从调查的22家户外运动俱乐部的数据中发现，有17家占调查总数77.27%的俱乐部的会员享受到俱乐部提供的出行咨询；有19家占调查总数86.36%的俱乐部的会员享受免费租借部分器材；有14家占调查总数63.64%的俱乐部的会员到户外用品店里购物打折；有17家占调查总数77.27%的俱乐部的会员参加户外活动的服务费用要比非会员稍低。以上情况说明，目前桂林市的户外运动俱乐部在开展户外活动时不是以营利为目的，会员可以享受到俱乐部提供的优惠政策，这主要是为了吸引更多的户外运动爱好者成为俱乐部的会员，扩大会员数量。

（二）户外运动俱乐部开展活动的频率及召集方式

从调查得知，63.64%的俱乐部开展活动的频率是不定期的，每月没有固定的活动时间，只是根据俱乐部的情况来组织开展活动。大部分俱乐部开展活动的召集方式主要是临时网上发帖（占90.91%）、QQ群联系（占95.45%）、短信通知（占68.18%）3种，这说明目前桂林市户外运动俱乐部组织活动随意性过大，没有形成有计划、定期的活动日程。

（三）户外运动俱乐部对自身网站的建设及对户外运动知识的普及情况

网络具有传播速度快、辐射面积大的优点，通过网络对俱乐部进行宣传，对提高俱乐部的知名度及影响力有着重要的作用。在调查中发现，桂林市90.91%的俱乐部都建立了自己的网站，这说明目前桂林市户外运动俱乐部都意识到网络传播的作用与优势，知道利用网络资源对自身进行宣传、推广。同时，各户外运动俱乐部也注重对户外运动爱好者及员工进行户外运动知识的普及。据调查结果显示，桂林市95.45%的户外运动俱乐部对户外运动爱好者和员工举办过户外运动知识的讲座，经营者意识到只有户外运动爱好者及员工对户外运动的文化更深入地了解，才能使他们更热爱这项活动，更积极、主动地参与。

（四）桂林市户外运动俱乐部活动组织风险管理

俱乐部在每次组织活动前，是否会先派出经系统培训过的领队到目的地探路并了解沿途和目的地的地理环境，有12家俱乐部回答“是”，占调查总数的54.55%；有10家俱乐部答案是“否”，占调查总数的45.45%。在风险转嫁的调查中发现，在俱乐部组织户外运动开展前，只有7家户外运动俱乐部会代理向太平洋保险公司购买“登山户外运动专项保险”，占调查总数的31.82%；有14家户外运动俱乐部提醒参与者自由参保“登山户外运动专项保险”，占调查总数的63.64%；有1家户外运动俱乐部不做说明，由队员自行负责自己的人身安全，占调查总数的4.55%。这说明有少部分俱乐部具有风险转嫁意识，大部分俱乐部的风险转嫁意识不强。

三、桂林市户外运动俱乐部的经营管理

（一）桂林市户外运动俱乐部项目开展情况

桂林优越的自然条件，典型的喀斯特地形正符合开展户外运动的地理条件。桂林市户外运动俱乐部开展的户外运动项目按调查统计频数从高至低分别是徒步穿越、自行车、溯溪、漂流、登山、岩洞探险、攀岩、热气球、滑翔伞等。由于桂林市户外运动俱乐部在开发户外运动项目和路线时，前期投入的资金不足和开发项目时没有经过科学的论证，不能根据桂林市的地理环境进行有针对性的开发，只是进行简单的复制或照搬，所开发的项目地域的特征性不强，不能使户外运动与桂林山水相结合。

（二）户外运动俱乐部经营模式

在对桂林市户外运动俱乐部经营模式的调查中发现，有20家俱乐部是以“组织会员开

展户外运动＋经营户外运动用品卖场”为主要的经营模式，占调查总数的90.91%；只有1家俱乐部在“组织开展会员户外运动＋经营户外运动用品卖场＋兼营餐厅、酒吧”。这说明桂林市户外运动俱乐部经营模式比较单一，主要是利用组织户外运动、促进户外运动用品的销售来增加俱乐部的收入。

（三）户外运动俱乐部经营的业务产品

从调查结果所知，有20家俱乐部主要从事户外用品销售，占调查总数的90.91%；有5家俱乐部从事组织户外旅游，占调查总数的22.73%；有11家俱乐部从事户外运动教学，占调查总数的50%；有4家俱乐部从事组织专业户外运动竞赛，占调查总数的18.18%；有2家俱乐部从事企业拓展，占调查总数的9.09%。从以上数据看出，桂林市户外运动俱乐部以销售户外用品为主要业务，从事组织户外旅游和企业拓展的俱乐部也并不多，俱乐部经营理念狭窄，导致经营范围狭小，不注重与户外运动相关行业的联系，只是局限在单纯的组织户外运动项目及户外用品经营上，因此无法把户外休闲产业做强、做大。

（四）户外运动俱乐部的定价与收费

从调查的22家户外运动俱乐部的数据中发现，只有5家占调查总数22.73%的俱乐部收取为数不多的会员费。收取年费俱乐部的会费大多是几十元，有些俱乐部在会员入会时收取的费用是终身享受服务的。这说明会员所交纳的会费更多是象征性的，目的在于区分消费群体，吸引更多的户外运动爱好者成为户外运动俱乐部的会员。例如，在对桂林雅努斯户外运动俱乐部的调查中了解到，俱乐部的会员在入会时交纳36元钱就可以成为终身的会员，在俱乐部可以享受到一定的服务，成为会员后每年只需进行会员的注册登记并不需要交纳年费。俱乐部的负责人说，这种户外运动爱好者投入很少的钱就可以享受到较高服务的做法吸引许多户外运动爱好者成为俱乐部的会员，以确保其俱乐部可持续发展。

从对22家俱乐部的调查结果看出，俱乐部组织活动所需的费用（包括吃、住、交通工具、装备等）有14家俱乐部是由会员AA制＋一定的服务费组成（服务费由参与者自行承担），占调查总数的63.64%；有7家俱乐部是采用会员AA制形式，占调查总数的31.82%。

在调查中发现，俱乐部对户外运动用品的定价是以市场规律为主。会员在俱乐部内购买户外运动用品时可以享受一定幅度的折扣优惠；在参与活动时俱乐部会员的服务费比非会员稍低。这种有差别的定价方式，主要是为了吸引更多的户外运动爱好者成为俱乐部的会员，扩大俱乐部的规模，以达到降低经营成本的目的。

（五）户外运动俱乐部营销渠道

桂林市户外运动俱乐部现行的直接营销渠道主要包括设立网站、与专业杂志合作、与媒体合作、组织赛事、短信平台或其他途径（如散发传单、老会员或朋友介绍等方式）；间接营销渠道包括与外地俱乐部、旅行社进行合作。据调查数据表明，有20家俱乐部采取自身设立网站的方式进行营销，占调查总数的90.91%；有12家俱乐部与媒体合作进行营销，占调查总数的54.55%；有8家俱乐部利用组织赛事进行营销，占调查总数的36.36%；在调查中所有的俱乐部都采用通过老会员或朋友介绍的这种原始、更为直接的方式进行营销。通过自身设立网站的营销方式吸收会员的人数远远高于其他营销方式，效益和效率是最高的，该方式使户外运动爱好者可以通过网站了解俱乐部的信息，进行方便、快捷的联系。有7家俱乐部与外地俱乐部有业务往来，占调查总数的31.82%；有5家俱乐部与旅行社有业务往来，占调查总数的22.73%。总体上看，桂林市的户外运动俱乐部的营销渠道还比较单一，不能充分地利用其他渠道或现成的旅行社的营销渠道等多方面进行营销。

讨论题：如何评价一个地区户外运动俱乐部运营机制的好坏？

案例5：从观澜湖模式看中国高尔夫休闲产业的发展路径

一、观澜湖模式研究

（一）信息化系统和流程管理

观澜湖的管理体系中，高球运作是最为核心的部分，包括球童部、草坪部、巡场部、球车管理中心，甚至酒店前台的预订系统。顾客来到观澜湖度假的整个流程非常顺畅：从酒店前台卸下球包后，工作人员告诉顾客到酒店入住，然后到打球时间直接去球场就可以了，球包会自动运送到出发区。而在酒店前台，工作人员已经熟知顾客的行程，并且提供了地图、乘车指南等相应的服务。这一套服务已经形成了规范的流程，以“业务指导”的文件形式发放给相关部门。

一般来说，周末是打高尔夫球的高峰期。观澜湖最多的时候一天能接待3000人以上。许多来观澜湖的国际同行都说，他们无法想象一天接待3000多人，而运作像流水线一样井然有序的场面。而这就是观澜湖高尔夫球管理模式的效果：当流程定型后，一切便能化繁为简。每个顾客来打球都是这样一个流程。就像从机场登机，下飞机取行李的过程，乱中有序，经过工作人员对流程的严格执行，基本不会出现差错。

这一套业务流程由众多小环节构成，一旦某个小环节一出问题，就可能会影响到整个链条的运作顺畅。因此，观澜湖耗费巨资打造了整个信息化系统，与高球运作相关的部门全部备有这套系统，任何环节的操作，都能从系统查询出来。这也是从硬件上，对整个高球运作进行了相应的配置。依靠这一信息化系统，减少了中间环节出错的可能性，提高了纠错的速度。

（二）球童管理

顾客对高尔夫球会最直接的感受来自两点：球童和球场。球童需要直接面对顾客并一直陪同至少4小时，这样一来，专业知识是否到位、举止是否得体、服务素质是否符合国际标准……球童的一言一行往往能反映出这个球会的管理素质。因此，观澜湖高尔夫球会在球童管理和培训上下了大功夫。

在观澜湖高尔夫球会，球童必须经过3个月的严格培训才能下场，培训的内容不仅是高尔夫的专业知识那么简单，还系统地包括了高尔夫礼仪、服务技巧，以及草坪保养、外语培训等。其中，高尔夫礼仪是入学的第一课。与其他运动项目不同的是，礼仪是高尔夫球场上最重要的要求。其核心要旨就是尊重他人，在高尔夫球场上，任何人一言一行都不能影响到其他人。

2000年，观澜湖高尔夫球会还只有4个球场，260名球童。后来观澜湖高尔夫球会提出了“一对一”的服务理念，球童数量一下增加到500人。再往后，随着球场逐渐增加，球童数量也快速增加。在人员增长的同时，培训是否到位成了关键。观澜湖高尔夫球会编写了厚达200页的球童手册，摸索出了一套严格的管理方法。

草坪的管理维护和剪草机操作也是球童需要培训的内容。因为球童天天要对着球场，日常维护非常重要，所以球童必须了解这些知识。不过，球会也设有专门的草坪总监，球童做的草皮维护是基础性的工作。在观澜湖高尔夫球会，无论球会的管理，还是球童的管理，都能体现观澜湖这个品牌的质量。所以，每个环节都必须形成体系，有严格的制度。

（三）组织架构

实际上，观澜湖作为一个综合休闲胜地，其管理远比一个球会、一个会所、一个酒店复杂得多。为了形成有效的管理模式，观澜湖舍弃了一些公司复杂的管理架构，而采用了扁平式的管理，围绕高尔夫、综合休闲、地产三大核心业务，相关业务部门都会联动合作。也可称为类“矩阵式”管理。矩阵式管理是一种交叉、双向的管理模式。这种管理模式主要将管理部门分为两种：一种是传统的职能部门，另一种是为完成某一项专门任务而由各职能部门派人联合组成的专门小组，并指定专门负责人领导，任务完成后，该小组成员就各回原部门。如果这种专门小组有若干个的话，就会形成一个为完成专门任务而出现的横向系统。这个横向系统与原来的垂直领导系统就组成了一个矩阵，因此称矩阵式管理。

在观澜湖，面对日常运作和特别发展项目的运作，其不需临时调配人手成立职能部门，而是通过一套联动的体系实现跨部门合作。部门之间可谓是平行运作，即使涉及酒店、高尔夫球会、乡村俱乐部、会所、房地产等业务，也能联通在一起，形成矩阵模式。

在国内的高尔夫球会，因为球场规模所限，吸引的顾客数量规模相对较少，一般不需用到如此复杂的管理模式。而观澜湖由于球场规模大，涉及的产业多，因此采取了这种独创模式，而这种模式也是根据观澜湖的特点一步步建立起来的。

二、观澜湖模式之高尔夫与地产的联动

在高尔夫球场中发展物业，是营造一种生活模式，这在国际上非常普遍。美国有个全球最权威的论证机构NGF（National Golf Federation）曾报道，过去20年，美国100个高尔夫球场中兼营房地产的，从过去的30%上升到46%。美国现在每年都有500个新球场诞生，

其中有 235 个兼营房地产，这个比例一直在提升。在中国，这一比率更高，单纯开发球场的开发商很少，不过将高尔夫地产做到观澜湖程度的尚属凤毛麟角。

依托世界第一大球会的自然和人文环境，观澜湖目前已经形成了国际高尔夫别墅住区，与其他别墅区不同的是，观澜湖营造了环境优美的生态圈。观澜湖位于深圳永久自然生态保护区内，$1m^2$ 住宅的背后，有 $99m^2$ 的绿地衬托，在 $10km^2$ 多的绿色王国上，建筑覆盖率不到 1%。以观澜湖高尔夫大宅为代表的观澜湖别墅，属于纯粹的“高尔夫球场中央物业”，完全被球道环绕，从住宅的任何一个角度，都可以观赏到绿色的景观。

目前，观澜湖已经形成了名流汇聚的生活圈，营造了助推事业的平台、优享生活的平台，以及成就后代英才的平台。观澜湖已经成功开发了引领中国高端别墅市场的观澜湖高尔夫大宅、观澜湖黄金岭、观澜湖翡翠湾别墅、观澜湖长堤、上堤别墅，全部位于观澜湖球场中央。2005 年，在加拿大举行的“国际花园城市”大赛中，观澜湖在这项全球公认的“绿色奥斯卡”大赛首次增设的国际花园社区决赛中，一举夺得国际花园社区金奖第一名及自然社区最高荣誉大奖。

（一）区位选择

观澜湖项目横跨深圳市宝安区观澜镇及东莞市塘厦镇，靠近深圳市区和深圳宝安国际机场，辐射半径囊括深圳、香港、东莞、广州、惠州、中山、珠海等珠三角重点城市和经济发达区域。香港总人口 600 万人，高尔夫人口就有 20 多万人，由于香港土地资源极其有限，除了清水湾等少量高尔夫球场外，香港的高球爱好者只能把视线投向香港以外。观澜湖高尔夫球场是距离香港最近的一个港外球场，自然会吸引大批香港人去观澜湖交际消费。由此可见，观澜湖的成功与骏豪集团成功地选址密不可分。

（二）球场与地产的设计理念

观澜湖项目从一开始规划设计，就十分注重球场与地产建筑的和谐关系。其设计理念是力图使打球者在球场中所看到的建筑物是一幅美丽的画面，而居住者在房间中所看到的球场也应是极为赏心悦目的，球场与地产二者有机结合，相互辉映。这种设计理念在今天也是十分超前的，很少有球会愿意这样做。因为将几栋建筑物点缀于球场中央，为之配套的水、电、道路等均耗资巨大，只有追求尽善尽美的观澜湖才会不惜成本，建造出这样的怡人画面。

而在球场设计方面，观澜湖力邀 12 位国际级高球大师设计了 12 个球场 216 洞，在世界 5 万多个球会中，观澜湖不仅拥有规模最大的球场，而且还是唯一汇聚五大洲球场风格的球会。2005 年，由全球最权威的国际高尔夫旅游协会主办的全球高尔夫旅游大赏评选中，观澜湖高尔夫球会同全美排名第一的圆石滩球场（Pebble Beach）、苏格兰排名第一的温斯顿特伯雷球场（Westin Turnberry）一起，共同获得国际高尔夫旅游界最高荣誉“全球最佳高尔夫旅游休闲胜地”，成为欧美地区之外全球唯一高尔夫休闲胜地。

（三）球场和地产优势互补

高尔夫地产本质上是一种复合地产形态。这种复合地产更多表现在高尔夫球场与其他物业形态的组合上。在中国，高尔夫一被引入国内就被赋予了贵族化的标签，所以与高尔夫球场配套的物业形态显而易见是高端的，一般包括高星级酒店、高档住宅（特别是独栋和连排别墅）、高档商务休闲会所、奢侈品商业、其他休闲旅游设施等物业形态。

观察观澜湖高尔夫项目，就可以明显看出这种组合形态。其中，观澜湖总部会馆是一个亮点。观澜湖总部会馆占地 700m^2，通过不断与各种奢侈品举办活动，将其建成奢侈品的潮流风向标，成为全球奢侈品、高尔夫产品的新品发布会和展示区，打造总部会馆以及入驻企业的高级社交平台。同时，依托于观澜湖高尔夫球会的丰富资源，入驻的企业不但能享受高尔夫球会的一切资源，而且能从事接待企业 VIP 顾客、公司高级行政会议、管理层休闲度假、企业年会、优秀员工奖励旅游等商务活动。正因为功能的多元化，所以销售情况良好。

球场与地产形成了优势互补，二者共享资源，有些高尔夫别墅业主，原本并不是高尔夫爱好者，但是他们也会邀朋友来打打球，做做 SPA，吃个晚饭。他们看中的正是观澜湖这种高尔夫综合休闲模式提供的生活方式。

高尔夫球场和地产共享的还包括品牌资源。观澜湖高尔夫地产的成功，离不开其母体“高尔夫球场”。提高高尔夫球场的知名度和美誉度，高尔夫地产的价值自然水涨船高。骏豪集团深谙此道，非常注重观澜湖高尔夫的品牌塑造和营销推广，大赛和名人效应成为观澜湖成功的两大制胜法宝。

（四）土地运营模式

一般来说，球场和房地产的开发均是分阶段的，如何确定高尔夫球场与房地产物业在不同开发阶段的先后顺序，把握球场和房地产的开发时机，是关系到两者能否良性互动发展的关键。对于普通的地产项目，不少开发商都采取“先建房后绿化”的方式，先把房子建起来，然后在小区内植草，养花，营造山景、水景等；而高尔夫球场与住宅开发往往都会采取分期及分区开发的方式。为了达到依托高尔夫球场提升房地产价值的目的，两者的开发通常会采用高尔夫球场开发先行或高尔夫球场与住宅同步开发的时序。

从观澜湖项目的例子看，①率先开发高尔夫球场。与高尔夫球场同时开发的物业是五星级酒店、会所等与高尔夫项目最具有关联性的物业类型。由此可见，一般高尔夫项目的前期投入相当巨大，应把资金的投入强度主要集中在前期。如果开发资金过大，也可以考虑同时启动小部分住宅以缓解前期资金压力。②住宅一般在球场营业后才开发，这是高尔夫项目回收投资及重大利润来源所在。前期开发虽然可以产生收益，但无法使其收益最大化。截至 2020 年 12 月，观澜湖所在的观澜镇，商品房价格为 40000～65000 元/m^2，而观澜湖物业则使土地增值 16 倍，同时也为当地政府提供了更高的税收收入，由此可见，观澜湖在土地运营方面的远见和实力。

三、观澜湖模式总结与观澜湖高尔夫球会对深圳经济发展的重大贡献

观澜湖模式的一个重要特征是，形成了“高尔夫 + 地产”的房地产开发模式，并将其

上升为一种与观澜湖高尔夫球会紧密相关的生活方式。观澜湖的球场已经过了初建期，不用花上五千万元甚至上亿元的费用去设计开发一个球场，但日常仍然面临着高昂的维护成本、新业务居高不下的开拓成本等问题。这需要有良好的现金流管理能力，日趋完善的系统管理能力，还需要持续的销售收入的贡献。观澜湖高尔夫地产的成功，为整个观澜湖模式的长期稳定发展，提供了重要的资金支持，使整个观澜湖休闲产业模式形成了一个非常稳健的利润和现金流回报体系。高尔夫、地产、综合休闲是观澜湖利润增长点的三大支柱。

在高尔夫与地产联动中，要注意球场应该是核心，只有高尔夫球场真正做大做强，高尔夫球场衍生出来的地产项目才能创造出惊人的利润。要注意区位选择、球场设计和建设、利用球场和地产的优势互补，还要采取“先造环境再建地产”“先建球场再建地产”的开发模式。

（一）全新的经济增长点

正是在以观澜湖为龙头的一批高尔夫球会的带动下，深圳以高尔夫为核心的高端休闲产业已领跑全国，并对增加就业、增加地方税收和拉动消费等具有巨大作用。以观澜湖为例，在税收方面，该公司2006年创税4亿元，2007年创税达到5亿元。

值得一提的是，国际化的高端休闲设施对国际化大企业具有明显的“以商引商”的“聚核效应”。以观澜镇为例，在以前，该镇位置偏远，外商少有问津，属于政府重点扶贫镇。观澜湖高尔夫项目落户后，由于其采用国际通行的“商业社交语言”，一些来自港澳台以及国外等地的客商因为观澜镇有一个国际高尔夫球会而了解当地，选择在周边投资，并把这里作为商务谈判、社交休闲的基地。观澜湖的一些会员甚至是先买了会籍，后来才决定在附近投资设厂，当球会开始发展高尔夫物业项目时，许多港澳台以及国外会员更把家搬到了观澜湖。当地官员曾公开说，如果没有深圳观澜湖高尔夫球会，仅以当地的经济发展，不可能出现一个如此繁荣的经济发展带。

目前，没有确切的数据可以说明高尔夫对深圳城市经济的拉动作用，但从国外的情况可见一斑：根据统计，在2005—2008年3次举办高尔夫英国公开赛，苏格兰经济创收3.8亿美元，其中有1.9亿美元是旅游收入。根据葡萄牙旅游部门统计，高尔夫这项运动每年为葡萄牙带来3.5亿欧元收入。

对于深圳整个城市而言，凭借世界第一大球会和众多国际大赛，以观澜湖为龙头的高端综合休闲产业已经成为深圳向世界展示形象的特殊“窗口”。展望未来，随着竞技、旅游、商务、物流等诸多产业链条逐步国际化和升级，这一以高尔夫为核心、高端休闲的新兴产业有望为深圳创造更多惊喜，成为深圳经济又一新的增长点。

（二）拉动内需

大力发展休闲产业是拉动内需、提高人们精神需求、缓解国内就业压力的有效手段。随着中国财富人士的增加，他们拥有社会上最强的消费力，他们的积极消费能够带动内需的增长。所以要大力发展高端服务业，从而促进中产和财富人士的消费。据悉，10多年前，购买会籍成为观澜湖会员的人 90% 以上为港澳台人士，现在内地的会员已经占到了四成，观澜湖很好地带动了这一内地高端群体的消费。

观澜湖创始人朱树豪博士曾组织和领导了一个专题课题组，对国内休闲产业进行了全面系统的调研。他认为，能够成为主导产业的行业，例如，建筑、钢铁等行业都具有一个显著的特征，就是集技术密集、资金密集和劳动密集为一体，只有这样的产业，才能从需求和供给的两个角度来拉动经济增长。而休闲产业正是具有这种同时实现技术密集、资金密集和劳动密集的突出特征，它不是旅游业和娱乐业的简单叠加，而是涵盖了农业、工业、服务业和信息业等行业的一种综合性很强的产业，特别是补上了我国经济发展中的一条“短腿”——服务业。

（三）抵御金融危机

在 2008 年的金融危机中，观澜湖的经营情况无论从同比还是环比来看都比较稳定，周末打球的顾客每天 3000 人左右。在这次“百年一遇”的金融危机中，相对其他一些行业来说，观澜湖高尔夫休闲产业受影响比较小。因为这几年国家一直在大力启动内需，休闲产业的市场空间非常大。观澜湖的产业涉及多元休闲领域，也就拥有了更广大的市场空间。特别是在中国内地，目前，随着人均 GDP 进入 3000 美元，更多的人开始追求健康的生活方式，整个社会的休闲需求迅速扩张。相比于众多行业来说，体育休闲产业是规避经济周期影响的独特产业。有关研究资料显示，在金融危机中，人们除了在培训学习方面的时间逐渐增多外，对一些文化体育休闲类的活动参与也大量增多，这个行业受经济波动的影响非常小。

有日本经济学家在研究了美国上一次金融危机后指出，文化体育产业有励志定心之用，越是危机的时候，越是人们静静反思的时候，反思生命的意义，反思生活方式的转变。特别是高尔夫，之所以能够在国际社会风行 500 多年，关键是它能够带给大家一种健康、交友的环境，成为生活中不可缺少的生活方式，不论经济好与不好，高低起伏，某种产品和服务一旦成为大家追求的生活方式，就会伴随终生。另外，观澜湖会员制的经营模式和稳定的品牌忠诚度也是高尔夫球会抵御经济危机的重要保障。

以高尔夫产业为代表的休闲产业发展对城市产业结构调整具有推动作用，休闲产业具有较强的劳动力吸纳能力，而且产业关联度较大、就业系数高、就业门槛低，休闲产业会对其他产业形成需求，从而引发其他产业扩大吸收劳动力。休闲产业发展还可以推动城市消费结构调整，可以活跃整个市场，启动各方面的消费，刺激生产发展，实现经济持续增长的目的。休闲产业发展还能改善投资环境、吸引投资，能带动一个区域、一个城市的建设和社会经济持续发展，还能满足人们的精神需求和方便居民生活。高尔夫产业的蓬勃发展，将带来巨大的经济效应和社会效益。

讨论题：观澜湖高尔夫球会模式的特点及其成功经验有几点？对其他休闲体育项目的运营有哪些积极有益的启示？

案例6：海峡两岸高校体育休闲类本科专业建设比较研究

一、海峡两岸高校体育休闲类本科专业建设比较研究的意义

随着我国大陆民众闲暇时间的增多和健康意识的增强，以及对生活质量的追求，休闲体育越来越受欢迎。为了满足新时代社会发展的变化和供给侧改革的人才需求，我国大陆开办休闲体育本科专业的高校越来越多。尽管办学形势喜人，但我国大陆在本科休闲体育专业建设上还存在不少问题，有起步晚、经验不足的原因，更多的原因在于对休闲体育专业特点认知不够精准，仍沿袭着本科体育教育专业办学的传统基调。在台湾地区，休闲产业十分发达，并且向运动领域延伸，为了满足社会需求，从20世纪90年代中期起，台湾高校就陆续开办了运动休闲类专业，至今，已形成了“研究所（博士、硕士）—大学（学士）—专科”多层次的完整的“运动休闲与休闲管理学类”专业办学格局，并且在产、学、研结合上做得很成功。若从开始开办该类专业的时间上计算，大陆比台湾地区至少晚了12年，在学科层次构建、专业课程设置、师资队伍配备、产、学、研结合等方面，大陆还有一定差距。鉴于此，有必要开展本课题的研究，通过比较，发现问题，更好地学习台湾地区在开办运动休闲类专业方面的好经验，以期大陆高校在休闲体育类专业上越办越好。

二、海峡两岸高校体育休闲类本科专业开办缘由和时间及其发展脉络

（一）大陆高校休闲体育类本科专业开办缘由、最早开办时间及其初始概况

我国大陆最早开办本科休闲体育专业的高校是广州体育学院，开办时间是2007年。华南地区是我国大陆体育市场开发程度和体育服务业发展水平最高的大区之一，对休闲体育人才的需求量相当大，广州体育学院审时度势，决定申报本科休闲体育专业，并将休闲体育专业定为学院办学的特色。2005年，广州体育学院的社会体育系更名为休闲体育与管理系；随后，经教育部批准，广州体育学院于2007年开始面向全国招收了首批休闲体育专业学生共计30名。继广州体育学院之后，武汉体育学院、上海体育学院、沈阳体育学院、首都体育学院、西安体育学院、杭州师范大学等也设立了休闲体育专业。2012年北京体育大学也开办了休闲体育专业，面向全国招生。

休闲体育本科专业（代码：040207S）于2007年经教育部批准设立。该专业归于教育学大类，体育学类。休闲体育本科专业学制4年，授予教育学学士学位。

除了体育专业院系招收休闲体育专业本科生外，还有许多综合性大学体育院系和非体育院系也开办了体育休闲类专业，而且，一些独立学院加入这个行列，开办了体育休闲类专业或方向。

（二）台湾地区高校运动休闲类本科专业开办缘由、最早开办时间及其沿革

20 世纪 90 年代后，台湾地区掀起一股休闲热，休闲服务人才供不应求，需求量急增，加上学校改制，以及私立学校为生存而设立新科系，其时，大专院校体育教师授课不足的问题也显露出来。为此，台湾地区高校纷纷办起了运动休闲类本科专业。1995 年，台湾真理大学首先设立了运动管理学系（归属于运动休闲类本科专业系列）。纵观台湾高校运动休闲专业相关系所的发展，大致可分为萌芽期（1995—1998 年）、鼎盛期（1999—2004 年）和稳定期（2005— ）3 个阶段。台湾地区开设与运动休闲密切相关的系所学士班细分为运动休闲专业、运动管理专业与休闲事业 3 个专业。到了 2009 年，台湾地区有超过 80 所大学成立以运动休闲健康为名的学系或研究所，培养目标主要指向运动休闲指导、运动观光、运动赛会筹办、运动行销、健康促进等。延至 2011—2012 学年度，台湾地区高校运动休闲专业发展进入一个高峰期，据台湾地区教育管理部门统计公布："民生学门 "下的"运动休闲与休闲管理学类"科系所中，有 66 所大学院校设置了 120 个科系所，其中，研究所 32 个、大学 75 个、专科 13 个，在校生总共有 33190 名。台湾地区高校运动休闲专业课程设计往往融合了观光、休闲管理、康养、森林园艺景观、娱乐等专业内容，一方面是源自台湾地区运动休闲产业发展的独特性，课程设计对应社会需要；另一方面是考虑到学生就业需求和学校发展方向。再者，因为运动休闲教育学术领域揽括了一批来自非体育专业领域教师，本着充分发挥师资资源的愿望去设立课程。

（三）开办缘由和最早开办时间的比较

大陆高校开办体育休闲类本科专业主要出于社会发展对人才的需要、学校或学院自身的建设特色；而台湾地区高校开办运动休闲类本科专业则是为解决大专院校体育教师授课不足、私立学校为生存而设立新科系、学校改制、迎合社会对人才的需求等。2007 年广州体育学院面向全国招收了首批休闲体育专业学生共计 30 名，而早在 1995 年台湾真理大学就设立了运动休闲类本科专业系列下的运动管理学系。

三、海峡两岸高校体育休闲类本科相关专业类别比较

（一）大陆高校体育休闲类本科相关专业分类

在"2006 年度经教育部备案或审批同意设置的高等学校术科专业名单"中首次出现休闲体育专业，专业代码：040207S。与台湾地区高校的运动休闲专业分类不同，从专业代码上就可以看出，大陆（2012 年）在休闲体育专业（040207T）、社会体育指导与管理专业（040203）、运动康复专业（040206T）的界定上有着明显的差别。在 2012 年修订的《普通高等学校本科专业目录》中，在"教育学"学科、"体育学类"门类之下，仍继续设立"休闲体育"专业，专业代码改为 040207T。在 2012 年 9 月教育部颁布的《普通高等学校本科专业设置管理规定》中，"第六条《专业目录》包含基本专业和特设专业。基本专业一般是指学科基础比较成熟、社会需求相对稳定、布点数量相对较多、继承性较好的专业。特设

专业是满足经济社会发展特殊需求所设置的专业，在专业代码后加‘T’表示”。由此可见，休闲体育专业是随着我国社会经济的发展为满足其特殊需求而设置的，是顺应时代发展与时俱进的体现。截至2014年，全国共有约36所不同类型高校开设休闲体育专业。

按照中国大陆高校性质，开办休闲体育专业的高校可以分成3种类型，见表15-1。

表15-1 开办休闲体育专业的大陆3种类型高校

体育学院	地方综合性大学体育院系	独立学院
广州体育学院（2007）	杭州师范大学（2008）	福建师范大学协和学院（2014）
武汉体育学院（2007）	常州大学（2011）	海南大学三亚学院（2011）
上海体育学院（2008）	淮海工学院（2013）	成都信息工程学院银杏酒店管理学院（2012）
首都体育学院（2008）	黄山学院（2012）	广州大学松田学院（2012）
沈阳体育学院（2008）	曲阜师范大学（2011）	四川师范大学文理学院（2012）
西安体育学院（2008）	湖北大学（2012）	武汉体育学院体育科技学院（2012）
北京体育大学（2012）	广东海洋大学（2012）	
	海南热带海洋学院（2013）	

注：数据来自大学生必备网．https：//www.dxsbb.com/news/9817.html；相关高校官方网站。

在大陆，开办休闲体育专业的第一种类型高校是体育学院，也是大陆最早招收休闲体育专业的高校类型，2007年广州体育学院和武汉体育学院就开始了休闲体育专业的招生。这类高校体育专业教学资源丰富，在拓展其他相关体育专业上具有得天独厚的有利条件。开办休闲体育专业的第二种类型高校是地方综合性大学体育院系，杭州师范大学体育与健康学院于2008年开办了休闲体育专业。地方综合性大学学科资源丰富，通过整合旅游、管理、经济、工商等专业的资源优势，更有助于休闲体育专业学生全面技能和素质的培养。开办休闲体育专业的第三种类型高校是独立学院。独立学院开办的休闲体育专业体现了特色化、本土化、差异化，面向市场，定向培养，人才定制的特征更加突出。

（二）台湾地区高校运动休闲类本科专业相关系所的分类

台湾地区高校运动休闲类本科专业相关系所的分类见表15-2。

表15-2 台湾地区高校运动休闲类本科专业相关系所的分类

运动管理专业	运动休闲专业	休闲事业专业
台湾体育学院休闲运动学系	真理大学休闲游憩事业学系	真理大学运动管理学系
台北市立体育学院休闲运动学系	大叶大学休闲事业管理学系	台湾体育学院运动管理系
东华大学运动与休闲学系	南台科技大学休闲事业管理学系	台北市立体育学院运动管理系
大仁技术学院休闲运动管理学系	树德科技大学休闲事业管理学系	台北护理学院运动保健学系
高雄大学运动与健康休闲系	立德管理学院休闲事业管理学系	大叶大学运动事业管理学系
永达技术学院运动与健康休闲学系等。	明新技术学院休闲事业管理学系	

（三）专业类别比较

台湾地区高校运动休闲类本科包括运动休闲、运动管理、休闲事业3个专业，涉及运动休闲、休闲游憩事业、运动管理、运动与健康等方向，明显地比大陆高校休闲体育专业以及方向的关联面更宽。而大陆3种类型高校开办的休闲体育专业在下一级专业方向选择上都限制在休闲体育领域，没有跨出这个范畴。

四、海峡两岸高校体育休闲类本科专业方向设置比较分析

据对中国大陆3类开办休闲体育专业的高校的专业方向设置的归纳总结，发现主要有3种方向的类别：①休闲体育运动项目类，如户外运动、高尔夫、冰雪运动、健身舞、马术等；②休闲体育经营与管理的直接关联类，如休闲体育经济、休闲体育管理、休闲体育指导、休闲体育经营、体育旅游与管理、体育休闲与服务管理、休闲体育及娱乐保健康复、休闲体育及娱乐经营管理和休闲体育及娱乐等；③休闲体育的延伸类，如民间体育、时尚体育、奥运项目、体育游戏、体育健身与康乐等。大陆7所高等院校休闲体育专业方向设置情况见表15－3。

表15－3　中国大陆7所高校休闲体育专业方向设置情况

学校名称	专业方向
首都体育学院	体育旅游与管理、体育健身与康乐、高尔夫
沈阳体育学院	户外运动实践与指导、高尔夫运动实践与指导、冰雪运动实践与指导
山东体育学院	民间体育、时尚体育、奥运项目、体育游戏
广州体育学院	休闲体育及娱乐保健康复、休闲体育及娱乐经营管理和休闲体育及娱乐；行政规划管理
杭州师范大学	休闲体育经济、休闲旅游、休闲体育管理
三亚学院	高尔夫、马术

由于台湾地区高校运动休闲类本科包括运动休闲、运动管理、休闲事业三个专业，因此，下设的方向更加宽泛，涉及运动休闲、休闲游憩事业、运动管理、运动与健康等方向。

五、海峡两岸高校体育休闲类本科专业课程设置比较分析

（一）大陆高校体育休闲类本科专业课程设置

大陆高校休闲体育本科专业的学分要求是148～177学分才能毕业。课程体系和结构直接关系到休闲体育专业培养目标和人才的整体素质。目前，我国各个设有休闲体育专业的体育院校在四年的本科生培养过程中基本上都开设了50～70门的课程。在这些课程中除了国家统一要求的公共课程有10门左右之外，各个体育院校都根据自身特有的办学理念和办学条件，设置了不同的专业课程，以体现自己的办学特色。大陆高校休闲体育本科专业课程结构是：必修课——包括公共基础课，7～13门，占总课时的18%～22%；专业必修课，含技术课和理论课，其中主干学科5～7门，其他15～20门，分别占总课时的20%～25%和30%～35%。专业课选修课程，占总课时的20%～25%。实践教学内容——包括专业实践和实习、社会调查、毕业论文等。

（二）台湾地区高校体育休闲类本科专业课程设置

台湾地区高校运动休闲类本科生毕业学分要求是128～138学分不等，大多数大学要求在128学分。依对台湾地区高校运动休闲专业课程分类统计，共分为9类：①休闲与游憩基础概念类，总课程317门，其中必修课程193门；②休闲与游憩伦理类，总课程7门，其中必修课程6门；③法律认知类，总课程28门，其中必修课程16门；④实务经验类，总课程160门，其中必修课程89门；⑤数据处理能力类，总课程141门，其中必修课程81门；⑥休闲与游憩行政管理类，总课程223门，其中必修课程113门；⑦休闲与游憩环境管理类，总课程84门，其中必修课程31门；⑧休闲与游憩活动执行类，总课程579门，其中必修课程203门；⑨休闲与游憩治疗类，总课程243门，其中必修课程113门。台湾地区22所高校运动休闲系1825门课程中，专业课程涵盖了九大类休闲游憩专业课程体系，课程设置数量多，种类齐全，覆盖面广，课程是按照学群划分。台湾地区高校运动休闲专业课程大量吸收了美国同类专业课程设置方法，“休闲与游憩”的专业特色更鲜明。

（三）专业课程设置比较

从课程设置来看，大陆高校体育休闲类专业基本沿袭了体育教育专业、社会体育专业、运动训练专业课程设置的大框架，即必修课（公共基础课）、专业必修课（技术课和理论课）、实践教学内容三大块，不同专业之间只是进行了课程目录和课时的微调。而台湾地区高校运动休闲类本科专业课程设置是按照学群划分，涉及九大类休闲游憩专业课程体系。从休闲体育发展趋势看，台湾地区高校开设的法律认知类、休闲与游憩环境管理类、休闲与游憩活动执行类当中某些必修课程，值得大陆高校参照学习。

六、海峡两岸高校体育休闲类本科专业师资队伍建设比较分析

（一）大陆高校体育休闲类本科专业师资队伍建设

以广州体育学院2007年最早开办休闲体育专业算起至今也只有10多年时间，其他开办高校的时间就更短了，在课程体系构建、对口专业师资引进等方面存在严重不足，在体育学院、综合性大学、挂靠公立校的独立学院的休闲体育专业师资队伍，往往都是同校或同学院或依托公立校的体育教育专业的师资资源，具有休闲体育专业显著特色的课程如休闲学、游憩学、管理学、旅游学、法学的专业教师十分匮乏，即使是在综合性大学里，聘请跨学院如旅游学院、管理学院、法学院的专业教师任课的情况也不多见。受课程体系和专业教师的限制，大陆高校休闲体育专业的毕业生与体育教育专业、社会体育专业、运动训练专业毕业生的素质和技能的同质现象比较严重，休闲体育专业毕业生的特长和优势无法体现出来。

（二）台湾地区高校运动休闲类本科专业师资队伍建设

台湾地区休闲市场的蓬勃发展，以及运动休闲融合多业态深受社会欢迎的现况，令台湾地区高校运动休闲类本科专业课程设置更接地气、更近市场需求，开设了许多实用的非体育专业课程，从而促使企业管理、观光、信息、法学、医学保健及规划设计等领域的非体育专

业教师的加入。不同专业、不同领域人才的入职，不仅增加了教师之间交流学习取长补短的机会，而且开拓了教师的视野并提升了教学能力。在台湾地区高校有一个比较普遍的现象，就是留学美国的学者特别多，这既是一种学历高低的体现，又是一个身份地位的符号。运动休闲专业的师资来源同样有如此特征。这些留美博士回到台湾地区后，带回了一些优质的教学理念，将美国先进的运动休闲理论与台湾地区的本土文化有机结合起来，形成并丰富了台湾地区高校运动休闲学科理论体系。对台湾体育大学、台湾体育运动大学、台北体育学院三所院校师资背景专业调查获知，其中博士学位比率高达 79.4%，硕士学位比率 17.7%，两者相加近乎 100%。而且海归博士 22 人，占总博士比率的 81.5%。现在，台湾地区高校运动休闲类专业已步入稳步发展期，包括教师从量到质都相对稳定。

（三）师资队伍建设比较

大陆休闲体育师资相对匮乏，教师背景多为体育教育专业、社会体育专业等传统体育学科的专业背景。而台湾地区运动休闲专业师资较为雄厚，还大量引进了非体育专业的教师，在台湾地区高校运动休闲专业师资队伍中多数教师为留洋博士。

七、结束语

台湾地区高校明显比大陆高校体育休闲类专业以及方向设置的关联面更宽，而大陆 3 种类型高校开设的休闲体育专业在下一级专业方向选择上都限制在休闲体育领域。由于台湾地区高校运动休闲类本科包括运动休闲、运动管理、休闲事业 3 个专业，下设的方向更加宽泛，涉及运动休闲、休闲游憩事业、运动管理、运动与健康等方向。大陆高校体育休闲类专业基本沿袭了体育教育专业课程设置的大框架，即必修课（公共基础课）、专业必修课（技术课和理论课）、实践教学内容三大块，而台湾地区高校运动休闲类本科专业课程设置是按照学群划分，涉及九大类休闲游憩专业课程体系。台湾地区高校开设的法律认知类、休闲与游憩环境管理类、休闲与游憩活动执行类当中某些必修课程，值得大陆高校参照学习。台湾高校运动休闲专业师资较为雄厚，多数教师为留洋博士，还大量引进了非体育专业的教师，此举对大陆高校休闲体育专业师资队伍建设应有所启示。

参考文献

［1］哈佛商学院教程研究工作室．哈佛商学院管理全书［M］．北京：中国致公出版社，2002.

［2］万光玲，曲壮杰．康乐经营与管理［M］．沈阳：辽宁科学技术出版社，1996.

［3］余凯成，程文文，陈维政．人力资源管理［M］．大连：大连理工大学出版社，2004.

［4］万解秋，贝政新．现代投资学［M］．上海：复旦大学出版社，2003.

［5］王永强．旅行社经营管理［M］．北京：对外经济贸易大学出版社，2008.

［6］俞继英．休闲与健身［M］．北京：人民体育出版社，1996.

［7］肯·卡瑟，多蒂·博·奥尔克斯．体育与娱乐营销［M］．高远洋，译．北京：电子工业出版社，2002.

［8］胥朝阳，王静，任小平，等．财务管理原理［M］．武汉：武汉理工大学出版社，2005.

［9］刘勇．体育市场营销学［M］．北京：高等教育出版社，2001.

［10］黄津孚．现代企业管理原理［M］．4版．北京：首都经济贸易出版社，2002.

［11］张波涛，江雯．运动无极限——休闲运动大全［M］．呼和浩特：内蒙古人民出版社，2003.

［12］RICHARD METTERS，KATHRYN KING－METTERS，MADELEINE PULLMAN．服务运营管理［M］．金马，译．北京：清华大学出版社，2004.

［13］中国酒店员工素质研究组．星级酒店康乐部经理案头手册［M］．北京：中国经济出版社，2008.

［14］赵盛斌．连锁经营管理实务［M］．深圳：海天出版社，2001.

［15］赵涛．连锁店经营管理［M］．北京：北京工业大学出版社，2002.

［16］赵涛．特许经营管理［M］．北京：北京工业大学出版社，2002.

［17］卢锋．休闲体育学［M］．北京：人民体育出版社，2005.

［18］王世英，李新苗．现代社团管理［M］．兰州：甘肃人民出版社，1992.